アダム・スミスの誤謬
経済神学への手引き

Adam's Fallacy
A Guide to Economic Theology
by *Duncan K. Foley*

ダンカン・K・フォーリー 著
亀﨑澄夫・佐藤滋正・中川栄治 訳

Translated by
Sumio Kamezaki, Shigemasa Sato & Eiji Nakagawa

ナカニシヤ出版

ADAM'S FALLACY: A Guide to Economic Theology
by Duncan K. Foley
Copyright © 2006 by the President and Fellows of Harvard College
Japanese translation published by arrangement with
Harvard University Press through
The English Agency(Japan) Ltd.

凡　　例

(一)　本書は，Duncan K. Foley, *Adam's Fallacy : A Guide to Economic Theology,* The Belknap Press of Harvard University Press, Cambridge, Massachusetts/London, England, 2006 の全訳である。
(一)　原書と本訳書とは形式上，次の点で相違する。
  ● 第2章から第5章の章題に，原書にはない副題を付けた点。
  ● 目次に掲載されている各章の内容細目について節にあたるものとして，目次にも本文中にも数字を付して示した点（一部の項目は原文の目次と本文とで相違しているが，本文に出てくるものを使用した）。
  ● 付録にある六つの図に，原書にはない図の名称を付けた点。
  ● 索引は原書より簡略にした点。
(一)　訳について特記すべき点は，本文中の "Adam's Fallacy" は「スミスの誤謬」としたことである。
(一)　原書に出てくる書名は，『×××』として表わした。
(一)　原書の記号について，（　）および〔　〕はそのままであり，" " は「　」で表わした。
(一)　〔　〕は訳者による補足である。
(一)　ごく僅かな用語については，〔　〕に入れて原語を付した。
(一)　原書にあるイタリックは，書名を除いて，傍点を付した。
(一)　本訳書で使用されている物量の単位について。
  ● 穀物の計量に用いられる1ブッシェルは，アメリカでは，重量単位としては，たとえばトウモロコシの場合約25キログラム，小麦の場合約27キログラムである。
  ● 貴金属の計量に用いられる1トロイオンスは，約31グラムである。
(一)　第1章中で訳注をつけたが，それは＊で示し，章末においた。

謝　　辞

　私が20年以上もの間楽しく一緒に仕事をしてきた編集者，ハーバード大学出版のマイケル・アロンソンが最初に，私にこの本を書くように勧めてくれた。彼の励まし・支援・示唆は，私にとってかけがえのないものであった。私はまた，スザンヌ・ド・ブルンホフ，ニコラス・フォーリー，ジェラード・M. フォーリー，トーマス・R. マイクル，ローズマリー・ウォルツァー，マーティン・ワイツマンに，感謝の意を表したい。彼らは，この本のさまざまな草稿を読み，改善のための多くの示唆を与えてくれた。この本のすべての頁は，マリー・エレン・ギアの原稿編集の恩恵をこうむっている。シルヴィア・ヒューレットが始めた科目「政治経済学の理論的基礎」が，私に本書に関連する原典を研究させ，本書のもととなった講義案を書くよう促した。コロンビア大学バーナード・カレッジとニュースクール大学の教養学部ラングでこの教材に基づく科目を受講した学生たちは，質問・討議・レポートを通して私の理解の進展に大いに貢献してくれた。

序　文

　私は時折，教養をそなえているが専門家ではない読者向けに，経済学の良書の推薦を求められる。この問い合わせに私は戸惑いがちである。（今どきは）グラフや囲み枠を詰め込んだ数えきれないほどの分厚い入門の教科書があり，それらを使って標準的な経済学入門カリキュラムは一歩一歩進むのであるが，私の考えではそれらは本として読んで面白くないものである。私はたいてい，ニュースクール・フォア・ソーシャル・リサーチで同僚であった故ロバート・ハイルブローナーによる名著『世俗の思想家たち』を挙げることになってしまう。この問い合わせをハイルブローナーの手慣れた手腕に委ねるのは良い考えであるかもしれないのであるが，あなたがいま手にしている本は，私自身の考えから経済学の考え方の核心を説明しようとする試みである。経済学の著作では方程式一つについて半数の読者が失われるという格言に従って，私は，方程式とグラフの両方を付録に追いやることにした。読者には，抑制しがたい好奇心にとりつかれないかぎりそれらを読み飛ばすことを，指示はしないとしても，はっきりとお勧めはしておく。
　何年間も私は，コロンビア大学のバーナード・カレッジで「政治経済学の理論的基礎」という科目を教えてきた。この科目の主題は，もともとはシルヴィア・ヒューレットの考えから引き出されて経済学部の討議のなかで徐々に生成してきたのであり，そして私の担当においては，学生たちは，アダム・スミス，トーマス・マルサス，デイヴィド・リカードウ，カール・マルクス，ウィリアム・スタンリー・ジェボンズ，カール・メンガー，ジョン・ベイツ・クラーク，ジョン・メイナード・ケインズからの原典抜粋を読むことを求められた。この科目は，たいていの学生にとって経済学を学ぶ際のあるすき間を埋めるものであった。学生たちは，経済学を単にグラフや事実の集まりではなく経済学者たちの筋の通った対話であると理解し，そのすき間をうまくのり越えていった。つまり，この科目は，学生たちが経済学の用語や考えの目印を見出すことのできる一種の地図を提供したのである。しばらくして，私は自分の講義を文章の形にし，それがこの本の中心部分となった。

その後，私は，ソースタイン・ヴェブレン，フリードリッヒ・フォン・ハイエク，ジョセフ・シュンペーターによる著作も含めて拡張し，ニュースクール大学の教養学部で，作りかえたこの科目を教えた。学生たちの反応は私に，これらの著作がもとの選定読書リストに追加するに値し，また追加せざるをえないものであることを確信させた。

　しかしながら，これは，厳密な意味で経済思想史についての本ではない。この本では，諸思想の複雑な集まりを一つの筋の通った理解可能な物語へと組織化するための適切な方法として，歴史的な見方を使っている。この本は，経済思想史上の特定の諸文献についての多くの読解と教育とを反映してはいるが，私は，範囲が広く労力を要する経済思想史という科目についての専門家あるいは深い学識のある学者では決してない。そこかしこで，私は，議論されている著者の原文を越えて思い切って進み，論争の背後に潜んでいる議論について私自身の想像による再構成を行ない，時には政治経済学の知識がそこから生じた無意識の土壌を突きとめようとした。それは，経済学についての私自身の解釈であり，政治経済学史上の偉大な人物を厚かましくも私自身の目的のために利用しているのである。ご注意あれ。

　この本のタイトルを見れば，三つの疑問が浮かぶはずである。なによりもまず，私が「スミスの誤謬」によってなにを意味しているのか，ということである。アダム・スミスは，『国富論』のなかで誤りではない多くのことを述べている。たとえば，利己心は，（唯一の力では決してないけれども）人間にとって強力な動機付けの力であるということは，疑いもなく真実である。競争的な資本主義的市場を通した私利追求の活用が，（常にそうではないけれども）革新的な技術変化を育み，物質的富を生産するための強力な仕組みでありうることも，また真実である。競争的市場を通した私利の追求はすべて道徳的に悪であると主張することは，決して正しくないであろう。私は「スミスの誤謬」という言葉によって，これらの盛んに議論されてきた主張よりも，もう少し微妙で重要なことを意味している。私にとって，その誤謬はつぎのような考えのなかにあるのである。すなわち，私利の追求が客観的法則によって社会的に有益な結果へと導く経済的生活領域を，私利の追求が道徳的に問題視され他の諸目的との比較検討を必要とされる社会生活の残りの領域から切り離すことが可能であるという考えが，それである。その機構について明確に仮定された行動規範を持つ経済的領域を，政治や社会的対立

や価値規範というずっと雑然としていて確定性がなく道徳的によりあやふやな論点から切り離すことこそが，知的学問としての政治経済学および経済学の基礎である。したがって，私の考えでは，スミスの誤謬は，政治経済学および経済学の核心なのである。偉大な経済学者たちの議論を完全に理解するためには，彼らの議論をこの疑わしい切り離しという文脈において見極める必要がある。事実，政治経済学および経済学は根本的には，社会生活についてのこの二元論的な見方に折り合いをつける試みであるということが，この本で私が明らかにしようとしたことなのである。

　第二に，アダム・スミスは本当にこの誤謬を犯したのか。アダム・スミスについてのもっと有能な学者なら，私がなしうるよりも『国富論』に基づいてもっと説得的に文献学的にその正しさを立証することができるであろう。すなわち，人間行動の強力な動機付けとしての自愛心についてのスミスの議論から始め（第1篇第2章），倹約的な富の所有者を公共的な恩恵供与者として特徴付けるスミスの議論へと続け（第2篇第3章），「見えざる手」へのスミスの有名な言及で終える（第4篇第2章），という具合にである。しかし，『国富論』を読むだれもが，スミスは私が彼の誤謬と呼んだレンズを通して世界を描いているとは思いもしないということが，もっと重要なことであると，私は主張したい。スミスはあまりにも賢明で巧妙なので，その誤謬をむき出しの形で示すことはない。競争的な私利を自己調整する彼の政治経済学的な世界は，現実には無数の価値規範をともなう政治的事項や諸制度に決定的に依存している。たとえば，自由放任の原理に関するスミスの諸制限は，結局は政治と経済の相互作用についてのほどよく調和のとれた見方を示すことになっている。だが，スミスの本の前提は，私的に所有される諸商品に対する競争的市場という状況のなかで，利己的な個人の相互作用から生起する純粋に経済的な行動規範の検討でもって始めることが道理に適うということである。私がこの本で示そうとするように，彼の継承者の研究や発見は，すでに政治経済学的な問題についてのスミスの概念に備わっているものなのである。

　第三に，私の考えているような「誤謬」は本当に誤謬なのか。この点ではこの本の主題はきっと論争的であるはずだと，私は思っている。一つの主要な知的事業へと成長した現代の経済学は，アダム・スミスの直接的な継承者であり，明確に経済的な領域とより広い社会的・政治的領域との分離という考えをそのなかに深く埋め込んでしまっている。経済学教育では，私がスミ

スの誤謬と呼ぶ社会観が首尾一貫して強化されている。その強化は，時として経済法則と行動規範の哲学的基礎の取り扱いにおいてあからさまに，また経済モデルや定理に組み込まれた暗黙の諸仮定において，さらにより広範になされている。経済学者は，しばしば彼らの務めのこの側面を，「経済学者のように考える」ことを学生に教える，と記述している。この点で私の本は，起訴事案のための弁論趣意書である。経済学者のように考えることは多くの人びとには困難なことであり，私は個人的にその事実をうれしく思っている。経済学的な思考法は社会についての他のどの思考法ともちょうど同じように価値規範を伴っており，危険な判断ミスを助長することがありうるということを，この本が示すことを私は望んでいる。

　私がこの本を「経済神学への手引き」と呼ぶのは，私にとっては根本的な論点と思われるつぎの点を強調するためである。すなわち，経済学は，そのもっとも抽象的でもっとも関心を引くレベルにおいては，演繹的科学でも帰納的科学でもなく，思弁的で哲学的な論考であるという点が，それである。私は，同じような理由からスミスの誤謬という考えを，本書での議論を組織化するうえでの一観点として使っている。アダム・スミスの著作のもっとも重要な特徴は，（それは経済について多くのことを語っているけれども）経済がどのように作動しているかについて具体的にわれわれに物語ることにあるのではなく，われわれが資本主義的な経済生活についてどのように感じるべきかや，その経済生活がわれわれにもたらす複雑で矛盾する経験に対してわれわれがどのような態度をとるのが合理的であるかについて論じることにこそある。これらは，事実についての議論ではなく，なににもまして信念と信条についての議論であり，それゆえ神学的なのである（あるいは，それはイデオロギー的であるが，マルクス主義的な社会科学のお気に入りのこの用語は，今日ではあまりに多くの論争上のお荷物を身につけているので，私は使うのを避けている）。

　「スミスの誤謬」は興味深い物語である，と私は考えている。気がついてみると，それを熟考し，教え，議論をし，それについて再考することに，私の人生のかなりの部分を費やしてきた（あるいは浪費してきた）。私は，ここで提起した諸問題に対して結論的な解答を持ちあわせてはいないが，しかし，それらは重要で逃れえない問題であると考えている。願わくは，見えざる手があなたを真理に導いて下さいますように。

目　次

　凡　例 …………………………………………………………………… *i*
　謝　辞 …………………………………………………………………… *ii*
　序　文 …………………………………………………………………… *iii*

第1章　アダム・スミスの構想 …………………………… 3

 1　分　業 ……………………………………………………………… 5
 2　価値の理論 ………………………………………………………… 12
 3　資本蓄積 …………………………………………………………… 27
 4　見えざる手と国家 ………………………………………………… 31
 5　スミスの貨幣理論 ………………………………………………… 37
 6　スミスの誤謬再説 ………………………………………………… 39

第2章　陰鬱な科学 ………………………………………… 42
────マルサスとリカードウ────

 1　第二の諸思想 ……………………………………………………… 42
 2　マルサスと人口 …………………………………………………… 43
 3　マルサス『人口論』の文脈 ……………………………………… 43
 4　マルサス命題とその含意 ………………………………………… 45
 5　マルサス的な論理 ………………………………………………… 50

6	マルサス時代以後の人口と食糧	51
7	リカードウと成長の限界	55
8	リカードウの労働価値説	56
9	蓄積と静止状態	62
10	リカードウの機械観	72
11	スミスの誤謬と貧困の経済学	73

第3章　もっとも厳しい批判者 ……………… 75
——マルクスと社会主義——

1	唯物史観と資本主義的生産様式	78
2	商品と価値論	86
3	資本主義的搾取と蓄積	97
4	蓄積・技術変化・利潤率の低下	105
5	原始的蓄積	109
6	社会主義への移行	110
7	マルクスとプロレタリア革命	115
8	マルクス主義理論と20世紀における社会変化	123

第4章　限界の探究 ……………… 131
——限界主義者とヴェブレン——

1	スミスの誤謬は新しい靴を必要とする	132
2	限界主義	134
3	価格はどこから来るのか	140

	4	限界主義と社会的厚生	144
	5	限界主義・古典派政治経済学・時間	146
	6	ヴェブレンと顕示的消費	147

第5章　宙に漂うさまざまな意見 ……………………… 151
──ケインズ・ハイエク・シュンペーター──

	1	ジョン・メイナード・ケインズ	152
	2	ケインズの時代の世界資本主義	153
	3	セー法則と自由放任	155
	4	労働市場と失業	159
	5	期待と貨幣	162
	6	資本主義の運命	167
	7	複雑性対集産主義	169
	8	技術の予言者	176

第6章　大いなる幻影 ……………………………………… 179

	1	鏡のなかを覗き込む	180
	2	経済学者の両義性	181
	3	スミスの誤謬から逃れる	188
	4	スミスの呪いに向き合う	191

＊

読書案内 …………………………………………………………… 194

付　録 …………………………………………………………… 198
　　人口論的均衡 ………………………………………………… 198
　　貨幣と価格の理論 …………………………………………… 200
　　リカードウの地代論と蓄積論 ……………………………… 201
　　商品価値の分解 ……………………………………………… 204
　　労働日 ………………………………………………………… 206

訳者あとがき ……………………………………………………… 209
人名索引 …………………………………………………………… 213
事項索引 …………………………………………………………… 214

アダム・スミスの誤謬
──経済神学への手引き──

第1章
アダム・スミスの構想

　1776年のアダム・スミス『国富論』の刊行は，政治経済学における転換点となった。スミス以前には，政治経済学は，公共的な政策とりわけ財政の問題に取り組み，絶対的な権力を持つ政府に対して，富を創造する市場の力をいかにして操作するか，また富を創造する市場の力をそれら政府の直接的利益にいかにして向けさせるかを，助言することを目指していた。スミスは見方を，社会はどのように生産的に機能できるか，また市場のような経済的諸制度と諸個人の生活との関係といった，はるかに大きな諸問題を包含するものへと広げた。スミスはそのように歩むに際して，近代社会を二つの領域から構成されるものとして考察する方法を，創始したわけでないとしても堅固なものにした。その領域の一方は，個人の決断と相互作用の経済的な領域であり，そこは，私利追求の恵み深い結果を保証する非人格的な法則に規定される。そしてもう一方の領域は，利己心と社会的考慮との意識的な釣り合いを要求する，政治的・宗教的・道徳的な相互作用を含む，社会生活の残りの部分である。この分割こそが，どのような形にせよ学問としての政治経済学および経済学を形作ってきた自由主義的な経済的世界観の基盤なのである。
　アダム・スミスは，グラスゴウ大学の学生であり，そしてのちには，同大学の道徳哲学の教授になった。また彼の関心は，道徳哲学そのものから政治経済学の分野へと移った。彼は，18世紀中葉のヨーロッパの自由主義的で

進歩的な思考の温床であるスコットランド啓蒙のグループの一員であった。1759年の『道徳感情論』の出版後，後援者の支援を得て，スミスは現役の大学教育から退き，『国富論』に関する研究の一部として，旅行し外国の指導的政治経済学者たちと会うことができた。

　アダム・スミスは，最初の政治経済学者というわけではなかったし，またたしかに，彼と彼の著書を有名で影響力あるものにした経済生活および経済政策に関する考えの，最初の主唱者というわけでもなかった。また，現代の経済学者たちは彼を守護聖人とする傾向があるけれども，政治経済学に関する彼の考えは，その専門的諸発見という点で際立ったものというわけでもなかった。スミスは道徳哲学者であったのであり，そして彼が強力にわれわれの想像力を支配するその秘密は，彼が彼の著作で二つの相互に絡み合う目的を果たしたということにある。彼は，どのようにして資本主義社会が発展できるかということに関する明確な構想をなんとか提示しており，その構想は，ほとんどの彼の同時代人や後継者のものよりも，歴史のあと知恵からの批判に耐えるものである。しかし彼はまた，他のだれよりも直接的に，資本主義を取り囲む主要な心配事――良き人とはどうあるべきか，また良き人は，資本主義が課す対立的で，非人格的で，自己中心的な社会関係のなかで，どのようにして良好なまた道徳的な人生を生きるべきか，といった問題――に取り組んでいる。スミスは，資本主義が利己を，他人への配慮や奉仕といったそれと反対のものに変換するという，一見自己矛盾的な考えを主張する。彼は，たとえば資本主義的所有関係のルールのなかで利己的であることによって，われわれは実際にわれわれの同胞人類にとって良き存在なのであると言う。この驚くべき議論をもって彼は，資本主義的な現実につきまとう道徳上の不確かさおよび苦痛から，われわれを放免しようとするのである。

　これが「スミスの誤謬」なのである。多くの人びとにとって，それは，資本主義の基本的諸制度・私有財産・市場について寛容であることを，あるいはそれらを積極的に支持することを，正当化するものとして作用する。しかしそれは，（スミスのものと言われる多くの議論と同様）論理的に誤った議論であり，また結局，道徳上も心理上も満足のいくものではないのである。

　スミスの立場の道徳上の誤謬はつぎの点にある。すなわち，スミスの立場は，直接的で具体的な悪を受け入れることによって間接的で抽象的な善を得ることができるという理由から，直接的で具体的な悪を受け入れるようわれ

われに強く勧めるのである。論理上の誤謬は，スミスも彼のいかなる後継者もどのようにして私的利己が公的利他に転換するかを厳密かつ強固に論証することができなかったことにある。スミスの推論の心理上の欠陥は，その推論は資本主義的発展の実際の諸帰結――とくに，もっとも耐えることのできない人びとへの，犠牲の徹底的な無理強いという帰結，そして，社会の人びとを相互に分断する不平等の容赦なき再生産という帰結――を全面的に否定するという方策を必要とする点にある。

　スミスの誤謬は，彼がそれを，資本主義の営みについての気の利いた，しばしば洞察力に富んだ多くの諸言説に包まれた形でこの世に届けたがゆえに，なおさら人を惑わすもの，また危険なものである。その諸言説は，政治経済学の広大な諸テーマに取り組んでいる。技術進歩・所得分配・資本蓄積を通じての経済発展・人口増加というように。政治経済学におけるスミスの後継者の努力にもかかわらず，結局のところ，彼の著作の経済の面での優れた理解力を哲学の面での混乱から選り分ける方法，スミスの議論における真理の科学的核心を彼の道徳哲学から分離する方法は存在しない。スミス以来の政治経済学また経済学は，われわれがのちに見るように，思考のその二つの系列を兼ね備え続けてきた。このように，スミスの誤謬は，単にスミスの疑わしい道徳論というだけのことではなく，それから生じてくる資本主義的な経済生活および諸関係を見るその方法なのである。カール・マルクスのような資本主義の批判者でさえ，結局のところ，スミスの誤謬のこの側面に屈しているのである。

　政治経済学また経済学が述べるべき事柄を学ぶ唯一の誠実な方法は，道徳上の議論と科学上の議論の絡み合いというこの問題に留意し続けるということである，と私は信じる。もしあなたが経済学を学ぼうとしているならば，あなたはそれと並行して経済神学を学ぼうとしているのである。

1　分　業

　アダム・スミスは，諸国民の富の源泉についての彼の議論を，分業という考えから始める。分業ということによってスミスが意味するのは，有用な生産を，そのおのおのが他とは別個に成し遂げられうる一連の別個な仕事に分解する，ということである。

スミスにとって分業の主要な効果は，労働生産性の向上，すなわち労働1時間当たりあるいは労働1日当たりの，有用生産物の平均量の増加である。労働生産性は基本的には，なんらかの特定の商品——ピン，小麦，家屋，自動車，教育——の産出高の，その生産に必要な労働量に対する割合，として測られる。たとえば，企業や国や全世界における労働生産性の基本的な測定は，小麦生産に向けられた総労働時間数で割った小麦生産量，自動車生産に向けられた総労働時間数で割った自動車生産量についての統計値，という形態をとる。

　労働生産性およびそれの上昇率は，異なった生産物を生産する諸部門で相違するため，われわれはしばしば，全経済にわたっての労働生産性の平均あるいは指標を得ようとする。経済学者たちは，現実の市場価格での全部門の産出物価値を合計し（国内総生産，すなわちGDP），そしてなんらかの基準年との比較での物価指数で割って（物価上昇に関して調整された）実質GDPを計算して，これを行なう[1]。そこでは労働生産性は，一経済の実質GDPを，一経済の総労働投入量——これは，労働時間数もしくは労働日数で，あるいは，雇用労働者数で測る——で割ることによって，算定されうる。

　そうしてスミスは，労働生産性を決定する重要な要因は分業の程度であり，そして分業の増進は，個々の部門および経済全体の両方について，労働生産性の大きな向上へと導きうる，と主張するのである。

■**分業の利点**

　スミスは，分業が労働生産性を向上させる三つの仕方を提示する。労働者の技能の増進，一つの仕事からもう一つの仕事に移る際に失われる時間の削減，そして特定の仕事に特化した機械の発明である。

　個々の労働者の技能は，労働者が自分のすべての時間を一つの仕事に費やし，その結果，それにおおいに熟練できるがゆえに向上する，と考えられる。

---

1) この種の指数を定めるには，異なる部門における価格変化に与えられるべきウェイトの特定が必要である。一つの広く使用されている指数は，GDPデフレーターである。この指数は，基準年の時価での基準年の産出物価値を，基準年価格での基準年の産出物価値と見なす〔つまり，GDPデフレーターは一つの総合的物価指数で，GDPデフレーター＝名目GDP÷実質GDP×100，名目GDPは当該年の時価での当該年のGDP，実質GDPは基準年価格でのGDP，したがって，基準年については，名目GDP＝実質GDPで，GDPデフレーターは100〕。

職業的専門家がある仕事を遂行できる速度と未熟練者の速度の違いを目にする人はだれでも，この効果に強い印象をうける。他方，過度の専門化はまた，退屈・疲労・仕事からの疎外に導くかもしれず，そしてそれは労働者の産出高を低下させるかもしれない。

　仕事間の移動に失われる時間の削減は，限られた重要性しか持たない。というのは，こういったことは，いろいろな仕事の間をあまり頻繁に移ることがなく，それゆえ，仕事配置に関わるコストが長い期間の労働に分散されることになる労働者が，実現できるからである。たとえば，ピンを作る人はまる1日を針金からピンを切ることに費やし，つぎの日はそれらをとがらせるのに費やすならば，同一の勤務時間内で一つの仕事からもう一つの仕事に移動する間に失われる時間を回避していることになるのである。

　他方，機械の使用は，分業を増進するという点でほとんど限界を持たないようにみえる。道具や機械は，生産の仕事の各局面で労働者の能率を最大化するように専門化されうる。たとえば金属工作においては，労働者は専門的なやすりとジグ〔jig〕を用いて，歯車とカム〔cam〕を作り上げるのにきわめて熟練するようになるかもしれない。しかし，生産性に対するより大きな推進力は旋盤や他の専門的な切断具の導入から生じる。いっそう大きな向上は，特定の形状を生み出すのに適した金型と打ち出し機を用いることから生じる。さらにいっそう大きな利点は，コンピュータ制御工作機械の使用から生じる。

　このように分業は，まったく新しい専門化された仕事の出現を引き起こすことができ，またまったく新しい産出物の生産を可能にする。たとえば，現代の電子工学労働者は，はんだごてで電気回路の配電をする代わりに，ICをシリコンチップに焼き込む。特定の機能を持つ内蔵タイプの電子回路に対する市場の出現は，まったく新しい生産方法を，またついには新しい製品を，出現させうるのである。

　つぎのことが注意されるべきである。すなわちアダム・スミスにとっては，われわれが技術変化と考えるもの——新製品や，既存の製品の生産のための新方法の出現——の多くは，その根本においては分業の一局面であり，したがってまた経済発展の進行過程の予見可能な一帰結である。現代経済学の専門用語では，これは，「内生的技術進歩」と呼ばれる。

■ 工程的分業と社会的分業

　ピン工場のスミスの有名な例は，分業は個々の工場あるいは生産場所で行なわれることを示唆しているのであるが，彼のより広い議論は，分業はまた全経済あるいは社会レベルでも行なわれることを明らかにする。工程的分業〔detail division of labor〕は，ある一定の場所での生産が，上のピン工場のような線に沿って，専門化された仕事に分割されるものである。社会的分業は，一つの複合的な生産プロセスの異なる諸局面が，異なる諸生産部分に分離可能になるものであり，それは異なった会社に，あるいは異なった地理的地域にさえ，立地されるかもしれない。

　ふたたび，現代の電子部品の生産を考えれば，社会的分業の作動していることが見られよう。コンピュータあるいは電卓は，しばしば，既存のICチップをそれの核として使用しつつ設計される。このようにコンピュータ製造業者は，実際には，チップ製造を完全に別の企業に外注する。チップ製造の諸段階も，同様に全世界におよぶかもしれない。たとえば，テキサスに立地する論理回路設計，マサチューセッツでの製造用チップ設計と基盤焼き込み用雛形作製，台湾での実際の焼き込みとチップ作製，そして，フィリピンでの焼き込まれた回路へのピン〔接続用端子〕やコネクタ〔周辺機器の接続部分〕装着，といったように。

　社会的分業は，非集権的取引あるいは社会的計画機構によって，そしてよりしばしば，その両者の組み合わせによって，支えられうる。19世紀のアメリカにおける鉄道建設は，一部は市場諸力への自発的反応であった。しかし，それはまた，鉄道建設者への無償土地払下げという形での大掛かりな補助金の供与を含む，強力で実効ある国家の運輸政策によって促進された。鉄道がはるかに緻密な社会的分業（たとえば，国の一つの地域では小麦生産に集中し，他の諸地域では酪農や果実生産に集中する）を可能にするゆえ，市場は，鉄道の発達を促進したのであるが，この国の経済の型の大体の輪郭を形作ったのは，連邦政府の政策であった。1960年以来の日本における目を見張る経済発展は，通商産業省（MITI）を通じての分業の社会的計画と，市場によって仲介される個々の企業の努力との混合の結果であった。

　スミスは，市場と，市場での交換とを，分業を規制・促進する主要な方法として強調する傾向がある。彼の説明では，人間は「取引し交換する」自然的な性向，すなわち，互いに交易する性向を持つ。そしてそれが，同時に，

分業を可能にし（というのは，生産者たちは，生産するものを市場で交換することによって彼らの実際の消費欲求を満たすことができるから），また分業を促進する（というのは，専門化する生産者たちは，市場で交換するためにより多くのものを生産するから）のである。スミスは，究極的に分業に導くのは取引し交換するという人間の性向なのか，それとも人びとを交換に駆り立てるのは分業なのかという，鶏と卵の問題を未解決のまま残している。

■ **分業と市場の広さ**

　分業の増進が労働生産性を向上させるという考えを打ち立てたのち，スミスは，分業それ自体はもっぱら市場の広さによって規定されると主張する。現代の用語では，われわれは，規模に関する収穫逓増——生産の全体規模にともなう生産費の逓減傾向——を引き合いに出すであろう。これは，政治経済学におけるきわめて重要で広がりを持ったテーマである。多くの生産部門において，非常に大量の生産物を生産する能力を持つ大規模な生産施設を建設することによって単位費用〔平均費用〕を低めることは可能である。施設の高額の固定費用は，最終的に低い可変費用〔変動費〕によって取り返され，そして産出物1単位当たりより高い利潤が獲得される。一つの良い例は，20世紀初頭にヘンリー・フォードによって始められた自動車の大量生産である。フォードの組み立てライン生産方式は，彼の競争者によって一台一台手作りされる自動車の費用の何分の一かで自動車を生産するのを可能にした。だが彼は，非常に多くの台数を販売することによってのみ，工場の費用を取り返すことができた。

　一産業の生産規模は，市場の大きさに，すなわち当該産業が販売しうる産出物の単位数に依存する。次いで，その販売しうる産出物の単位数は，消費者数に，また消費者の所得および需要構造に，さらに市場を分け持つ生産者数に，依存する。一産業の生産物の潜在的消費者数は，人口増加によって増加させられうるし，また生産物を多数の人びとにとって入手可能にする輸送技術の改善によって増加させられうる。

　消費者の所得および需要構造も，産出物の潜在的市場の大きさに対して重要な影響力を持つ。賃金，利潤，および土地や他の天然資源に対する地代が経済発展の過程で増加するにつれて，同数の消費者はより大規模な生産施設を支えることができる。というのは，彼らがすべての種類の財およびサービ

スをより多く買うからである。さらに経済発展は，需要構造を，地域的に生産される財から大量生産の財の方向へと移転させる。なぜこういったことが生じるのか。その理由自体は，ごく明らかなことというわけではないが，それは，経済発展の過程で繰り返し生じてきた。こういった移転も，市場の広さの拡大を促進するのである。

　生産施設の大きさと，その結果として達成されうる分業の程度はまた，どれほど多くの企業が市場を分け合うかということに依存する。もし一市場を分け合うほぼ同一規模の1000の小さな企業があるとすれば，各企業の生産施設の平均規模は，その産業に5あるいは10の企業だけが存在した場合に比べてはるかに小規模なものになっているだろう。これが，合併や買収の主要動機の一つであり，それによって，多数の小企業が，より大きな生産施設を持ちより低い費用で生産する少数の大企業へと合体していくことが可能となるのである。この現象は，諸部門でつぎつぎと生じる統合の波をともないつつ，資本主義的発展のなかで絶えず繰り返される。アメリカにおける銀行業の再編成が，一つの例である。ほとんどの国では，小売銀行業務は，いたるところで支店を営む10行以下の巨大銀行に集中されている。アメリカでは，20世紀末にいたるまで，州をまたがる銀行業務および州内での支店業務を制限した連邦規制と州規制が，1万行以上の商業銀行の存続を守ったのであり，これらの銀行の多くはきわめて小規模なものであった。銀行業における規模の経済は重要なものであるため，この業界をより少数のより大規模な銀行に統合するという大きな市場圧力が存在する。連邦の法律および州の法律は，この統合を認可するように徐々に変わっていった。同様な再編成は，コンピュータ・ディスカウント小売店・自動車生産・輸送のような他の業界でも，時々生じている。

■経済発展の好循環

　分業と市場の広さとの間の結び付きにより，正のフィードバックの体系が創り出される。そこでは，分業の増進は，費用を低下させ，実質所得を引き上げ，そして市場を拡大し，そうしてまた元に戻って，分業のいっそうの増進へとつながっていく。この過程は，経済発展の自己強化的な正の循環を創り出す。スミスにとっては，この正のフィードバック過程が，諸国民の富の非常に重要な秘訣なのである。好循環の自発的創造を促進することができ，

そして自国の政策が立法上や制度上の制限と衝突することなしに好循環の進行を可能にする国民が，経済的に繁栄し成長するであろう。

　経済発展のその好循環が定着するための条件を創出するのは常に容易というわけではないことにスミスは気付いているし，また正のフィードバック過程は，その本来的な不安定性のゆえに，時としてうまく扱うことの困難なものであることに気付いている。それでもなおスミスは，その好循環を生活水準の向上および（彼の時代における）主権者の富の増加に結び付けることから得られる，究極的な恩恵を信じるのである。

■「セー法則」

　結果として労働生産性向上ということをともなう分業の伸展には，少なくとも一つの，それと深く関わる負の効果がある。つまり急速な労働生産性向上を経験している諸産業における労働需要の減少という負の効果である。その理由は，労働生産性の向上は市場の拡大よりも先んじる形で進行していくこともある，という点にある。たとえより多くの単位数の生産物が生産され販売されているとしても，もし労働生産性がそれより早く向上していれば，その産出物を生産するのにより少ない労働者で間に合うだろう，そしてその結果として失業が生じうる，というわけである。

　スミスは，分業増進のこの効果を認める。しかし，のちに「セー法則」として知られるようになる推論に基づいて，全体としては慢性的な労働の超過供給は存在しえないと主張する。その議論は，一つの産業で技術変化によって失業した労働者は，結局のところ，他の諸産業で職を見出しうる，というものである。セー法則の推論は，全体としての経済における諸商品に対する需要の源泉は，まさしく労働者そして資本および土地の所有者が，自分たちの資源を生産に利用できるようにしようという意志である，という考えに基づいている。現実の生活では，この潜在的な需要は，使用されていない諸資源で生産を開始するのをまかなうための貨幣が利用可能である時にのみ，実効のあるものとなる。セー法則の基礎のうえで論じるスミスおよび彼の後継者たちは，経済の金融システムは，すべての潜在的に生産的な資源が使用されることができるほどに十分伸縮的である，ということを想定している。このように，セー法則は，資本主義経済の金融制度の有効性への信頼に基づいているのである。

ここで「スミスの誤謬」が作動する。労働生産性向上の直接的な効果は，その犠牲から自分たちを守るには弱い立場にある一グループ（労働者たち）に犠牲（失業）を課すことである。普通の道徳上の議論は，これを悪い事と見なすことであろう。スミスは，つぎのような希望を提示する。すなわち，解雇されたこれらの労働者のうちのある人びとは，結局のところ，それに代わる職を見つけるであろう（他のある人びとはそうでないかもしれないが），また消費者はより低い価格の生産物という恩恵にあずかるであろう，という希望である。このようにして，失業という直接的で具体的な悪が，より低い価格という間接的で抽象的な善を獲得するための助けとなるのである。

セー法則は，本書のなかで幾度も出てくるので，つぎの二点に留意しておくことが助けとなるであろう。長期的にはセー法則のようなものが作用するように見える。少なくとも，技術変化および労働生産性向上の結果としての不断に増加する失業への長期的傾向といったものは存在しない。他方，短期的には技術的失業労働者の新しい職への吸収はきわめて遅いということがありうるのであって，それは現実の社会問題・経済問題・政治問題を引き起こしうる。20 世紀の最後の 30 年にわたる多くの西ヨーロッパ諸国での根強い高失業率は，その一例である。それゆえ，セー法則に関わる一つの重要な点は，どんな長さの期間に注意を向けるのか，また，短期的な経済事象と長期的な経済事象との間の分析上の関係をどのように考えるか，ということである。

2　価値の理論

われわれが資本主義のような交換に基づく経済システムの営みを分析するとき，必然的に，価値の理論と分配の理論が現われる。価値理論の目的は，なぜ諸商品は価値を持つのか，そして異なる諸商品の相対的な価値を決定するのはなにかを説明することである。分配理論は，所得の異なる構成部分間への，つまり賃金・利潤・地代の間への商品価値の分割ということに焦点を当てる。

■名目価格と実質価格

スミスは，彼が商品の名目価格と呼ぶもの（商品と交換される貨幣の量）を，その商品の実質価格，つまりその商品の生産に必要とされる労働の量か

ら区別する。スミスの見解では，商品の生産に支出される労働（したがってまた商品に体化〔embody〕される労働）が，その商品に対して支払われる究極的に実質的な社会的代価である——換言すれば，この考え方においては，労働が唯一の希少生産資源なのである。

　労働価値説に関わるスミスの基本的な洞察は，人間社会にとっての富の究極的源泉は労働生産性であるということである。それ以前の政治経済学者たちは，外見に惑わされて，富の源泉を農業地代あるいは貨幣蓄積に求める傾向があった。スミスは，適切に，こういった混乱を一掃し，人間の労働時間の現実的組織化と，富の究極的源泉である労働生産性を決定するものに，焦点を合わせた。

　しかしながら，スミスは商品の労働価格に関してまったく明解であるというわけではない。というのは，商品のこの労働価格に与えられうる二つのありうる意味が存在するからである。一つは，商品の生産で体化された労働の量である。だが，ひとたびわれわれが諸商品の貨幣価格を持ち，そして労働が賃金のために売られるようになると，われわれはまた，商品の労働価格を，商品と交換されうる労働の量を意味するものとして理解するかもしれない。つまり，その商品をそれの価格で売り，その貨幣を，労働を雇うために使用することによって，その商品と交換されうることになる労働すなわち，商品によって支配される労働の量である。体化された労働と支配される労働との間には違いが存在する。資本主義社会においては，商品に含まれる価値のいくらかは利潤と地代になるため，賃金は，その商品の価格の一部分を形成するだけであるからである。それゆえ，一般的には，商品は，それが体化しているよりも多くの労働を支配するのである[2]。

　もし，スミスの時代にそうであったように，貨幣が金のような，一種の生

2）　一つの例が，この点を明らかにする助けとなるかもしれない。1年の労働と種用トウモロコシ20ブッシェルが，収穫されるトウモロコシ120ブッシェルを生産しうると想定してみよ。その年の労働の純生産物は，100ブッシェルのトウモロコシである（というのは，収穫されたトウモロコシ120ブッシェルのうち，ちょうど20ブッシェルが，使いきられた種用トウモロコシの置換えに費やされるからである）。こういう状況のもとでは，100ブッシェルのトウモロコシに体化された労働は1年である。しかし，農業労働者の実質賃金が50ブッシェルのトウモロコシで，もう一方の50ブッシェルが利潤および地代の形をとる，と想定してみよ。そのときには，100ブッシェルのトウモロコシは2年の労働を支配しうるであろう。スミスは，諸商品の実質価格に関する，体化された労働という考えと支配される労働という考えの間で，行ったり来たりする。

産された商品であれば，その時には，名目価格と，金の実質価格によって確定される実質価格との間に，直接的な関係が存在する[3]。スミスの労働価値説の基本的な見方は，その時に貨幣と引き換えに売られる商品を生産するために労働が支出される，といったものである。この見方では，商品の名目価格はつぎのような理由から変化しうる。すなわち，その商品を生産するのにより多くのあるいはより少ない労働を必要とする，あるいは，金を生産するのにより多くのあるいはより少ない労働を必要とする，あるいは，金と貨幣との間の関係が国家政策の結果として変化する，といった理由からである。第一のケースは，商品生産のコストに増減がある時に生じる。たとえば，コンピュータ技術が発達するにつれて，貨幣での，コンピュータ容量のコストが低下する。第二のケースは，それほど分かりやすいものではない。もし，金の生産がより容易になるならば（より安価な新鉱山の発見のゆえに），あるいは金の生産がより困難になるならば（既存の鉱山の枯渇のゆえに），その時には他の諸商品に対する相対的な金の価値は，低下あるいは上昇するにちがいない。このプロセスは，コンピュータのケースとは反対に，なんらかの一商品市場に焦点を合わせたものではなく，金生産の費用変化に順応しようとするすべての他の商品価格への広範な圧力に焦点を合わせたものである。最後のケースは，政府が，政府の貨幣を金と交換するに際して金の量を変える時の，一国通貨の平価切り下げあるいは品位低下といったことと関わる。たとえば，1933年に，アメリカは，財務省が1オンス20ドルを1オンス35ドルに金の売買価格を変化させることによって，金との関係でドルの平価を切り下げた。諸商品の金価格を不変に保つためには，諸商品の貨幣価格は，平価切り下げ後は上昇しなければならないのである。

■ 市場価格と自然価格

　価値の理論を論じる際，スミスは，諸商品の市場価格と自然価格とを区別

---

[3] たとえば，もし1卓のテーブルの生産に10時間の労働が必要とされ，1オンスの金の生産に20時間の労働が必要とされ，1ブッシェルの小麦の生産に5時間の労働が必要とされるならば，2分の1オンスの金あるいは2ブッシェルの小麦が，1卓のテーブルと交換されるであろう。もし1オンスの金が20ドルに等しければ（1791年から1933年のアメリカでそうであったように），われわれは，1卓のテーブルの価格が10ドル，1ブッシェルの小麦の価格が5ドルであることを知るであろう。

する。その区別は，のちの政治経済学にとってきわめて重要なものである。市場価格とは，まさに，特定の時点でそれと引き換えに商品の所有主が変わる貨幣の量である。市場価格は，不足や供給過剰，嗜好や供給の変化，また投機のゆえに，騰落する。しかしスミスは，市場価格を，彼がその商品の自然価格と呼ぶある水準に押し戻す傾向を持つ重要な諸力が存在する，と信じる。どんな市場にもいつも混乱が存在するため，彼は，市場価格がスムーズに自然価格に収斂してそこに留まるといったことを期待しない。その代わり彼は，市場価格は自然価格をめぐって変動するあるいは（ニュートンの天体物理学からのイメージを用いて）「引きつけられる」であろう，と信じるのである。

　スミスは，価値の理論は自然価格の決定に関わると主張し，また「供給と需要」という力は自然価格をめぐる市場価格の変動の原因であると主張する。これは，供給と需要を市場価格の直接の決定因と見る現代価格理論とずいぶん異なる。

■ **スミスの労働価値説**
　スミスは，諸商品の相対価格は主として，それらの商品を生産するのに要する相対的労働量に依存するという労働価値説を据えて，価値の理論について自らの議論を始める。これは，労働は諸商品の実質価格であるという彼の主張と矛盾するものではない。

　労働価値説についてのスミスの議論は多くの異なる考えや問題を惹起し，際限のない流れのような多数の著書や論文を誘発してきた。スミス自身は，決してこれらの問題すべてを解決しているわけではない，また，それらの問題のいくつかについては気付いてさえいなかったかもしれない。スミスは自らの議論の最中に，理由を説明することなく労働価値説を放棄して，別の理論，すなわち価値「加算」説〔"adding-up" theory of value〕に移っているという事実が，事態をいっそう複雑にする。

　スミスは，定住農業あるいは工業を持たない狩猟経済における鹿とビーバーの「生産者」のたとえでもって，労働価値説を説明する。彼はつぎのように主張する。すなわち，鹿の猟師とビーバーの猟師は，彼らがおのおのの動物を狩り，仕留めるのに要する平均的労働時間の比率に対応する比率で，鹿とビーバーを交換するだろう，と。たとえば，もし1頭の鹿を狩るのに1

日の労働がかかり，1匹のビーバーを狩るのに2日の労働がかかるとすれば，その交換は，ビーバー1匹に対して鹿2頭であろう。

　この交換比率が持続しうるとすれば，それには二つの異なる理由があり，そしてそれらの理由に関するスミスの意見は非常に明示的というわけではない。第一に，両当事者はこの比率を，労働の支出を財の究極的な実質的費用として主観的に評価する際に「公正な」価格と見るがゆえに，交換はこの比率で行なわれることになりうる。第二に，この社会ではいかなる人も鹿狩りからビーバー狩りへと自分の労力を移すことができるために，競争が，交換の比率が労働時間の比率となるようにさせるのである。もし，ビーバーの猟師が，ビーバーについて，鹿との比較で，相対的な労働時間よりも高い価格をあくまでも要求するならば——たとえば，彼のビーバー1匹に対して鹿3頭を要求するならば——，その時には，鹿の猟師たちはそのビーバーの猟師と取引するのを拒否するであろう。というのは，彼らは自分で出かけて行ってビーバーを狩ることができるからである。彼らは，3頭の鹿を仕留めてその3頭の鹿を1匹のビーバーと交換するのに3日の労働を要するが，ビーバーを彼ら自身が狩ればただの2日の労働ですむのだから，ビーバー狩りに転じることを選好するであろう。もちろん，これら二つの理由は，互いに融合する傾向がある。ただし，第二の理由は，いかなる人もその二つのタイプの生産の間をコストなしに移動できるという追加的な仮定を必要とするのだけれども。

　もしわれわれがこのたとえを定住農業と工業を持つ社会に投影するとすれば，このたとえは，相対的な諸商品価格はその諸商品を生産するのに要する相対的労働時間を反映する傾向を持つであろう，ということを示唆している。脚注3）での例示におけるように，もし，1卓のテーブルの生産に10時間の労働が必要とされ，1ブッシェルの小麦の生産に5時間の労働が必要とされるならば，1卓のテーブルは2ブッシェルの小麦と交換されるであろう。だが，太古の森における猟師から資本主義社会での生産に移動すると，相対価格に影響をおよぼす重要な制度的諸変化がある。太古の森における猟師たちは，狩猟のためにいかなる地代も支払う必要はなかった，また彼らは，自分の武器，獣や小動物や鳥を捕えるわなを所有していた。しかし現代の資本主義社会では，労働者は典型的には，自分自身の生産手段を所有せず，そして地主たちが生産的な土地を占有し，その土地に地代を課すであろう。した

がって，テーブル生産から小麦生産への移行は，単に労働資源をめぐっての移行の問題ではなく，同じように資本財および土地の移行の問題でもあるのである。この事情は，一生産部門から別の生産部門への労働移動の可能性が，生産に要する労働に比例して諸商品が交換されうることを保証する，という主張に対して疑いをさしはさむことになる。

■付加価値計算

これらの微妙な点を結論にまで押し進める代わりに，スミスは注意を付加価値計算に向ける。そしてその計算が，いかにしてあらゆる商品の価格は賃金，利潤および地代に分解されうるかを説明するのである。付加価値計算についての基本的な認識は，商品生産企業の所得計算書（損益計算書とも呼ばれる）から始まる。企業は，1年にわたっての企業の利潤を，当該企業が生産して販売した諸商品の収入から費用を差し引くことによって算定する。商品販売からの収入は，四つの部類に分けられる。すなわち，市場で他企業から購入された投入物および原材料の費用，労働者に支払われる賃金，地主に支払われる地代，そして企業の所有者の手許に残る利潤である。他方，企業の企てる生産努力によって付加された価値は，販売収入と購入された投入物の費用との差である。企業はこの額を，購入された投入物の価値に付加したことになるわけである。たとえば，織物製造企業は，投入物として糸を購入し，それを織物に仕上げる。その織物は，糸よりも高い価値を持ち，そしてその差が，その企業の生産活動によって付加された価値である。さらに，その購入された投入物の費用は，今度は，糸供給企業の，購入された投入物の費用とともに，糸供給企業の賃金，利潤および地代に分解される。経済全体について見れば，購入された諸投入物の費用は，全部，賃金・利潤・地代に分解されうる。このようにスミスは，商品の価格は，その商品の生産に関与した労働者たち，地主たちおよび資本家たちによって受け取られる賃金，地代および利潤の合計に等しくなる，と考えるのである。

資本主義的な企業は，収益報告の「最下行」——利潤——に関心があるのであり，それらの企業の費用のうち賃金がどれだけで購入投入物がどれだけかといったことに関心があるわけではない。結果として，資本主義的な企業は，付加価値には特別な関心を持たない。個々の企業にとっては，その付

加価値を増加させることにはなんの利点もない（それによってその企業の利潤を増加させもする，ということがない限り）。他方，経済学者たちは，経済全体によって付加された価値におおいに関心を持つ。というのは，それは，その経済の経済的生産の良い尺度であるからである。一経済の国内総生産，すなわちGDPは，基本的に，その経済の付加価値の尺度である[4]。

　付加価値計算を考えるには，二つの考え方がある。一方では，われわれは，価格全体を，商品を生産するのに必要な労働時間によって与えられているものと見ることができるのであり，そうすれば，所得の分け前の一つ（利潤）は，他の所得の分け前（賃金と地代）が支払われたときに残されるだけのものとして決定されることになるであろう。この考え方は，デイヴィド・リカードウやカール・マルクスによって追求された労働価値説へと導く。他方では，われわれは，商品の価格を，賃金・地代・利潤によって決定されるものと見ることができる。スミスは，中途で労働価値説を放棄しているように思える。そして，価値加算説と呼ばれることになるものを展開しつつ，商品の価格を見るこの第二の方法に移っている。

　スミスの価値加算説は，商品生産に要する労働に自然賃金を掛けたもの，商品生産に要する土地に自然地代を掛けたもの，および商品生産に要する資本に自然利潤率を掛けたものを加算することによって，商品の自然価格を決定することを提案する。この考えが，『国富論』第1篇の残りの部分を体系付ける。スミスは，順を追って，賃金の理論・利潤率の理論・地代の理論を取り扱う。付加価値の構成部分——賃金・利潤・地代——に関するスミスの議論は，経済学における後代の重要な研究の基礎となった多くの興味ある認識を提供するのであるが，そのスミスの議論は，結局のところ，賃金・利潤・地代の自然水準の決定因について，有望な体系的説明を与えてはいない。

■ 競争と引力作用

　賃金・地代・利潤への価格の分解は，なぜ市場価格は自然価格をめぐって引き寄せられるかに関するスミスの（また他の古典派経済学者たちの）理論

---

[4]　両者の違いは，GDPは生産で使われた固定資本の減価償却を含むのに対し，理論上の付加価値は減価償却を，購入された投入物の費用の一部と見なす，ということである。

の基礎である。もし，商品の市場価格が，その商品の自然価格の水準以上のものであれば，所得となる諸部分の一つあるいはそれ以上のものもまた，その自然水準以上のものであるにちがいない。たとえば，もし家具が自然価格以上の市場価格で販売されているのであれば，家具産業の賃金もしくは利潤が（あるいはその両方が），おそらく，それらの自然水準以上のものである。労働および資本へのこれらの超過の報酬は，労働および資本を他の諸部門から家具産業へと引き寄せる傾向を持つであろう，そしてそれが，家具の産出高を増加させ，価格を引き下げる。これが，負のフィードバック過程であり，仮説的出発点である。つまり，自然価格よりも高い価格は，上の超過を除去する傾向を持つ諸力を作動させる，というわけである。

　ある部門の市場価格が自然価格以下にあるときには，スミスは上と対称をなす形で，つぎのように主張する。つまり，その部門の労働および資本への報酬がそれらの自然水準以下に押し下げられ，その結果，労働および資本はその部門を離れる傾向を持ち，そしてそれが，産出高を減少させ，価格を上昇させる（そして，その産業に留まる労働者たちおよび資本家たちにとっての賃金と利潤を上昇させる），というわけである。

　古典派経済学者たちは，自然価格をめぐる市場価格のこの引力作用を，終わりのない変動と見た。市場価格は自然価格を追いかける。しかし，多分つかの間の瞬間を除いて，決してそれに追いつくことはできないのである。技術や需要構造のような他の諸要因が絶えず変化しており，結果として，市場価格と自然価格との関係をある方向へ，あるいは別の方向へと，かき乱しているだろうからである。

　他方，現代の経済学は，よりいっそう，理論的な注意をつぎのような理想的な想像上の均衡状態へと集中させる。すなわち，市場価格と自然価格は一致し，そして，市場価格を一方向へあるいは他方向へ押しやる傾向を持つ残余の諸力は存在しない，といった状態である。こういったことに注意を集中することに対する理論上の論理的根拠がなんであるか，ということは必ずしも明らかではない。しかし，多くの経済学者たちがとる一つの立場は，負のフィードバックの諸力が経済を常に均衡状態に近いものに保つゆえ，経済の均衡状態についての理解は経済の現実の状態への良き近似法である，というものである。そして他の経済学者たちはこの立場を批判する。その理由は，われわれが関心を持つのは，まさしく，どの瞬間にもはたらいている，諸価

格や諸所得の変化をもたらす諸力なのである．そしてこれらの諸力は純粋な均衡分析では無視されている，というものである．

■ 賃　　金

　スミスは，他の古典派経済学者と同様，賃金は，労働者（社会の最貧の構成員を含め）が彼ら自身を再生産するのを可能にするという社会的機能を持つということを認めていた．古典派政治経済学は，人口の再生産と増加を主として，経済発展の原因と見るよりもむしろ結果と見る．賃金が上の機能を遂行するためには，賃金は，労働者が生活していくうえで，生存水準のものを買うのを可能にするのに十分な高さのものでなければならない．

　スミスが著作していた時点では，ほとんどの都市労働者は，田舎から都会へと比較的最近移ってきたばかりであり，そして，彼らはまだ，農村地域に密接な家族的および社会的縁故を持っていた．こういう状況にあっては，賃金が慣習的な生存水準以下に低下することに対して労働者たちがとるだろう一つの反応は，都市の労働市場を去り，農村社会へと，少なくとも一時的には帰ることである．

　スミスは，慣習的な生存水準が賃金の下限を設定すると考えたのであるが，実際には前進的で発展しつつある資本主義経済での賃金は，通常，生存水準以上である，と主張した．その理由はつぎのようなものである．つまり，資本が蓄積されるにつれて，資本は，通常，より多くの労働を必要とし，そしてそのより多くの労働は，より高い賃金によって田舎から引きつけられるにちがいない，というわけである．スミスによれば，資本蓄積を通じての分業増進の進行は，賃金を生存水準以上に引き上げる傾向を持ち，それゆえ労働者は，ある程度，技術進歩や労働生産性向上の成果にあずかるのである（われわれは後で，他の古典派政治経済学者たちが資本主義的労働市場の作用について多少異なった意見を持っていたことを見るであろう）．

　スミスは，高賃金および労働者の高生活水準を，単なる大きな資本ストックよりもむしろ，増加しつつある資本ストックと結び付け，また，低賃金および労働者の低生活水準を，小さな資本ストックよりもむしろ，減少しつつある資本ストックと結び付ける．たとえば，彼は，繁栄し経済が急速に成長しつつある国では，たとえその国の実際の資本ストックが，そのように急速に成長していない別の国の資本ストックよりも小さかったとしても，賃金は

高くかつ上昇するだろう，と考える．

スミスは，雇い主は賃金交渉過程において労働者に対し構造的優位性を持っている（少なくとも彼の時代のイギリスの法律のもとでは）と信じていた．労働者の「団結」（すなわち組合）は，18世紀のイギリスの法律のもとでは非合法であったが，賃金を抑えるための雇い主の暗黙裡のあるいはおおっぴらな団結に対して，それに比肩する制限は存在しなかったのである．

これらの所見は洞察力があり，また時の試練に耐えてきたものである．しかし不運にも，それらは，スミスが彼の価値加算説を完成するために必要とする自然的賃金水準に関する実際の理論になるまでにはいたっていない．スミスの賃金理論は，特定の時点のある国における実際の賃金水準を決定する諸力に対するよりも，より直接的に，賃金水準の動学，すなわち賃金を騰落させる傾向を持つ諸力に，注意を向けている．自然的賃金水準という基礎のうえで諸商品の価値の賃金部分を説明するという彼の計画を成し遂げるためには，スミスは，どのような諸力が自然的賃金水準を決定するのかということを語らねばならなかったのだが，結局のところ彼はそれを成し遂げてはいないのである．

■利　　潤

資本主義的生産は，利潤の追求ということをめぐって組織される．企業が，企業の原材料とその他の購入投入物（生産のための道具および施設を含め）への支払いをし，そして企業の労働者に支払いをして（また地主への地代が関連するときにはその支払いをして），そのうえで販売収入から残される金銭が，利潤である．大規模な販売をともなう大規模な企業は，小さな規模の企業よりもより多くの絶対額の利潤を得る傾向があるだろうから，収益性は二つの道筋で測定される．利幅と利潤率である．利幅は，販売収入のパーセンテージとしての利潤であり，それは，商品の全体価格のどれだけの部分が利潤に相当するかを測定する．利潤率は，生産に投資された資本のパーセンテージとしての利潤を表わす．投資された資本は，その企業が所有する工場や機械の，そしてその企業の投入物の平均的在庫の，価値にあたる．利潤率が，経済的に，より重要な尺度である．将来予測をする投資家は，企業への投資の結果として自分の富がどれほど早く増加するかということに関心を抱くのであり，そしてそれを決定するのが利潤率であって，実際のところ，利

幅のいかんといったことは気にしないのである。

アダム・スミスは，実際には，自然利潤率に関する理論を提示していないのではあるが，利潤率およびそれの展開についていくつかの重要な所見を示している。

競争は利潤率を均等化させる傾向がある

スミスは，資本家間の競争が異なる産業間の利潤率を均等化させる傾向があることをおおいに強調する。このことを支持する彼の議論は，彼の自由放任政策に対する支持の鍵となる要因であり，またそれは，のちの経済理論における競争均衡という概念の重要な基礎である。

その考えは，以下のようなものである。すなわち，もし一つの産業での利潤率がその経済の平均よりも高いならば（スミスはこの平均利潤率を自然利潤率と同一視しているように思える），資本家たちは，彼らの資本をその産業にシフトさせる傾向があるであろう。結果として労働も同様に移動し，その産業の産出高が増加し，そしてそれが，その産業での価格と利潤率を引き下げる傾向があるのである。対称的に，資本は利潤率が平均よりも低い産業から立ち去る傾向があり，そしてそのことが，より高い価格へと導き，したがってまた，そこに留まる資本家たちにとってのより高い利潤率へと導くのである。この仕方で，競争は利潤率をすべての部門で等しくさせる傾向を持つ負のフィードバックを提供する。これが，外的な統御を必要としない自己調整的システムとしての資本主義経済という，スミスの見解の鍵となる部分，自由放任の経済政策への彼の支持を下支えするコンセプトなのである。

スミスは，資本家たちの間の競争が利潤率を均等化する傾向があると見たのではあるが，どの現実の経済においても利潤率が完全に均等化されると彼が考えていたかどうかは疑わしい。その理由は，需要・技術・外国との競争における諸変化が，常に経済のさまざまな部門の相対的収益性を変化させているということである。利潤率均等化の方向に動く資本の運動は，資本主義経済の新陳代謝の中心的部分であるが，部門横断的に利潤率格差を完全に除去するというそのゴールには，決して到達しはしないであろう。

しかしながら，競争過程が，資本主義経済における重要な規制要因としての平均利潤率の出現を支える。いかなる企業あるいは部門も，実際には，まさしくその平均利潤率を達成しないかもしれないけれども，資本の所有者たちはこの平均水準を意識しており，そしてその平均水準を，彼らの資本をど

こに投入するか，また，どんな投資計画に資金を提供するかを決定する際に，指標として利用するであろう。

平均利潤率は，資本主義経済のような複雑なシステムの持つ「創発的」属性〔"emergent" property〕の一例である。それは，多くの資本家の無数の決定の結果であるが，それらの決定のうちのなにか一つの決定に直接的に遡ることのできないものである。そしてその平均利潤率が，個々の資本家の意思決定において中心的な役割を演じるのであり，彼らはそれを，生産計画や投資計画の収益性を測る一つの指標として使用するのである。

利潤率と利子率 スミスは，資本家への貨幣貸付に対して支払われる利子率が，ある時のある国での利潤率の，おおよその良好な指標と考えた。大雑把かつ平均的には，これは恐らく本当であるが，利子率と利潤率が逆方向に動く多くの事情も存在する。たしかに，資本家は利潤率を超える利子率を非常に長い間支払うことはできない（長い期間事業に留まるために一時的にそうすることはあっても），また，資金をめぐる資本家間の競争は概して利子率をゼロ以上に引き上げる傾向を持つだろう。

利潤率は蓄積とともに低下する スミスは，利潤率は（実質賃金と同じように）異場所間，異時点間で変化し，それゆえ，正常なあるいは適切なものとして一つの利潤率水準を確定することはできない，と主張する。このこととの関連で，スミスは，利潤率は資本（彼はそれを「資財」〔stock〕と呼ぶ）の蓄積とともに低下する傾向があると主張して，経済学および政治経済学の一つの主要テーマを提起する。蓄積とともに利潤率が低下するというスミスの議論は，いくつかの異なるレベルの間を動く。明らかに，もし経済のなんらかの特定部門のことを考えるとすれば，他の要因が等しければ，その部門により多くの資本が入ってくるにつれてその部門の利潤率が低下する傾向があるだろう。より多くの資本は，より多くの生産とより多くの競争を意味し，そしてそのことがその部門における価格を引き下げる傾向があるだろうからである。

しかし，スミスはまた，全体としての経済における利潤率は，全部門での資本蓄積とともに低下する傾向があると主張する。なぜこのことが起こると考えるのかに関しては，彼はそれほど明確ではない。この低下は，人口が資本と同じ速さで増加しないで実質賃金が上昇することから生じるかもしれない。これは，20世紀に新古典派経済学者たちが採用した理論である。この

低下はまた，農業生産性が蓄積に比例して上昇せず，地代が騰貴している場合に生じるかもしれない。これは，リカードウが展開する理論である。ただしスミスは，輸入食糧の入手可能性および農業の新技術ということに関しては楽観的な傾向がある。経済思想上の学派のほとんどすべては，蓄積とともに利潤率が低下する傾向があるという命題に関わるなんらかの意見を採択してきたし，そしてこの考えについての検討は，政治経済学の諸認識を展開するに際しもっとも実り豊かな思考系列の一つとなっていた。

収益性に関するスミスの議論は，後代の経済理論と経済モデルの源泉となる多くの重要な見識を持っている。しかし，結局のところ彼は，ある時点におけるある経済での自然利潤率またそれの決定因についての明確な理論を提示してはいない。

■賃金および利潤率の多様性

スミスは，経済における賃金また利潤率を均等化させる傾向のある広範な力として，労働者間および資本家間の競争に賛成論を唱える。しかし，彼はまた，労働と資本のさまざまな「用途」間での賃金および利潤率の持続的な格差といったことに導く諸要因を指摘する。

ある仕事は，他の仕事よりも文字通り快適である。他の事情が等しければ，より快適な仕事はより低い賃金を得るであろう，とスミスは主張する。たとえば，小説家・作曲家・画家はそれらの仕事から，事務職員よりも平均して低い所得を得るであろう。というのは，芸術作品の制作は，経理よりも興味あるものであるからである。

あらゆる職業部門は，仕事を能率良く行なうのに要する熟練や情報の習得に際してなんらかの経費をともなう。スミスは，高い訓練費用をともなう職業は，それに対応してより高い賃金を得るであろう，と考えた。

経済のいくらかの部門は相対的に安定的な需要を，また，他の諸部門は非常に不安定的な需要を見出す。スミスは，需要が不安定な諸部門の労働者への，雇用機会変動の不確実性や不便性に対する補償ということから，それらの諸部門での賃金はより高いものとなるであろう，と考えた。建設業は，現代経済におけるこれの一例である。というのは，建設は，景気循環に対し非常に敏感であり，そして建設雇用は経時的におおいに変化するからである。建設労働者の賃金も，他の諸部門の同程度の熟練労働者の賃金より高い傾向

があるのである。実に奇妙なことであるが，スミスはこういった影響を賃金に限定し，利潤率を含めていない。18世紀の経験に基づいて彼は，ほとんどの資本は需要の変化に応じて一つの用途から別の用途へと敏速に移動させられうる流動資本であると考えるからである。現代の経済では，資本のうちのはるかに大きな部分が，部門間を非常に急速に移動させられえない固定資本である。その結果として，不安定な需要を持つ諸部門での利潤率もまた，安定的需要の諸部門における利潤率より高くなる傾向を示すのである。

　スミスの見解では，ある職業は，労働者の道徳的品性に対して高いプレミアムを付する。彼は，医師や金銀細工師の例を挙げる（後者は預金銀行家の先駆者となった）。こういった職業部門で必要な信頼に足る道徳上の特質が，人びとのうちで希少であるがゆえに，彼らの賃金は高い，とスミスは考えた。

　ある労働部門は，本来的に他の部門よりもリスクがある。スミスによれば，たとえば，弁護士の成功を予測することは靴屋の成功を予測することよりも難しく，そしてその結果として，成功した弁護士は成功した靴屋よりも高い所得を得るであろう。同様な影響は娯楽部門やスポーツ部門で重要であり，そこでは，個々の志望者たちの成功はきわめて不定的なのである。

■ 地　　代

　最後にスミスは，付加価値の最後の構成部分，土地や他の希少資源の地代に注意を向ける。彼は地代を，一つの独占価格と見る。ある広さのとくに肥沃な土地，水力電気を起こすことのできる川，油井もしくは鉄鉱山の所有者は，自分の資産の生産力を生産者たちに使用できないようにすることができる。その結果として，その所有者は，生産における利益の分け前について交渉できる立場にあるのであり，そしてその分け前が，地代という形をとるのである。したがってスミスにとっては，地代の基礎は独占なのである。土地所有者は，潜在的生産者たちが利用できる他の同程度に良好な代替物が存在しない限り，地代を獲得できるのである。

　この理論（それはリカードウとその後の地代分析の基礎である）は，地代とは賃貸地で生産された商品の価格の結果であるということを暗に意味している。もし穀物価格が上昇すれば，穀物生産にとくに良く適した土地を所有する土地所有者に支払われる地代も上昇するであろう。もし穀物価格が低下すれば，穀物生産地の地代も低下するであろう。というのは，潜在的生産者

たちは，土地所有者のその土地で生産することから大きな超過利潤を期待しないだろうからである。

　スミスの地代分析のさらなる含意は，諸商品の自然価格を説明するのに役立ちうる地代の「自然」水準といったものは存在しない，ということである。というのは，地代自体は価格によって決定されるのであり，価格が地代によって決定されるのではないからである。

■ **価値の理論再説**
　自然価格という考えや賃金・利潤・地代への付加価値の分解といったことをめぐる，『国富論』第1篇のスミスの構成は，素晴らしい教育上の工夫である。それはわれわれに，個々の商品の付加価値という微視的世界で，経済全体についての筋の通った一つの描写を与え，価値と分配の理論についての把握しやすい概観へと導く。

　しかしながら，論理的にはスミスの議論は，自然価格の加算説の説明としては不完全である。そもそも，彼は，加算説を完全なものにするのに必要な自然賃金の理論や自然利潤率水準の理論を述べていない。その代わりに彼は，労働者間および資本家間の競争が，（リスクのような他の諸要因を考慮に入れれば）賃金および利潤率を均等化する傾向を持つこととなりそして経済における平均的な賃金水準および利潤率の出現へと導くことになる道筋について，洞察力に富んだ説明を提供するのであり，その平均的な賃金水準および利潤率に照らして部門間格差を吟味するのである。しかし彼は，経済全体にわたってのこれらの平均の水準を決定するものを正確に特定することはできていない。

　価値加算説に関わる問題は，地代の場合に特に深刻になる。スミスは地代を，きわめてもっともらしく，価格水準によって決定される残余として分析する。だが，もし地代についてのこの説明が正しいとすれば，価格の水準を地代の自然的水準によって説明しようとする加算説は，受け入れることのできないものである。というのは，それは，循環論法に頼ることになるからである。加算説によれば，価格の水準を知るためには，われわれは地代の自然的な水準を知らなければならない。しかし，その地代理論は，地代の水準を決定するのは価格の水準であると語るのであり，それゆえわれわれは，地代，価格のいずれについても，確固とした決定のない状態のままにある，という

ことになるのである。

　のちにリカードウが主張したように，労働価値説は，こういった循環論という批判の対象になるものではない。労働価値説は，技術と経済の発展状態とに依存する諸商品の全平均価格——それらの商品を生産するのに要する労働時間——の，独立的な決定を可能にするのである。その全体が決定されるときにのみ，その全体の，賃金・利潤・地代という諸部分への分割に関して，厳密に推論することができるのだ，とリカードウは主張するのである。

3　資本蓄積

　スミスは，価値と分配の理論についての議論の後，『国富論』の第2篇で，個人の富および国民の富の源泉についての直接的考察へと向かう。ここでの中心的な概念は，蓄積，すなわち各年に新しく生産された価値の一部が資産のストックを増加させるために再投資されるプロセスである。

■資財の測定——個人の貸借対照表と国民の貸借対照表

　資産の蓄積を理解する第一歩は，概念的に首尾一貫した枠組みのなかでそれら資産を測定することである。資本的資産（スミスはそれを資財〔stock〕と呼ぶ）についてのスミスの取り扱いは，貸借対照表の資産の部という現代の考えにきわめて近いものである。際立った先見性を示すスミスの議論の一つの側面は，私的諸個人の富と全体としての社会（あるいは国民）の富を測定するのに，同一の貸借対照表の考えを用いようという彼の提案である。

　スミスは，民間の諸家計（スミスの時代ではほとんどの企業は個人所有のものであったから，その諸家計は企業を含むものであったろう）の資産を，三つの部類に分ける。一つは，消費用に保有される財のストックからなる消費用資産である。それは，食料品，家具，家屋，個人輸送車両等々の在庫を含む。もう一つは，流動資本用資産である。企業はそれで，紡績工場の原綿や建築業者の釘や材木のような速やかに使い果たされる生産投入物を確保する。そしてもう一つは，固定資本用資産である。それは，土地に加えられた改良・生産用建造物・多数の生産周期を通じて存続する設備のような寿命の長い資産からなる。

　ある一時点における流動資本用資産は，一部は貨幣から，また一部は財の

在庫からなる。というのは，在庫の諸品目は生産に使い果たされ，産出物は販売されるため，在庫の価値は貨幣の形態に復帰し，また在庫が新購入によって補充されるまでの間，通常，貨幣の形態のままに留まるからである。貨幣も財もともに個々の企業の観点からは循環する。というのは，企業は，事業を行なう過程で絶えず貨幣を財に，また財を貨幣に変えるからである。

スミスは，全体としての社会の資産を概念化するために上と同じ分割を使用する。彼は，その国における全家計によって保有されるすべての家屋，個人車両，家具，器具，食料その他のいたみやすい品目の在庫からなる社会の消費用資産を思い浮かべるよう，われわれに求める。この資産は，全住民の消費ニーズをまかない，そして，使い果たされたら補充されなければならない。社会的流動資本は，その社会の全生産事業体の保有する，原材料・仕掛品・販売を待つ完成財の，在庫の総ストックである。社会的固定資本は，機械・建造物・ダムのような土地に加えられた改良・道路，および，現代の経済学者が人的資本と呼ぶ住民の獲得された有用な諸能力の総ストックである。

家計や企業の流動資本の一部を形成する貨幣は，社会全体のレベルでは流動資本と見られるべきか，固定資本と見られるべきかに関して，多少疑問はある。というのは，貨幣は家計や企業の間を循環する，しかし貨幣のストックは，大部分はその国全体の内部に置かれたままであり，また，相対的に緩慢にしか減価しないからである。そういうわけで，貨幣（金貨）のストックは，社会的な観点からすれば，よりいっそう固定資本の一要因であるように見えるのである。

■生産的労働と不生産的労働

蓄積についてのスミスの構想は，社会の消費用資産は主に労働の雇用に役立つという考えから始まる。社会の消費用資産が大きければ大きいほど，社会が雇用できる労働もそれだけ多く，したがってまた，社会が生産できるものもそれだけ多くなる[*]。

スミスの考え方では，蓄積の中心問題は，労働がどのように雇用されるかということと関係を持つ。彼は，生産的労働と不生産的労働とを区別する。生産的労働者とは，その国の資財に追加されうる販売可能で有形の生産物を生産する労働者であり，不生産的労働者とは，消費用資産の一部を消費するが労働の結果として資財に追加すべき有形の産出物を生産しない労働者であ

る。たとえば，同一の資本所有者は，原綿を紡いで糸にする工場労働者たちに賃金を支払うかもしれないし，また，家屋を維持し馬の手入れをし，そして晩餐の賓客の席の背後に控える彼の屋敷の召使たちに，賃金を支払うかもしれない。スミスの見解では，工場労働者たちは生産的労働者である。というのは，彼らは，労働して社会の総資産の一部をなす綿糸のストックを増やすからである。これらの総資産は，彼らの労働の結果として増加する。家事使用人たちは，スミスの枠組みでは，不生産的労働者である。その理由は，彼らが働かないということではなく，彼らの労働は，社会の資産のストックを増やすものはなにも生産しない，ということである。スミスはつぎのようなことを指摘して，この点を別の少し違った方法で表現する。すなわち，資本の所有者は工場労働者たちの産出物の販売によって彼らの賃金を回収し，さらに利潤をあげさえするゆえ，資本の所有者は工場労働者たちを雇用することによって彼の資本を増加させる。それに対し，家事使用人たちの賃金は資本の所有者のもとに貨幣の形で帰ってくることはなく，彼は，それらの家事使用人を雇用することによって彼の資本を減少させる，というわけである。

　問題を社会的観点からみてスミスは，社会的地位の高い多くの職業は実際には不生産的労働であると主張する。スミスは，国王や軍人は社会的観点からは，不生産的労働者にあたると言う。彼らの仕事は，社会的観点からいかに望ましくまた必要でさえあるとしても，社会の資財減少の原因にあたるのであって，そのわけは，国王や彼の兵士たちは，社会の資財に追加できる販売可能で有形の生産物を生産しないからである。同じ理由から，弁護士や裁判官も，不生産的という部類に入る（オペラ歌手や医師がそうであるように）。

■ 蓄積の私益と公益

　スミスは，自分の読者の多くが相続しているように思えた豊かな財産に注視し，そして節倹という偉大なスコットランド的伝統に沿って，消費を犠牲とする貯蓄と蓄積を称讃し，不生産的労働の雇用よりも生産的労働の雇用を推奨した。スミスは，富を増やす喜びを蓄積家に約束するだけでは満足せずに，節約家を公共社会の恩人と性格付けるまでにいたった。

　（富と幸福との関係についての難しい哲学的問題に立ち入ることなしに言えば）富を蓄積する人びとは，物質的な面で自らの暮らし向きをいっそう良

くする，ということには疑いはない。しかし，なぜスミスが，私的な蓄積が公共社会全般にとって有益だと考えるのかはそれほど明らかではない。資本家は富を蓄積することによって労働者たちにより多くの職を提供するという点で公的善をなす，と考えられるかもしれない。しかし，すでにわれわれが見たように，スミスは，労働の慢性的な不完全雇用といったことを心に描いているわけではなく，長期にわたっては，人口は労働需要に順応すると信じているのである。これらの仮定のもとでは，いかにして私的富の蓄積が，同一の生活水準で労働者数を増加させること以上のなにかをなすのか，といったことを知るのは困難である。

もしスミスが，大きな人口はそれ自体で良いことと信じているならば——たとえば，大きな人口は，主権者の軍事力の源泉であるから（18世紀ではそうであったように）——，その時には，それは，なぜスミスが私的富の蓄積は公共社会の利益であると考えるのかということを説明するであろう。しかし，現代の個人主義的な厚生経済学は，個人の厚生でない社会全体の厚生といったものは存在しえない，と強力に主張する。

スミスはまた，非常に明示的にというわけではないが，彼の心の奥で，分業および市場の広さといったことを考えていたのかもしれない。もし，生産に，収穫逓増の余地が多く存在するならば，その時には私的蓄積からの人口および生産の増加は，労働生産性の増進および社会全体の生活水準の潜在的向上という副次効果を持つことになるであろう。こういった観点のもとでは，私的投資家は，公共社会の恩人である。というのは，全体としての社会は，いつも，可能な限りの収穫逓増の利点を得るにはあまりにも僅かしか投資しないからである。現代経済学の専門用語で言えば，投資は，この場合，正の外部性を持つ。つまり，一国の資本の増加が，すべての人の生産性と富を，諸個人が投資を決定する際に予期する水準以上に，引き上げるからである。

スミスの議論のこの部分は重要である。というのは，われわれが，スミスの誤謬に対する決定的な援護を見出すのを期待できそうなのは，すなわち利己的行動がともかくも資本主義的社会関係によって公的恩恵に変えられるという主張に対する決定的な援護を見出すのを期待できそうなのは，まさにこの部分であるからである。スミスが資本の私的蓄積と平均労働生産性引き上げのための分業の利用とを関連付けているような，議論の素描は存在する。

だが，彼は，どのようにして社会全体が，分業の拡大で可能になる生活水準の向上を現実に受け取るかについての説明をしてはいない。労働者たちと資本家たちはやはり，敵対者として市場で出会うのであるから，資本家たちには，より高い賃金という形で労働生産性向上を労働者たちと分け合う理由はなにも存在しないのである。議論のなかにこの環がない限り，スミスの誤謬は無修正のままということになる。資本家たちによる利己的な利得の追求は，資本蓄積そして分業拡大を通じて，広範な社会的利益の可能性を創り出すかもしれない。しかし，全体としての社会はただ，資本蓄積を超えて，その結果として生じる富を分配するところにまで行くことによってこれらの潜在的利得を現実化できるのである。

4　見えざる手と国家

■国民貸借対照表と経済政策

スミスは，国民の貸借対照表を考えることを通じて経済政策の問題にアプローチする。略述すれば，その国民貸借対照表は以下のようなものと思える〔次頁参照〕。

17世紀末および18世紀初頭の重商主義の著作家は，もっぱら一国における金の量に焦点を当てる傾向があった，そして，金の総額を最大化するために彼らの政策勧告を練り上げた。たとえば，重商主義者は，金が国から出ていくのを防ぐために，輸入への諸制限に賛成し，そして，輸出は国に金をもたらすゆえ，輸出への諸補助金に賛成した。

スミスは，国富の真の尺度は国民純資産であって単に金ストックでないという理由から，重商主義者を批判する。スミスによれば，重商主義者は，注意をまったく金ストックに向けて，二つの深刻な誤りを犯す。第一に，重商主義者は，金ストックを増加させるが国民純資産を減少させることになる諸施策を支持する。たとえば，市民が金と引き換えに，資産をその市場価格以下で外国人に売ることを促す諸政策は，金ストックを増加させるかもしれない，しかし，獲得される金の実質価値は手放される資産の価値よりも小さいゆえ，国民純資産を減少させるであろう。だが，このことがスミスの見解では，まさしく輸出奨励金政策がもたらすことになるものなのである。すなわち，その奨励金は，市民に資産を（その国で生産された商品を）損をして，

国民貸借対照表

【資産の部】	【負債の部】
金	他の諸国民からの債務
消費用資産	
流動資本	
固定資本	国民純資産 ＝ 資産 － 負債

つまり，世界の市場価格よりも実際上低い価格で外国人に売るよう促すのである。同様に輸入関税は，市民が金を，手放される金よりも多い値打ちを持つかもしれない商品と交換することを妨げるのである。

　第二に，一国民の経済力は国民純資産よりもむしろその国民の金ストックによって決定されると主張する点で重商主義者は見当違いである，とスミスは主張する。スミスは，一国にとって問題となるのは，現金貨幣保有高よりもむしろその国の生産資源――人間・土地・資本――の実際の開発である，と主張する。大規模でよく発達した生産基盤を持つ国は，結局のところ，外交手段および軍事手段を通じてその国の政策目標を追求するためのより多くの方策を持つことになるであろう。さらに言えば，スミスは，金の保有は利潤をあげる生産的な事業から資本をそらしてしまうがゆえに，運用可能な最低限の金ストックを持つ時にその国民は最善の状態にある，と信じるのである。

　国民の経済的利害に関するスミスの議論は，多くの点で，彼の著書のもっとも影響力のある側面であり，そしてそれは，少なくともアングロ・サクソン諸国においては，政治経済学の現代的コンセンサスの基礎であり続けている。19世紀イギリスは，ほとんど，スミスの政治経済学的考えの実験用モデルとなったのであって，自由貿易やきわめて少額の金準備の保有政策という基礎のうえで，最初で（当時としては）最大の近代産業経済を発達させたのであった。

　スミスが国民貸借対照表に関する彼の議論で提起する問題は，依然として時宜を得たものであり，今日的意義のあるものである。重商主義者を非難する際に彼の指摘する誤謬は，政治的論争のなかになんらかの形で絶えず現われる。たとえば最近20年の間，アメリカの両政党の政治家は，彼らの注意

を連邦政府の赤字と債務ストックに不釣り合いに集中させ，彼らの政策が連邦政府の純資産に対して持つ影響（そして，今度はそれが国民純資産に対して持つ影響）を無視する，といった傾向があった。このことは，市場価格以下で連邦政府の森林の樹木の伐採を許可するような，経済的にきわめて問題のある政策へと導いた。樹木が貨幣に変えられるゆえ，連邦政府の赤字は小さくなったかのように見える。しかし，天然資源資産の喪失が，赤字に対して得るところよりも大きいことから，連邦政府の純資産は減少するかもしれないのである。

■ スミスの自由放任の主張

　スミスは，経済政策のある特殊な考え方に対する強力な主張を構築するために，こういった識見を一般化する。事実上，事物をただそれら自体に委ねておけというフランス語の熟語，レッセ・フェール〔自由放任〕の主張である。スミスが自由放任政策によって意味しようとすること，また，彼がそれに対して心に描く明確な諸制限を正確に知っておくことが重要である。

　国民貸借対照表および蓄積過程についての彼の分析と調和する形で，スミスは，国民の資本の各単位が世界の市場価格のもとで最高の利潤率を追求する時に，国民所得が最大化される，と主張する。資本家たちが自分の資本を，自分の適切と考えるところに従って自由に投資し，かつ彼らが直面する価格が世界の市場価格である限り，資本家たちの利己的判断の結果，このことが生じるであろう。もし，国民の資本の一部が，平均利潤率よりも低い部門に投資されるならば，その時にはその国民の全利潤所得は，したがってまた国民の全国民所得は，その資本がより高い利潤率の部門に移転された場合よりも少ないであろう。

　スミスによれば，特定の諸部門への資本投資を奨励あるいは阻害すべく政府が介入を試みる時，つぎの二つのことのうちの一つが起こる。それは，政府の政策が効力なく資本の配分を実際に変えることがないということであるかもしれない。この場合には，その政策は，害はないが無益でもある。他方，もしその政策が機能し実際に資本の配分を変える時には，スミスの観点からすれば，それは世界の価格での純国民所得を低くすることになるにちがいない。その理由はつぎのようなものである。世界の価格での国民所得は，個々の資本家が見出しうる最高の利潤率を追求するのを彼らに許すことによって，

第1章　アダム・スミスの構想　　33

最大化されるであろう，そして，もし政府が資本家たちにそれとは違ったことをするよう仕向けるならば，これは全利潤と国民所得を低めることになるにちがいない，というわけである。

　たとえば，もし政府が輸入品に対し関税や割当量を課すことによって，外国との競争に脅かされる産業の資本と職業を保護することを決定するならば（アメリカ政府が現在，農産物や衣類のようないくつかの部門で行なっているように），その効果は，アメリカの資本家が，関税がなかった場合よりも多くの資本を保護される産業に投資するよう仕向ける，ということである。しかし，世界の市場価格でのこれらの産業における利潤率は平均的な利潤率よりも低く，結果として，全体としての国民所得は減少するにちがいない。関税は，保護される産業の利潤率を平均利潤率に見かけ上等しくする。しかしその見かけは，他の諸部門あるいは保護される商品の消費者たちからの資金流用によって実現されているだけのことであり，そして，スミスの推論によれば，その流用される所得の額は，保護される資本への補助金を超過するにちがいなく，それゆえ，全体としての国民は損失を被ることになる。このようなことからスミスは，国益は，国民貸借対照表の状態で言えば，関税・補助金・その他の形での，私的市場をつうじての資本の配分への介入を取り除くことによって，もっとも良く推進される，と結論する。

　この主張は，スミスが完全に明示的にはしていないいくつかの仮定に支えられている。第一に，彼はつぎのことを暗黙裡に仮定している。すなわち，各国は，その国の生産する商品の世界の市場価格に影響をおよぼすことはできない，ということである。現代経済学の専門用語で言えば，スミスは，大きな世界経済のなかの小国のことを考えているのである。もし，その国が世界市場の非常に大きなシェアを持ち，そのためその国の政策が世界の価格に影響をおよぼすことができるならば，その時には介入は，世界の利潤のいくらかをその国に移転させ，その国の国民所得を増加させることもできるかもしれないのである。そして，もし保護政策を通じてその国民によって獲得される所得が他の諸国民にとっての損失によって相殺される以上のものであるならば，スミスの自由放任の論法は，世界経済全体のレベルでは当てはまっていることなる。

　第二に，私がすでに強調したように，スミスは，セー法則が作用していて労働や資本の長期的な不使用は存在しないであろうということを仮定してい

る。もし，ある国民がある部門の保護関税を引き下げるならば，その部門は，一般に規模が縮小し，労働の解雇や資本の不使用をなすであろう。セー法則の論法は，つぎのことを仮定する。すなわち，この失業労働や遊休資本は，他の諸部門のなかに新しい利用先を見出すであろう，そしてそのようにして，その国民は国民全体の利潤率と国民所得を最大化することができる，ということである。

■自由放任に対する諸制限

スミスは，自らの自由放任の政策勧告にいくつかのはっきりとした制限を加える。第一に，彼は，国防上あるいは国家安全保障上の考慮が国民に，さもなければ有利なものではないであろう部門を保護することやその部門に助成金を出すことを求めるかもしれない，と主張する。彼が与える例は，18世紀のイギリス航海条例である。それは，イギリスのために強力な海運業や造船業を確保することを目的とした，貿易に対する複雑な制限システムである。イギリスは，自国をヨーロッパの大陸諸列強から守るのに自国の海軍に依存していたため，経験豊かな船員要員や進展する造船施設は，重要な国家安全保障上の財産であった。スミスは，自由放任のもとではイギリス資本は，海運業や造船業では平均利潤率を手に入れることができないであろうということ，またこれらの部門はずっと小さなものとなるであろう，ということを認めていたけれども，こういった理由から彼は，これらの海運上の方策を支持するのである。

こういった一般的配慮は，現代の政治経済的な議論のなかで生起し続けている。たとえば，アメリカは多年にわたり，自国の全商船に助成金を出してきたし，アメリカ政府は，国家安全保障上の配慮に基づいてコンピュータ市場や原子力発電市場への介入を試みている。

純粋な自由放任へのもう一つの制限は，関税を，国際交渉における交渉の切り札あるいは報復手段として使用することである。ここでの考えは，他国がより良い政策を採るように仕向けるためには，国民所得における短期的な経済的代価を払う値打ちがあるかもしれない，といったものである。たとえば，貿易上の特典を人権に対する他の国々の国内政策に結び付けるといった形で，アメリカはこの種の経済政策を実にしばしば使用している。

分業増進への強調と符合して，スミスは，重要な部門における小規模企業

の成長の促進という点に関税の一つの役割を見ている――自由放任に対する「幼稚産業」の例外。ここでの考えは，ある部門が一定の生産規模に到達できる時にのみ，ある国はその部門で平均利潤率をあげる潜在力を持てるかもしれない，というものである。保護なしでは，危険を冒してその部門に乗り出す小規模企業は既存の外国との競争によって破壊されるであろう。そのような場合には，関税は国内産業が国際的に競争するのに十分なほど大きなものに成長することを可能にするかもしれない。韓国・台湾・シンガポールを含む現代のアジアの「虎」は，関税による制限，輸出奨励金，低利貸し付けを通じて，成功裏に幼稚産業の発育を促進した。

　最後に，スミスは，外国との競争で脆弱な部門において不使用となる資本や労働が経済の他の部門にふたたび吸収される速度の遅さのゆえに，自由放任政策を遂行するにはかなり大きな短期調整費用がかかるかもしれない，ということを認める。これらの短期調整費用に対処するために，彼は，関税や補助金の除去による自由放任への，漸進的移行の必要性ということを受け入れるのである。

■国家と市場

　われわれが見てきたように，スミスは，資本蓄積と分業を通じての民間経済の自生的な成長可能性について，鋭敏，鮮明な理解を持っているのであるが，彼はまた，市場と国家の関係について，手の込んだ複雑な見方を提示する。スミスは純粋に経済的な目的から，国家が特定の市場に介入することに反対するのであるが，市場や企業が繁栄しうる社会的および法的な環境を国家が創り出すことが必要だとも考える。たとえば，国家は，取引や生産が成長できる法的基盤を創出するために，財産権を確立，保護し，また，契約を順守させる必要がある。しかし，財産権や契約責任の明確化は必然的に，国家を資源配分や投資計画の具体的問題に巻き込む。その理由はつぎのようなものである。すなわち，（環境規制，土地使用の地域制，独占規制および同種のものを通じて）財産権の限度を明確にする際，国家は間接的に民間の分業が展開する方向に影響をおよぼすのである。たとえば，近隣に迷惑を引き起こしたり，環境を汚染したりすることに対する土地所有者の財産使用権への国家規制は，必然的に経済活動を変化させ，方向付けるのである。

　こういった政治経済的問題の現代的事例が多数存在する。われわれは，現

在，電波帯域における所有権の大改革の最中にある（ラジオやテレビジョンの放送周波数）。アメリカを含め多くの国々は，帯域を分けて，移転可能な所有権を創出する方向に動きつつある。そして結果として，富の新しい源泉と同様，新しい市場また新しい経済的可能性を創出しつつある。しかし，これらの改革はまた，必然的に，放送・電話・情報伝達産業の展開に対して大きな影響を持つ。さまざまな種類の環境汚染源（硫黄排出・温室ガス排出）における所有権に関する同様な展開は，国際舞台では，まだ初期的な段階にある。健康保険や自動車保険に関するわれわれの長きにわたる論争や問題はまた，密接に所有権および責任の確立ということに関連付けられる。

このように，スミスの自由放任の構想は，政治や政府の制度を無視しての民間企業や市場の一方的な奨励ではなく，経済発展の好循環が進行するのを可能にする市場と国家制度との間の相互作用についての，バランスのとれた理解ということなのである。

5 スミスの貨幣理論

スミスの時代にあっては，ほとんどの国は金本位制を採っていたのであり，そこでは政府が，国の貨幣（ドルやポンドやフラン）と金の量との間の法的関係を制定する。われわれが見たように，この種の制度では，商品の市場価格は長期的には，金と商品の相対的生産費によって規制される。金本位制のもとでの物価水準は（あるいは，われわれがインフレーションとも呼ぶそれの変化の率は），技術変化にともなう金と他の諸商品の相対的生産費における漸次的変化によって決定される。

一国において諸商品を流通させるのに必要な金の量は，貨幣の流通速度に依存する，すなわち，おのおのの金貨が1年にわたってどれほど多くの取引に関与しうるかに依存する。貨幣の流通速度は，金貨幣のストックに対する1年における取引額の割合として測定されうる。平均して，取引における貨幣の流通速度は，一国の銀行組織の発展度に，また同様にその国の支払い慣習に，依存する。

スミスは，商品流通のための金ストックといったものによって，そのぶんだけ，当該国は利潤獲得のための資本を失ってしまうことになる，という点を非常に重視している。もしその国が貨幣の流通速度を高めることができれ

ば，金保有に拘束される資本のいくらかを，利潤を稼ぐ投資に転用することができ，そうしてまた，その国の富を増加させることができる。貨幣の流通速度を高めうる一つの方法は，多くの預金者の金準備を集中させることになる銀行のより広範な使用を通じてのものである。さまざまな預金者の金需要は厳密に相関的なものではないがゆえに，銀行は，もし各預金者が自分自身で金準備を保有するならば彼らが必要とすることになる金準備よりも少ない金準備を保有しておけばよく，そして貨幣の流通速度も高まる，というわけである。多くのスコットランド人と同様，スミスは，銀行業や銀行券やキャッシュ・アカウント（預金者が自分の業務を運営するに際してより少ない平均残高を保有することを可能にしたクレジット・カードの初期的形態）の熱烈な支持者なのである（「スコットランド人は金嫌い」というイギリスの諺がある）。

　スミスは，銀行が要求に応じて預金や銀行券を金と引き換えできる状況にある限り，銀行には，望むだけの額の預金や銀行券の発行を許すべきであると提案して，彼の自由放任的勧告を銀行制度にまで広げる。彼の見解では，銀行業や信用は市場の自己調整的な性格一般を共有している。もし銀行が，社会が望む以上の銀行券を発行すれば，社会はその銀行券を金と引き換えるであろう，またそうして，銀行券総発行額を適切な規模に調節するであろう。

　スミスは，無規制の銀行制度が助長しうる一定の諸病理に気付いていた。これらはすべて，なんらかの形で信用の不安定な増殖ということと結び付けられる。スミスの時代には，多量の取引が，為替手形で資金調達がなされていた。その為替手形は，荷送人によって署名された輸送中の財に対する一つの受取証であり，それは，他の商人や銀行によって，現金貸付の担保物件として引き受けられる。好況期には，輸送中の財の実際の在庫を超える手形を振り出そうとする商人もいる，そしてそれは，経済全体の貸付および信用の不安定な増加を可能にすることになる。そのような信用のピラミッドは，ある手形振出人の支払不履行が他の商人の破産という連鎖的反応を誘発する突然の恐慌にさらされやすい。信用組織は一時的に崩壊し多くの商人を破産させ，またしばしば取引や生産を妨げ，そうして失業を創り出す。

　スミスは，もし銀行が「真正手形」の基礎のうえでのみ，すなわち販売されて購買者へと輸送中の現実の財によって裏打ちされている為替手形の基礎のうえでのみ貸出するという政策を厳密に守るならば，為替手形のこの種の

過剰取引は避けられうると主張する。この「真正手形」主義は，その後ずっと銀行政策の議論において重要な役割を演じてきた。

スミスの貨幣理論は，一部には，その理論は現代的な意味での貨幣数量説ではないということのゆえに，興味深いものである。物価についての貨幣数量説は，諸商品の平均価格を決定するのは金の生産費よりもむしろ貨幣の量であると主張する。数量説は，現代の政策関係者たちのうちで意見の一致の見られる支配的理論であり，それは，多くの中央銀行が採ってきた貨幣供給増をコントロールするというマネタリストの政策の基礎にあるものである。スミスは，金本位制のもとでは物価水準は，他の諸商品に対する金の相対的生産費によって定められるであろうという理由から，需要によって決められる伸縮的貨幣供給を主張するのである。

貨幣に関するスミスの見解は，ケインズの見解とも異なる。ケインズは，貨幣量は利子率を（数量説が予測するように直接的に物価水準をというよりも）決定すると主張するのに対し，スミスは，利子率は主に，貨幣量や信用創造量によってではなく利潤率によって決定される，と考えるのである。

ケインズの貨幣理論も貨幣数量説も，利子率に影響を与えるためにあるいは物価水準を安定させるために，中央銀行がマネーサプライを調整するという干渉主義的貨幣政策を勧告するのに対して，スミスの貨幣理論は，首尾一貫して銀行業の自由放任政策と合致している。

6　スミスの誤謬再説

『国富論』は，グラスゴウ大学での政治経済学についてのスミスの授業の産物である。教師としてスミスは，政治経済学の重要な考えや識見を彼の学生に紹介することに対して，そういった考えのための首尾一貫した枠組みを構築することに対するよりも，より多く関心を抱いていた。彼は，議論の重要な点で，自分が述べるさまざなな点の矛盾を曖昧にするような仕方で，まことしやかに話題を転換する。一つの主な例は，価値理論に関する彼の首尾一貫しない議論である。そこでは，彼は，途中で労働価値説の説明から価値加算説へと移行し，そして価値加算説を展開する時にまた，自然賃金と自然利潤率の説明を提供できず，さらに，地代は生産物の価値に依存しその逆の関係ではないと主張することによって，彼自身の主張と

矛盾しているのである。

　首尾一貫のなさの同様なもやもやが，道徳に関わる自分の見解を自由放任的資本主義の自分の支持と統合しようというスミスの試みを取り囲んでいる。この統合が，『国富論』の真の核心である。他の著者たちも，スミスと同様にあるいは彼よりも上手に，資本主義的競争と蓄積の内的論理を把握することができた。しかし，スミスは，たとえその主張がこじつけであるとしても，他の人びとに悪をなすよう人びとを導きうる私利の情け容赦ない追求が資本主義的社会関係によって道徳的善に転換されるという彼の巧妙な主張を通じて，資本主義的社会関係の哲学的・道徳的擁護者として光彩を放っている。この主張を実証できさえすれば，資本主義の歴史ははるかにずっと単純なものだということが判明していたであろうに！　資本主義的な企てについての彼の見解において，スミスは，それの是認について論理的な基礎を厳密に固めることなしに，普通の良識と心の影響力を発散するのである。

　スミスの手にあるこの種の議論の良い例は，われわれが自分の食事を得るのは肉屋やパン屋の愛や好意によるのではなく，肉やパンに対するわれわれの代金支払いを通じて彼らの利己心に訴えることによってなのである，という彼の有名な意見である。この意見の常識性と現実性には抗しがたいものがある。事実，これが，資本主義社会が機能し，自らを再生産する方法なのである。しかし，私利のこの追求が積極的な善であるという主張を支持するためには，スミスはつぎのことを証明しなければならない。すなわち，対立的な市場交換関係が分業を支える唯一可能な方法であること，そしてわれわれは，自分の食事を確保する手段としての私有財産関係にともなう，分配上の不平等および道徳上の暴力を受け入れるしかない，ということである。スミスは，商品価値への地代の依存を価値加算説と調和させるまでにはいたっていないのと同じように，この議論を有効なものにするまでにはいたっていないのである。

　首尾一貫性を欠くスミスの諸議論は，彼の経済神学と彼の良識との間にある緊張が存在することを露呈させる。資本主義的社会関係の神学者として，彼は，資本蓄積を通じての私利の追求に対する，伝統的な道徳的制約を取り除くのに熱心である。労働生産性の巨大な（そしてきわめて現実的な）向上は，資本主義的経済発展に潜む人間の生活条件の潜在的改善という点から，スミスにとってはあまりにも大きな誘惑であって，捨てることのできないも

のである。しかし彼の人格のもう一方の側面は，私利追求のこの許可が社会に対して与えうる損傷を認識してもいる。スミスは，経済発展の好循環のきらびやかな構想を，経済学はより大きな政治的および社会的枠組みのなかに包含されうるという考えと釣り合わせることによって，これらの相反する認識に対処しようとする。自由放任，よろしい，しかし航海条例も。幼稚産業の例外によって部分的に修正される自由貿易。銀行が厳密に「真正手形」政策に従う限りでの規制なしの銀行業，というわけである。

　スミスが彼の偉大な著書を書く時点までに，産業資本主義の爆発的出現のための基本的条件が，ヨーロッパ社会とりわけイギリス社会では，すべて整っていた。たとえスミスがまったく違った著書を書いて，これらの爆発的な社会的諸力を扱うのに必要とされる慎重さというものを強調し，また，市場の魅惑を相殺するために伝統的な道徳情操の復活を勧めていたとしても，彼は実際の事の成行きを大きく変えることはできなかったであろう。現存するままの『国富論』そのものは，これらの未解決の問題を，スミスの後継者たちが取り組むよう議論のテーブル上に残しているのである。

　　＊　著者は，スミスの言う消費用の資財（stock）も流動資本，固定資本とならぶ資本的資産と捉え，そして後述のように，その消費用資財でおもに，生産的労働あるいは不生産的労働が雇用されると理解しているのである。

第2章
陰鬱な科学
―― マルサスとリカードウ ――

　資本主義の先行きに対するアダム・スミスの楽天的な評価は，幾世代にもわたってイギリスの政治生活を支配し，そしていまや衰えつつある土地貴族と新しい産業資本家階級との間の，積年の政治的争いを調停するものであった。スミスの力強い所有権の擁護は，この分裂した両者の心に訴えかけるものだったが，国家の経済政策に対する彼の自由放任という処方箋は，当時定着していた多くの既得権益を脅かした。

1　第二の諸思想

　トマス・マルサスとデイヴィド・リカードウは，資本主義の歴史的な予測についてのスミスの分析を発展させ手直しした，もっとも傑出した二人の後継者であった。彼らの研究は，過剰人口とその結果としての食糧および原材料の価格への上昇圧力から生じる，資本主義的成長の限界という妖怪を呼び出した。マルサスは多くの方面で，拘束から解き放たれた資本主義的発展の智恵と実行可能性に対して重大な疑念を表明した。リカードウは，マルサスと多くの危倶を共有していたが，政治改革によって資本主義的蓄積への道を掃き清めることにより強い関心を持っていた。マルサスは，自由放任的な資本主義的発展という道筋が，道徳的な（彼の言葉ではキリスト教的な）社会

と両立しうるかどうかに疑問を呈し，スミスの誤謬への疑念をあからさまに表明する。他方リカードウは，拘束を解かれた資本主義的蓄積を追求するための理論的根拠としてスミスの誤謬を受け入れているように見える。

マルサスそしてとくにリカードウは，スミスの議論のなかにある論理的矛盾に注意を向けて熱心に研究し，人口についてのより厳密な分析や価値と分配の理論を提供した。

2　マルサスと人口

トマス・マルサスはイギリスの牧師で，イギリスの貧民と労働者階級の生活に強い関心を持ち，また同じくらい強く政治経済学と哲学に関心を持っていた。彼の1798年の小冊子『人口論』はのちに本として改訂されたが，人口の増大と動態の体系的科学的研究である人口統計学への独創的な貢献をもたらしたと広くみなされている。マルサスの考えは非常に大きな政治的影響力を持ち，人口増大・人口抑制措置・限られた地球資源の管理をめぐる現代の議論においても影響を与え続けている。

マルサスは政治経済学の諸問題についてリカードウと文通し議論した。のちに見るように，リカードウは彼自身の体系をつくるうえでマルサス理論の重要な部分を受け入れたが，セー法則という原理を誤解しているマルサスを強く批判した。カール・マルクスもまたマルサスの仕事を軽薄とみなし，普遍的な人口法則を発見したというその主張を熱心に批判し，マルサスの考えは地主と資本家というイギリス支配階級の連携についてのイデオロギー的先入観の古くさい表明であると断じた。

3　マルサス『人口論』の文脈

18世紀後半までには，とくにイギリスでは，工学と科学の生産技術への体系的な応用が労働生産性を変革し，以前には夢想だにできなかった水準での富の創造を可能にすることが明らかになってきた。この発展をどう解釈するかは，19世紀と20世紀の政治を前もって示す当時の哲学的論争の主題となった。幾世紀間も続いた制度であるアンシャン・レジームを転覆させたフランス革命のドラマは，この論争に油を注ぎ，問題となっている係争点の切

迫性と重要性を示すものであった。

　楽観主義者たちのなかには初期フェミニストのマリー・ウルストンクラフトの夫（そして怪物フランケンシュタインの創作者であるマリー・シェリーの父親）であるウィリアム・ゴドウィンがいたが，彼らは，始まりつつある新しい時代が貧困・病気・戦争・社会的争いの諸原因を除去することによって人類に「完璧な」社会をもたらすだろう，と論じた。完璧主義者の考えは，もし技術革新に本来そなわっている巨大な剰余生産が社会的な目的に向かって平等に分配されるならば，適度で快適な生活水準をすべての人びとにもたらし，風土病や飢餓を取り除く衛生・住居・輸送の社会インフラを提供する手段が与えられるだろう，というものだった。完璧主義者の立場のキー・ポイントは，人類は自分の運命をコントロールできるという主張であった。すなわち人びとは人類の諸問題を解決するために，新しく創造された社会的生産諸力を使ってなにをすべきかを決定できる，というものだった。われわれはこの完璧主義者の立場のうちに，この夢を実現する試みに基礎を置いていた19世紀と20世紀の社会主義運動の萌芽を見ることができる。

　完璧主義者の立場は，当然のことながら保守派からの強いイデオロギー的な反発を招いた。保守派は，いくつかの論拠に基づいて，完璧主義者の希望は幻想であり彼らの考えを押し進めれば社会の幸福が危険にさらされる，と論じた。保守派のある者は，完璧主義者の立場に神学的な土壌への異議申し立てを見出した。神をなおざりにして人間にあまりに多くの責任と力を求めすぎているからである。保守派の他の者は，新技術とその剰余生産物の社会的管理という完璧主義者の主張に，階級秩序に支えられている階級的利益と国家の政治的安定に対する脅威を見た。保守派は，完璧主義者が社会的行動によって除去することを切望する人類の病は実は「人間本性」の帰結であり，技術や労働生産性の向上によっては変えることができないものだ，と論じた。これらの保守派的批評家の目には，完璧主義者の提案は彼らの権力への野心に役立つだけの詐欺まがいの約束に映った。

　これらの問題は，20世紀の歴史と政治経済学をも支配してきた。社会主義や共産主義の運動への保守派的な多くの攻撃は，進歩的哲学の「理想主義」や「ユートピア主義」は不可避的に全体主義的の政治に導く，という主張をベースにしている。こうした議論は，現在でも完璧主義をめぐる論争において形を変えて現われている。

マルサスは『人口論』を完璧主義者の見解への批判として書いた。彼は，完璧主義者の行動計画の実現不可能性を数学的に証明したと主張した。こうしてマルサスは，社会科学に数学的論証とモデルを明示的に導入した最初の著述家の一人になった。マルサスの論述の組み立ては，注目に値する。彼は，完璧主義者が目指す望ましからざる無分別を証明するために神学的・哲学的論拠に訴えるよりも，完璧主義者の考えの実現可能性に対して数学的な議論を対置したのだった。

4　マルサス命題とその含意

ゴドウィンの実現不可能な提案に対するマルサスの論証は，二つの命題（いくぶん幾何学の命題に似ている），すなわち人口動態に関するものと食糧生産動態に関するものの二つの命題に基づく，論理的な議論の体裁を取っている。

■人口は幾何級数的に増大する傾向がある

マルサスの第一命題は，人口は「男女の情熱」のために，なんらかの抑制，すなわち相殺する力が働かなければ幾何級数的に（あるいは指数関数的に），すなわち1，2，4，8，……というように増大する傾向があるというものである。おのおのの女性が，自分と夫を補うよりも多い二人以上の子どもを産む傾向にあり，その結果各世代が先行の世代よりも全体規模が大きくなる。この命題によれば，生殖力は自然的制限を持たないとされている。

■農産物は算術級数的に増加する傾向がある

この幾何級数的に増大する人口は自らに食物を供給できるだろうか。できない，とマルサスは言う。彼の見解では，より多くの土地耕作あるいは既耕地の集約的耕作に頼る食糧生産は，掛け算ではなく1，2，3，4……という足し算の算術級数以下でしか増大しえないからである。人口増大のごく最初の段階では，食糧供給の算術的増加は人口増大と歩調を合わせることができる。とくに人口の自然増大率が低い場合にはそうである。しかし，幾何級数的増大はたとえどんなにその率が低くても，必ず算術級数に追いつき凌駕する。マルサスの例では，それらの率は，1対1，2対2，4対3，8対4，16

対5……，であり，もし二つの命題を保持するならば，人口は常に食糧供給を圧倒することになる。

■ 人口の制限

　上の命題は難題へと導く。すなわち，どのような初期設定を行なっても，しばらく待っていれば，結局人口は食糧供給よりも大きくなることが予言されているからである。人びとは空気を食べては生きていけないので，人口を食糧供給と均衡させるなんらかの介入が行なわれなければならない，とマルサスは論じる。マルサスは均衡をもたらすこれらの諸力を「制限」と呼ぶ。それらは，出生率を低めたり死亡率を高めたりすることによって人口増大を低減させる傾向を持つ要因であり，その結果，人口増大が食糧の算術級数的増加という法則命題と足並みを揃えるようになるのである。マルサスはこれらの要因を（とくに彼の著書の後の版では必ずしも一貫して堅持されているわけではないが）予防的制限と積極的制限というカテゴリーに分類している。

　「予防的制限」は，出生率を低下させ指数関数的に増大する人口の基礎的傾向を抑える実際的行為である。もし女性たちが結婚を遅らせ，結婚平均年齢が上がるならば，妊娠の可能性がある出産可能期間が縮まり出生率が下がる。もし女性たちのより多くが社会で結婚せず子どもをまったく持たないという選択をするならば，出生率と人口増大率は低下するだろう。最後に，もし既婚の夫婦がセックスを慎むならば，彼らはより少ない子どもをもうけ出生率を下げるだろう。明らかにマルサスは出生をコントロールするこのような予防的制限の可能性を高く評価しているが，しかし実際にそれらが非常に有効であるだろうとは信じていない。

　他の可能性は，避妊具や避妊薬の使用である。われわれが知るかぎり，あれこれの避妊の仕方があらゆる人間社会で知られており使われてきた（もちろんこれらの方法は，現代の方法と同様，効果の点ではまちまちであった）。マルサスはその可能性を知っているが，しかし彼は，避妊をともなう性交は「自然の法」に反しそれゆえ「悪徳」だという当時の英国国教会の立場に従う。マルサスは，より広い範囲の避妊方法の使用を道徳的な悪と見なしており，それゆえ出生数をコントロールするという問題への満足のいく解決法にはならないと考えていた。

　もし予防的制限が，人口増大を食糧生産の仮定された算術級数的増大の程

度にまで出生率を低減させないのであれば,「積極的制限」——飢餓と病気——が死亡率を引き上げ不可避的な均衡をもたらすだろう,とマルサスは論じる。人口が食糧供給を追い越す時,社会の一部の栄養状態は悪くなり,飢餓で直接的にかあるいは衰弱状態の結果,病気で間接的に死ぬだろう。

　イギリスの貧民や労働者階級についてのマルサス自身の体験によれば,もっとも死亡率が高いのは幼児と高齢者であった。幼児と高齢者は,欠乏の時期にもっとも傷つきやすい人びとである。食糧が高価になると母親の栄養状態が悪くなり,その結果子どもは体重不足で感染症に対して弱い子どもとして生まれる。栄養失調の母親自身は生き残るかもしれないが,母乳の出は悪く,その結果彼女たちの赤ん坊はしばしば死ぬのである。19世紀初頭の頃の小説や伝記は,いかに乳幼児の死亡が全階級の間で広範囲に広まっていたかを伝えている。

■ 人類の大多数は常に悲惨な状態で生活しなければならない
　こうしてマルサスは,(彼の同時代人に政治経済学を「陰鬱な科学」と呼ばせることになる)結論を引き出す。それは,数学的必然性からして,人類の大多数は,高い死亡率——とりわけ乳幼児の——を通して総人口を安定させるために,ひどい惨めさと貧困のうちに生きなくてはならないという結論である。唯一の理論的な脱出口は,人びとが性的情熱をコントロールして出生率が引き下げられる可能性にある。マルサスはこの制御は良いことだろうと考えるが,しかしそうなるだろうとはあまり期待していないように思われる。

　マルサスの目には,これらの考察は人間の状態を改善するために技術を使いこなすという完璧主義者の計画の無意味さと空虚さを示すものとして映っている。たしかに技術は,工業労働者一人当たりの産出量と都市部の賃金を引き上げるかもしれない。しかし,高賃金によって支えられるより高い生活水準は,主として幼児死亡率の低下による人口爆発へと導くだろう。その結果としての人口増大は,食糧供給の増大を追い越し,食糧価格が上昇するので実質賃金は低下するだろう。そして都市の労働者階級は生存ギリギリの生活水準にまで押し戻され,再び悪徳・怠慢・欠乏が死亡率(特に幼児死亡率)を引き上げ,こうして均衡に戻っていくだろう。このようにマルサスは,人類の運命についてのこの陰鬱な見通しを支持するために数学の全権威を援

用するのである。彼は，自分の論理のどこが悪いか言ってみろと，ゴドウィンや他の完璧主義者を挑発する。

チャールズ・ダーウィンは，種の生存競争という状況に対するマルサスの議論の的確さに衝撃を受けた。事実，人間社会についてのマルサスの構想は，生物進化の基礎としての自然淘汰というダーウィンの着想の重要な源泉の一つになったのであった。

数学的な議論は，もしそれが正しく推論されるならば，一組の仮定を一組の結論に結びつける以上のものではない。結論は仮定から論理的に導かれるが，結論は仮定自身が現実世界の局面を的確に反映する場合に限って現実に適用されうる。コンピュータのプログラマーが言うところの「ゴミ投入－ゴミ産出」の現象のようなものだ。すなわち，コンピュータは算術的な間違いはしないが，もしプログラムや投入データに欠陥があれば，ナンセンスな結果を産むものである。同様に，経済理論的な推論も経済生活についての諸仮定からの，システムとしての結論をつくり出すことができる。しかし議論のこの型が，これら諸仮定の正当性を，現実に機能している社会的諸力の優れた表現として，それ自身で立証することはできない。

■ 人口論的均衡

マルサスの人口分析は，均衡論的推論の初期の重要な一事例であり，資本主義的発展についてのリカードウの有力なモデルの核心的な要素になっている。マルサスの概念は，彼が実質賃金と結び付ける労働者の生活水準を，死亡数・出生数・労働人口の規模とリンクさせている。

マルサスの推論には，三つの重要な関係性がある。第一は，実質賃金の上昇と死亡数の減少，特に乳幼児死亡数の引き下げによる死亡数の減少との関係。第二は，実質賃金の上昇と結婚の早期化や母体の良好な栄養状態による出生数の漸進的な上昇との関係。第三は，これはマルサスとリカードウの両者の結論にとって決定的に重要なのだが，実質賃金の低下と食糧の増産が限界地で行なわれなければならないために食糧価格が上昇することによる人口増加との関係である。これは収穫逓減の仮定——労働人口は食糧を生む土地を増加させることなしに増加するという仮定——である。

マルサス体系においては，非常に低い実質賃金のもとでは死亡数は多く出生数は少なく，その結果労働人口は減少するだろう。労働人口の縮減は農業

地への圧力を減らし，だから実質賃金と労働者の生活水準は上昇する。実質賃金が上昇すると，死亡数は減少し出生数は増加し，労働人口は安定に向かう。実質賃金のこの水準は，死亡数と出産数がちょうど釣り合い労働人口が安定する人口論的均衡を表わしている。もし労働人口がこの水準を越えて上昇するならば，実質賃金は食糧価格上昇のために低下し，死亡数は増加し出生数は減少し，そして人口は均衡水準にまで下げ戻されるだろう。このように，労働人口の上昇は労働者の生活水準を抑制するという仮定が，マルサスの人口論的均衡を安定的なものにしているのである。

　死亡数と出産数を釣り合わせる実質賃金の水準は，マルサス体系の人口論的均衡を明確に定め，他方でその人口論的均衡の安定は，より大きな労働人口はより低い生活水準に導くという仮定に依拠しているのである（マルサスの分析の図表的説明は「付録」の198－200頁で示している）。

■マルサスの救貧法批判

　現代の産業資本主義社会においてと同様，産業革命の初めの頃のイギリスでは，「救貧法」と呼ばれた福祉政策をめぐって激しい論争が闘わされた。マルサスの時代において救貧法は，各教区（地方行政の基礎単位であった）が教区の貧民に，教区の経費で貧者が生活する「労役所」や「救貧所」という設備を供与することによって，最低限の所得水準を確保することを要求した。労役所に収容された者は，自分たちの扶養経費にいくらか報いるために熟練度の低い仕事を行なわなければならなかった（労役所や救貧所で見られた悲惨や虐待についてのチャールズ・ディケンズの描写は，のちにこのシステムを廃止し貧困家族への直接的な貨幣支払いに置き換えるのに寄与した）。この救済システムは，地方の財産税で賄われた。各教区は「教区自身の」貧者に対してのみ責任を負ったので，多くの教区が徴税の「負担」を免れるために貧困家族が引っ越してくるのを防ごうとした。その結果，貧困家族が有利な雇用機会を求めてイギリス中を移動することが非常に困難になった。

　救貧法システムは高くつき，貧困と依存状態の比率を絶対的に切り下げることはできなかった。そのシステムの改革のために多くの提案がなされた。マルサスの立場は，救貧法は貧困を奨励する（恐らく創造しさえする）というものだった。彼の議論は，人口についての彼の一般的分析から生じている。マルサスによれば，救貧法は養育できないのに結婚し子どもを持つように人

びとをし向ける。彼の見解では，食糧の供給は相対的に非弾力的であるので，このより大きな人口は食糧価格を引き上げ，雇用労働者の賃金を引き下げ，彼らをさらに貧しくする。このようにマルサスは救貧法を，出生数をひき上げ，より低い均衡実質賃金とより高い乳幼児死亡数に導くものと考えている。

　マルサスによる福祉の政治経済学へのアプローチは，現代の先進産業資本主義社会において精力的な唱道者たちを擁している。近年の合衆国における連邦福祉政策の議論の間にも，福祉政策の批判者たちは，福祉は結局は貧困を創造し，少なくとも貧困問題を悪化させると主張して，マルサスにとてもよく似た議論を用いた。これらの批判者たちと同様に，マルサスは，もし救貧法の支援システムがなくなるならば貧者になにが起こるかを，あまり明確に考えてはいないのである。

5　マルサス的な論理

　もっとも影響を与えた社会的政治的議論がそうであるように，マルサスの議論は，一部は論理的な経験科学であり，そして一部は特定の道徳的価値を持ったイデオロギーを反映している。マルサスは彼の議論を特徴付ける少なくともいくつかの価値観については異常にあからさまである――たとえば避妊の道徳性に関する彼の態度がそうである。彼の議論はまた，社会的正義と平等，そして貧困によって引き起こされる苦難の原因（あるいは責任）に深く関わっている。マルサスの目には，社会のなかの所有権や財産権の構造は，物理的自然法則と同様，変えることのできない強制という形をとっており，そうして起こりうる変化は，これらの強制という文脈のなかでの貧者や労働者階級の人びとの振る舞いへと焦点が絞られていくのである。マルサスが，実際にそもそも直接的に貧者や労働者階級に向かって語っているかどうかは疑わしいと思われる。多分，彼は，イギリスの中流・上流階級の人びとが自分たちの社会の歴然とした両極化に直面して感じていた不安を標的にしている。彼の議論の一つの傾向は，貧困の源泉を貧者の道徳的態度や振る舞いに固定的に負わせることであり，貧困という苦難を軽減しようとする直接的な試みを，そのような試みは均衡賃金への間接的作用によって全体の状況をもっと悪くするものだという理由付けによって挫くことである。

　一方でマルサスは，人口は幾何級数的に増加する傾向にあると言う。しか

しそれは，彼の分析の他の部分，とくに彼の予防的制限の議論と首尾一貫しているだろうか。予防的制限（それは生活水準のあらゆるレベルの上昇を求めて出生率を引き下げる）は，生活水準の均衡レベルを引き上げ，出生数を理論的最大限以下に切り下げる。このことは，あらゆる人間社会が出生率をコントロールする慣習と慣例を持つことを意味しないのだろうか。そのとき，「男女間の情熱」による人口の容赦ない幾何級数的増加という命題になにかが起きないか。

もしわれわれがマルサスの命題を修正して（マルクスのマルサス批判が示唆しているように），あらゆる社会はそれ自身の生産力と社会的分配システムに照応する人口増大の法則を持っていると言うならば，マルサスの完璧主義者批判はどうなるのだろうか。多分，ゴドウィンやその仲間たちによって想い描かれた明るい未来は，生産問題の解決によってまさにその人口問題を解決し，こうして低い出生率と低い死亡率をともなう高い生活水準での安定的な人口を達成することだろう。

6　マルサス時代以後の人口と食糧

これらの論理的な考察は，完全に抽象的で理論的であるわけではない。産業化と人口増大の歴史は，マルサス以降の時代にこれらの主題と可能性の多くを展開してきた。いつものことながら歴史過程は欲求不満を残すものなのだが，その後のマルサスとゴドウィンの間の論争はどちらかの側にはっきりとした決着を与えることなく経過していく。そのうちのあるものは完璧主義者の構想を支持するが，しかし経験は完全にはマルサス的な影を吹き払ってはいない，等々といった具合なのである。

■人口増大・経済成長・人口転換

ますます多くの世界の諸国家や諸地域が工業化や都市化を経験するにつれて，マルサスの命題を拡張し修正する，かなりはっきりしたいくつかのパターンが現われ始めた。その基本的なシナリオは，伝統的で生産性が低く低技術で農村的な農業的生産様式から，近代的で生産性が高く高技術で都会的な工業的生産様式への人口の移転である。この移転は，時代が進むにつれてますます急速に生じる傾向がある。それが生じるのにつれて，所得・教育・

保健・住居といった指標で測定される平均的な生活水準は急速に上昇している。同時に，人口のある部分は，農村の停滞あるいは都会の混雑・衰頽という恐るべき悲惨のなかに沈み込んでいる。

人口統計は，マルサスが定式化した死亡数曲線をくり返し確認している。衛生と栄養を改善する生活水準の上昇は，マルサスが予言したように，死亡数，とくに幼児の死亡数を急速に引き下げる。その直接の結果は，多かれ少なかれ人口の爆発的な増大であり，それはまたマルサスの予言に合致している。人口の増大はまた，生活水準を引き上げる労働生産性向上の基礎としてのスミス的な分業を増加させることを可能にする。

しかしながら，経済の発展経路のなかでの出生率の歴史は，賃金増加にともなって，マルサスが期待した出生率の緩やかな上昇よりももっと複雑な物語を語り出す。経済発展を経験した国々でつぎつぎと生じたことは，高いレベルの生活水準のもとで出生数が低下し始めることである。この現象の背後にあるいくつかの要因はかなりよく理解されており，人口論の著作で実証されてもいる。伝統的な農業社会では，子どもの労働は比較的幼い頃から家族の収入に貢献しているので，子どもはおおむね経済的資産とみなされており，両親の老齢時の扶養の頼みの綱はたくさんの子どもである。しかしながら都会の工業社会では，子どもを育てるという決断は一種の消費財を獲得するための決断のようになっていて，子どもはそれ自体がまた，栄養・保健・教育の費用の上昇によって高くつくものになっている。老後の両親の扶養は，金融資産に投資された両親の貯蓄や公的年金へとますます転換している。さらに女性の経済生活の変化は，彼女たちにとって晩婚と少子化を魅力的なものにさせている。多くの女性が生産性の高い経済活動をますます担うようになるにつれて，彼女たちは妊娠や出産の機会をますます見合わせねばならぬことになる。その結果，女性たちは出産を遅らせ，母親一人当たりより少ない誕生数になる出産パターンを選ぶことになる。これらの諸影響は，「人口転換」と呼ばれている。

もし高い生活水準のもとで出生数が低下するならば，死亡数と誕生数がつり合う高い生活水準のもとでの人口論的均衡が存在しうるだろう。しかしながら，より大きな労働人口はより低い生活水準に導くというマルサスの仮定のもとでは，この第二の人口論的均衡は不安定だろう。もし労働人口が均衡を越えて増加するならば，収穫逓減の仮定によって生活水準は低下するだろ

う。そして，より低い生活水準において出生数はさらに上昇し，労働人口をもっと多くして社会を低い生活水準でのマルサス的な人口論的均衡に押し戻すだろう。

　他方，もし労働人口の増加とともに生活水準が上昇するならば，高生活水準での人口論的均衡は安定するだろう。アダム・スミスは分業の分析において，より大きな総人口をともないながら生活水準の上昇に導くメカニズムを提示している。すなわち，総人口が大きくなればなるほど分業がますます範囲を広げ，労働の生産性がますます高くなる，と言うのである。スミスの理論は，マルサスの収穫逓減の仮定に代えて，労働人口に対する収穫逓増を提案している。われわれは人口転換から生じる高生活水準での人口論的均衡を「スミス的均衡」と呼んでもよいだろう。というのは，それは人口増加とともに賃金を引き上げる傾向を持つ諸力によって安定させられるからである。逆に，もし労働生産性と労働者の生活水準レベルとのリンクが存在するならば——長期的に見ればほとんどの国でそのようなリンクは事実として存在すると思うが——，人口の増加は実質賃金を引き上げ，スミス的な均衡にまで人口を押し戻す傾向があるだろう。

　このようにスミスの分業の効果と出生数の人口転換との結合は，現代社会の長期的運命についてのまったく異なるシナリオを提示する。このシナリオにおいては，世界レベルでの人口は出生数の低下を通して安定するのである。均衡世界人口の絶対的な大きさが大きくなればなるほど，世界の所得と富は（少なくともある点までは）ますます高まるだろう。しかしながら，このそれほど陰鬱でないシナリオは，安定した世界人口における所得水準の配分についてはわれわれにほとんどなにも語らない。われわれがすでに見てきたように，世界には，より高年齢でマイナスの自然増加率を持つ富裕国グループ（ヨーロッパ・北アメリカ・日本）と，より低年齢でプラスの自然増加率を持つ貧困国グループ（その他の世界の国々）に分断される強い傾向が見られる，というのにである。

　こうして，人口は容赦なく幾何級数的に増大するというマルサスの第一命題は，彼が『人口論』を書いて以来200年の歴史のなかであまり当てはまらなくなったのである。出生数と死亡数の両者を通しての人口増大は経済の発展過程にきわめて敏感に反応するし，人びとは変化する経済事情に対して，マルサスが予想したよりずっと繊細で洗練された仕方で生殖行動を適応させ

ているのである。

■ 世界の食糧事情

　食糧供給は算術級数的にだけ増加することができ，それゆえ人口の幾何級数的増大の可能性に対して不足する宿命にあるという，マルサスの第二命題についてはどうであろうか。

　過去200年間，どちらかと言うと歴史は，この命題通りには進んでこなかった。概して食糧供給は幾分か人口よりも急速に増大してきたのであり，食糧生産もまた幾何級数的な増加率を維持してきたと言える。現在では，世界人口は自身を食べさせるよりも十分多くの食糧を生産している。しかしながら，経済発展の不均衡や政治的争いや無能力による食糧の不適切な分配は，周期的に1980年代後半の東アフリカや1990年代中頃の北朝鮮のような破壊的な地域的飢餓を引き起こしている。この食糧産出高の増加は，多くの人びとがますます食物連鎖のなかの高い位置にあるものを食べるようになって，栄養面での改善ではないかもしれないけれども世界の食卓の高価格化が進んだために，ますます注目すべきものになってきている。

　食糧生産におけるこの増加はどのようにして成し遂げられたか。それには二つの大きな要因があり，一つは新しい大きな生産的農業地域の開設，もう一つは機械化・害虫駆除・肥料・食用穀物と動物の遺伝子技術における新しい技術の応用である。これらの発展は，農業における労働と，そしてより小さな影響であるとはいえ土地の生産性を一変させた。それらが一緒になって，マルサスが明快に食糧生産の歴史的傾向を支配すると考えていた収穫逓減の力を打ち負かしたのだった。

　しかし収穫逓減の亡霊は，いまなお人類につきまとっている。われわれが自身で食べていけるようにしてくれた技術進歩は，深刻な環境問題を引き起こし重要な資源を枯渇させた。たとえこの分野の多くの専門家たちが，人口が現在の5倍に増加しても人類は自らを食べさせ続けることができると用心深く楽観的なことを言うとしても，食糧生産が将来も過去200年間の傾向を続けていく保証はないだろう。なんらかの生態学的・資源的な破局が介入してこうした観測を挫くことはないだろう，などとはだれにも言えないのだから。

■ 人口80億から300億人の間

　人口統計学は，引き続き不確実で論争が活発な科学であり続ける。今日，世界人口についてのおおまかな概略に関する共通見解が存在するとはいえ，細部に関しては多くの論争があり，また何人かの真面目な学者は，この共通見解の中心的な要素に疑問を投げかけてもいる。

　共通見解は，世界は全体として，初期の工業化諸国で初めて観察された人口転換を辿りつつある，と考えている。出生率は，新興工業諸国では歴史的にそうであったように低落しつつある。実は，出生率は最近の工業化諸国では，初期の工業化諸国よりもどちらかと言えばもっと急速に低下しつつあるように見える。拡張されたマルサスのモデルが示すところによれば，予想される世界人口の均衡規模は出生数曲線の形に大いに依存するのだが，しかしそれを高い精度で知ることはできないのである。世界人口が均衡に到達するまでの時間は，早くて2050年，遅くて2150年と見積もられ，世界人口の最終的な規模は80億人から300億人と見積もられている。実に大きな不確定性が存在しているのである。

　人口転換による世界人口の安定についての共通見解は，静止的人口における富と所得の分配についての詳細な将来像にまで言いおよぶことはない。人びとの苦しみの量や最低限の福祉をかなり大きな程度まで決定する分配は，出生数や死亡数そのものよりもあまり予言できない政治的経済的要因に依存するのである。

7　リカードウと成長の限界

　デイヴィド・リカードウは成功したロンドンの証券仲買人であり，経済学はある種の趣味として始めたのであった。彼はロンドンの経済学クラブの創設者であり，同クラブは，リベラルで自由貿易的な政治経済学の諸原理によって議会を教育する努力を通して，イギリスの経済政策に強い影響力を行使するようになっていた。幾度かリカードウは，議会の色々な委員会で，とくに金融政策や自由貿易に関連する証言を行なった。

　リカードウは，イギリスと世界の政治経済学の発展に深い影響をおよぼした。単純で強力な抽象化によって複雑な経済的相互作用を分析する彼の並はずれた才能は，のちの経済学的な推論やモデル構築のためのパラダイムを確

立した。リカードウの論理は精妙で力強いけれども，彼は決して現実世界の具体的な複雑さの潜在的な重要性を，抽象的分析の視野から見失ってはいない。

リカードウのリベラルな政治経済学は，アダム・スミスの分析の自由放任的な側面を強調し，強固に自由貿易を支持した。リカードウは，政治経済学について豊かな知的対話を交わしていたマルサスと同様に，救貧法や福祉実施計画によって貧困を軽減しようとする試みに反対した。この政策処方は，19世紀のイギリスの政治エリートの間ではほとんど宗教のようなものになっていた。リカードウの地代と比較優位の分析は現代の新古典派経済学の基礎であり，彼の労働価値説についての議論はカール・マルクスの政治経済学および資本主義体制への批判の出発点である。20世紀の後半には，リカードウが創造した分析枠組みの完成に努める小さいけれども活発なネオ・リカーディアンの経済学が出現した。

8　リカードウの労働価値説

リカードウは，1817年に刊行された彼の『経済学および課税の原理』の冒頭で，価値と分配の理論の扱いを除けば自分はアダム・スミスが言ったすべてのことに賛成だ，と述べている。価値と分配の理論は全経済分析の基礎なのだから，多分，リカードウが別扱いした部分の方が，スミスの考えに全般的な是認を与えた部分よりも，大きいということなのだろう。

リカードウは，とくに地代を含む循環論の土俵の上に組み立てられたスミスの価値加算説を批判する。彼は，正しく理解される労働価値説だけが政治経済学的推論のための論理的で健全な基礎だ，と論じる。

リカードウは，簡単にどこででも生産される諸商品の，スミスが「自然価格」と呼んだものに焦点を絞る。彼は，希少性や欠乏性に価値が左右される諸商品——故人となった巨匠の絵画とか珍しい地質学的考古学的標本のような——を労働価値説から明確に除外する。リカードウは，食用穀類（彼はイギリスの用語法にしたがって「穀物」〔corn〕という言葉を総称的に使って表わしている）や織物のような，いつでも日常的に生産される商品についての価値の決定因に対して向けられている。

リカードウの見解では，再生産可能な諸商品の価値は，基本的にそれらに投下〔体化〕された労働量によって決定される。もしテーブルを生産するの

に20時間の労働が必要であり，そして1ブッシェル〔0.36リットル〕の穀物を生産するのに1時間の労働が必要であるならば，この労働価値説に従えば，テーブルの自然価格は1ブッシェルの穀物の自然価格の20倍になるだろう。もしテーブルの価格がおよそ40ドルに引き寄せられるのならば，1ブッシェルの穀物の価格は2ドルへと接近していくだろう。労働価値説の一つの利点は，諸商品の相対価値を決定するという問題に対して，正確で曖昧さのない解答が与えられる，ということである。

もし金銀もまた国内で生産されその国の貨幣が一定量の金銀に換算して定義されるのであれば，同じ推論が諸商品の貨幣価格にも同様に適用されるだろう。たとえば，もし1オンスの金を生産するのに10時間の労働が必要で1ドルが金20分の1オンスと定義されるならば，テーブルの自然価格は事実上40ドルになり，1ブッシェルの穀物の自然価格は2ドルになるだろう。

リカードウは，分業が発展した経済では，労働者の熟練水準や彼らが働く生産部門の特殊性によって，雇用される労働にはさまざまなタイプとさまざまな質が存在することに気付いている。この問題について彼はかなり常識的なアプローチをしており，ある特定時点での産業のさまざまなタイプやさまざまな質の労働の間に等質性を見出すことが少なくともおおまかには可能である，と論じている。換言すれば，リカードウは，すべての特殊な形態の労働が還元されうる標準労働単位が存在するとみなしているわけである。熟達したコンピュータ・プログラマーの1時間は，たとえば標準労働の5-6時間に置き換わるかもしれない。リカードウは，この標準を見積もるために用いられる専門的方法についてはあまり悩んでいない。彼にとって重要な事は，ひとたび標準が確立されればその標準を用いて労働価値説を基礎にして推論することが可能だ，ということなのである。

■ リカードウによるスミスの訂正

スミス版の労働価値説の一つは，商品の価値を，商品に投じられた労働量よりもむしろそれが市場交換で支配しうる労働量に等しいとするものである。リカードウは，この労働価値説の支配労働的な解釈を，商品価値を賃金に依存させるものだという理由から批判する。もしテーブルと穀物についての上述の仮定で，賃金が時間当たり1ドルならば，テーブルは40労働時間を，1ブッシェルの穀物は2労働時間を支配する。もしなんらかの理由で賃金が時

間当たり2ドルに上昇し，テーブルや穀物を生産するのに用いられる生産方法になんらの変化もないとすれば，テーブルの価値は支配労働的な意味では20時間に低下し，1ブッシェルの穀物の価値は1時間に低下するだろう。リカードウの観点では，この支配労働的な解釈には致命的な欠陥がある。というのは，彼は，賃金変動とは独立に商品価値を決定することを労働価値説に望んでいるからである。われわれが後に見るように，この投下労働的解釈の特徴は，リカードウの推論において重要な役割を果たすのである。

■比較優位と貿易

リカードウ版の労働価値説がもたらした重要な用途の一つに，諸国間貿易の基礎としての比較優位説の展開がある。リカードウは，「イギリス」と「ポルトガル」という二つの国が「ワイン」と「服地」という二つの商品を生産する世界経済を想像してみる。リカードウは，イギリスでは1反の服地を生産するのに100時間の標準労働，1樽のワインを生産するのに120時間の労働が必要であり，他方ポルトガルでは1反の服地を生産するのに90時間の標準労働，1樽のワインを生産するのに80時間の労働がかかる，と仮定する。両商品を生産するのにポルトガルの方がイギリスよりも少ない労働しか必要としないので，労働タームでは，ポルトガルは両商品の生産において絶対優位にある。

それにもかかわらずリカードウは，イギリスがワインと交換にポルトガルに服地を輸出することのうちに，イギリスとポルトガルの貿易互恵の可能性がある，と論じる。その理由は，服地に換算した1樽のワインの機会費用はイギリスではワイン1樽当たり服地5分の6反であり，ポルトガルではワイン1樽当たり服地9分の8反だからである。こうして，ポルトガルにとっては服地を直接生産するよりもワインを生産し服地を買うためにそれをイギリスに売ることによって服地を得る方がより安上がりになる。この分析は，労働価値説が堅持できるのは各国内であって諸国間ではなく，それは多分，資本と労働がある国から他の国へと均衡をもたらすために自由に移動できないからだ，とリカードウが信じていることを示している。

比較優位の理論は，非常に影響力がありそれゆえ大いに論争をひき起こした。それは19世紀イギリスのドグマにまでなった世界自由貿易政策の主要な分析的支柱であり，第二次世界大戦以来の合衆国の政治的支配要因であり

続けた。それはまた重要な論争の的となった。リカードウは，比較優位の構想についてはあまり明確には述べていない。彼が選ぶ事例は，地理的・気候的差異，すなわち異なる諸国の天然資源の差異に比較優位が根ざすことを，示唆している。しかし現代世界では，非常に類似した資源を有する諸国間でも巨大な額の貿易が行なわれており，そのことは，広範な分業それ自体が比較優位の原因であることを示唆してもいる。

もし比較優位が分業の結果であるならば，経済政策を通して貿易の型にダイナミックな影響をおよぼしていくことが可能だろう。たとえば，比較優位をある確実な方向に発展させようとせずに，出現しつつある比較優位の世界的な型に受け身的に順応するような国は，非常に不利になるだろう。

■ 物価についての貨幣数量説

イギリスとポルトガルの貿易についてのリカードウの例示はまた，両国の服地とワインの金価格での調整を前提している。リカードウは諸商品の金価格は比較優位的均衡を維持するように変動すると信じている。この議論を行なうにあたって，リカードウは一国における諸商品の金価格はその国の金量とともに上昇あるいは低下するという考えを表明する。

ある年に売られる一国の商品量を合計した諸商品の金価格は，総流通価値を決定する。この流通をまっとうするのに必要な金貨幣のストックは，金の各片がある年の取引に参加しうる回数——貨幣の流通速度——に依存する。貨幣経済では，これら二つの価値〔諸商品の金価格と総流通価値〕は等しくなければならない（この関係は現代の経済学では「交換方程式」と呼ばれる）。

諸商品を流通させるのに必要な金のストックは，直接的には総流通価値に依存し，貨幣の流通速度に逆比例する。リカードウの物価についての貨幣数量説では，交換方程式が商品の金価格を，経済領域に流通する金量・流通する商品量・貨幣の流通速度に一致するように決定する。もし，流通速度と流通する商品量が一定のもとで金量が増加するならば，商品の金価格は上昇する。20世紀のマネタリストたちは，リカードウの物価についての貨幣数量説を採用して，価格インフレーションは一国の貨幣量のみによって生じ貨幣量の増加を管理することによって常にコントロールできると主張した（「付録」の200-201頁で交換方程式を数学的に書いておく）。

リカードウは，彼の比較優位の理論を支えるために物価についての貨幣数

量説を用いた。もしイギリスとポルトガルが服地とワインの自由貿易を容認するならば，ワインと服地の（輸送費用算入済みの）金価格は，両国で同じでなければならないだろう。もし服地とワイン両方の金価格が初めにポルトガルでより低ければ，金がイギリスからポルトガルに流れ込み，ポルトガルでの服地の金価格を，イギリスの服地が安価になりそこで売ることができるまで引き上げるだろう。

　リカードウは，貨幣を「ベール」とみなした。現実の世界では諸商品は貨幣と交換に売られるにもかかわらず，リカードウは貨幣のない物々交換システムのように結局は商品と商品との交換なのだ，と論じる。物々交換システムでは，ある商品への需要はまさにある他の商品の供給である。もし貨幣が本当にベールであれば，経済全体が販売しようとする商品総額は同じ総額の需要を創出するというセー法則（本書第1章を参照）が堅持されるだろう。アダム・スミスと同様にリカードウも，外国輸入品との競争のために使用されなくなった労働と資本は拡張する輸出部門に吸収されるだろうというセー法則に基づいて，結論を下している。このようにセー法則は，自由貿易のための自由放任論の重要な一部なのである。

　物価についての貨幣数量説は，リカードウの比較優位の議論と密接に関わっている。しかしながら，それはリカードウの労働価値説とは矛盾している。もしリカードウが，金価値の説明に際しても穀物や他の諸商品の価格を説明するのに用いるのと同じ推論を用いたとすれば，彼は，諸商品の金価格は金と諸商品の相対的生産費によって決定されるのであり流通する金量によっては決定されない，と主張したことだろう。

■競争と労働価値説

　リカードウは，彼の労働価値説の解釈が別の難問を抱え込むことを知っていた。その難問とは，資本主義的企業間の競争が諸産業を横断して利潤率を均等化するだろうというスミスの主張との矛盾の可能性だった。問題は，投下労働価値説によれば，相異なる産業の標準的な質を持ったフルタイム労働者が生産物にすべて同じ価値額を付加する，という点にある。労働者がある産業から他の産業に自由に移動する場合には生じがちなことなのだが，もし賃金が同等ならば，その場合には，標準的なフルタイム労働者はまた同じ利潤量を生産することだろう。しかし相異なる産業の労働者は，価値で換算し

て非常に異なる資本額のもとで仕事をするかもしれない。利潤率は投入された資本に対する利潤フローの比率と定義されるので、この事情のもとでは、利潤率は相異なる産業では等しくないことになるだろう[1]。

価格は投下労働に比例するが投資は投下労働に比例しないから、投下労働価値説は長期利潤率を異にしてくるのである。ところがリカードウは、競争は低利潤率の産業から高利潤率の産業への資本移動を通して諸産業を横断して利潤率を均等化する傾向があるというスミスの議論を基本的には受け入れているのである。

もし利潤率が均等で労働者一人当たりの投資が全産業で同じでないならば相対価格は賃金とともに変化する、ということは数学的に示せる。このことは、リカードウにとってはさらに問題である。なぜならば、彼のスミス支配労働価値説批判が示すように、価値論は賃金率の動きから独立に商品価格を決定するはずだ、と彼が考えているからである。

リカードウはその論理的な困難を知っており、それに対処する二つの考えを持っていた。彼は『原理』で、利潤率の均等化は価格比を投下労働比から乖離させるが、労働者一人当たりの投資の差は実はさほど大きくないので乖離はそれほど大きくない、と議論している。これについてジョージ・スティグラーは、「93パーセントの労働価値説」というあだ名をつけて揶揄している。不思議なことだが、現代経済においてさえ、長期供給価格比と投下労働比の乖離はそれほど大きくないことが明らかにされている。

いずれにせよリカードウは、投下労働価値説を基礎にして彼の広大な理論を展開させていくのである。彼の結論は、諸産業を通して労働者一人当たりの資本投入の差異が小さければ、少なくともある程度は支持されるだろう。

---

1) この点を明瞭にするためには、数値例が役に立つだろう。フルタイム労働者一人は、鉄1トンあるいは穀物100ブッシェルを生産すると仮定しよう。投下労働価値説に従えば、鉄1トンの価格は穀物100ブッシェルの価格と同じはずである。その理論に従えば、もし穀物1ブッシェルの価格が2ドルならば、鉄1トンの価格は200ドルのはずである。フルタイム労働者の賃金が年100ドルであると仮定しよう。そうすると、鉄鋼労働者も農業労働者も年200ドルの新しい価値を生産し、そのうち年100ドルは賃金に、残りの年100ドルは利潤になる。しかし、鉄鋼業の各労働者は2000ドルの価値がある資本を配備され、穀物業の各労働者は500ドルの価値がある資本を配備されていると仮定しよう。すると、鉄工業の利潤率は年5パーセント（年100ドル/2000ドル）、地方穀物産業の利潤率は年20パーセント（年100ドル/500ドル）ということになるだろう。

不変の価値尺度　リカードウは，投下労働価値説を競争的な利潤率均等化に一致させる別の方法も考えていた。リカードウは，もしわれわれが労働者一人当たりの平均的な資本額で常に生産されるような一つの商品を見出すことができるならば，その商品の価値はそれを生産するのに必要な労働量によって曖昧さを残さずに決定されるだろうし，その価値は賃金とは独立になるだろう，と論じている。彼はこの商品を「不変の価値尺度」と呼んだ（ただし，尺度の価値は賃金の変化に対しては「不変」であるが技術の変化に対しては「不変」ではない）。

不変の価値尺度の利点は，リカードウが技術による価値変化を分析することができ，そして他の諸商品の生産において労働者一人当たりの投資がどれほど平均から乖離しているかに応じて結論を修正でき，他の諸商品にまで分析を広げられる，ということにある。こうして投下労働価値説に基づいて導き出される結論は，全商品に厳密に拡大されうるだろう。

不幸なことに，リカードウは不変の尺度として役立つ信頼できる一つの商品を見出せなかった。彼が死んだ時，彼の机の上には「不変の価値尺度」と題された未完成の原稿が発見された。その後の数年間，この問題に知的才能のかなりの投資が行なわれたにもかかわらず，あらゆる経済において通用する不変の価値尺度を見つけることには成功していない。

9　蓄積と静止状態

リカードウは彼の投下労働価値説を，資本蓄積動態についての優れた分析の，基礎として用いる。その考えというのは，労働価値説は全商品価値を（社会全体の平均で）決定し，全商品価値は分配論に従って賃金・利潤・地代に分割されるというものである。その際リカードウは，労働者は階級として彼ら自身を再生産するために賃金のすべてを賃金財に支出し，地主は地代のすべてを奢侈財に支出し，資本家は利潤の大部分を貯蓄および資本蓄積の原資としてたくわえるという，単純で妥当と思われる仮定を置いている。こうして利潤率が正である限り，資本蓄積は資本ストック・労働需要・人口を増加させることになるだろう。この自己持続的な成長過程が停止するのは，人口の土地への圧力が食糧価格を高くひき上げて利潤がゼロに，すなわち静止状態になる時だろう。

■ 穀物モデル

　リカードウは彼の分析を，農業的な食用穀類，すなわち穀物の生産を考察することから始めている。もっとも単純な場合において，穀物の耕作は土地と労働，そして次年度の収穫まで農業労働者を食べさせるための貯蔵穀物の形の資本を必要とする。土地は地主によって所有され，地主は資本主義的借地農業者に土地を賃貸し，借地農業者は土地を耕す農業労働者を雇う。

　工業的に生産される諸商品は，資本と労働を必要とするが，土地の量は無視できる。リカードウは，労働と資本は経済の異なる部門間を自由に動きまわることができて，だからどの産業部門の賃金率と利潤率も長期平均的には農業部門と同じレベルに落ち着くに違いない，と仮定している。こうして農業部門の賃金率と利潤率の決定についての正しい分析は，経済全体の賃金率と利潤率をも決定することになるだろう。この洞察は，リカードウが分配論の問題を，農業における賃金・利潤の決定因の理解という問題に帰着させていることを容認させる。

　分配の分析は，貨幣価格と賃金タームあるいは穀物ターム，のどちらかで行なわれうる。われわれが貨幣価格の体系を用いるときには，われわれは貨幣が金であり，金は一定量の労働によって生産されること，そのため貨幣単位は実際上一単位の労働時間であること，を仮定するだろう。

■ 自然賃金

　リカードウは人口と賃金についてのマルサスの分析を取り入れ，死亡数と出生数の動態が穀物賃金〔穀物で表示された賃金〕の均衡水準を決定し人口を安定させる，と論じている。この均衡穀物賃金が，リカードウの自然賃金になる。彼はそれを，経済ごとに所与の特性があり——異なる国では異なる慣習と文化のために自然賃金の水準も異なる——，どのような国においても時間をかけて非常にゆっくり変化していくものと仮定している。

　道具と種子の費用を度外視することによって，リカードウは，農業労働者に投資された賃金が，資本の最大の分け前を占める，と仮定している。それゆえ穀物賃金の水準が，労働者を雇用するのに必要な資本の量も決定することになる。労働者と資本は，固定した比率で一緒になって土地に使用されるのである。

マルサスと同様に，リカードウは，一国の人口の圧倒的大多数は農業か工業の労働者であると仮定している。経済部門を異にすることによる熟練や訓練費の相違，そして地理上の地域の相違による生活費の相違といったことによる賃金水準の相違が存在するかもしれないが，しかしこれらの相違は分析が進むにつれて平均化されうる。賃金の前払いに使用される資本量(「賃金基金」)は，労働者数を決定し，労働者数はその国の人口と食糧需要を決定する。

■地　　代

　続いてリカードウは，彼の関心を地主の状況と地代の決定要因に向ける。地代の理論は，正しくは貨幣タームで表現されなければならないのだが，穀物タームで推論すれば非常に理解しやすくなる。

　一国の土地は，穀物栽培のためにすべてが同じ肥沃度ではない。ある土地は非常に良好な土壌・アクセスの容易さ・良好な地域的気象に恵まれ，その結果，一定の労働の使用に対して非常に大きな穀物収穫を生み出すだろう。他の土地はそれほど自然に恵まれず，同じ労働の使用に対して穀物生産は少し減少する。実際われわれは，どのような時点においても，一国内のあらゆる土地を，もっとも肥沃なものからもっとも肥沃でないものへと並べた，ランキングを想定できるだろう。土地の量を，それを耕作するのに必要な労働の量（あるいは資本の量——リカードウのモデルでは労働者一人当たりの資本は固定されているのだから）によって測定することは便利である。だから一国のすべての土地は，一人の一年間の労働が耕作するために必要な地所に分割されていると想像しよう。これらの地所のあるものは，もちろん他のものよりもより大きな面積かもしれない。

　人口が増大するにつれて，より肥沃な地所は肥沃でない地所よりも先に耕作されるだろう。耕作地所の数は，農業に雇用される労働者数を決定する。どの時点においても，もっとも肥沃でない耕作地所が耕境である。より劣等な地所が耕作されるようになると，その国の総農業産出高は増加するが，しかし以前よりも少ない量が，新たに耕作された地所と労働者によって総額に付け加えられる。限界地からの追加産出高は，農業の「労働の限界生産物」である。農業産出高がより劣等な土地の耕作によってのみ増加させられうるという仮定は，農業的雇用の収穫逓減原理であり，すでに見たように，マルサスの人口分析の重要な要素である。労働者一人当たりの農業産出高は，労

働者がますます劣等な土地で働かなければならないので，総じて人口と農業雇用が増加するにつれて減少していく。これはアダム・スミスの分業論と矛盾する。スミスは，労働者一人当たりの産出高は人口がより大きくなるにつれて増加する，少なくとも人口水準のかなりの範囲まで増加するだろうとほのめかしているからである。スミスの理論は人口に対しては収穫逓増なのである。

どの地所についても，利潤と地代の合計は，それを耕作する労働者の穀物賃金を差し引いた土地の産出高に等しいに違いない。それを耕作する労働者の賃金を差し引いた地所の産出高は，労働力の再生産を含む全生産費が控除された残余であるから，しばしば剰余生産物と呼ばれる。この剰余生産物の利潤と地代への分割を決定するものはなにか。

リカードウは，資本家と地主がぶつかり合う取引を考察する。仮定によれば，資本家はより高い利潤率を求めてその資本をどんな地所や工業生産にも自由に振り向ける。もし地主があまりにも高い地代を要求するならば，平均利潤率を割り込むために資本家は去り，土地を借りる資本家はいなくなるだろう。他方，もし資本家があまりにも低い地代を提示してその資本で平均利潤よりも多くを得ようとするならば，地主はもっと多い地代を支払おうとする他の資本家を容易に見つけることができる。それゆえ地代は，その地所の利潤率を他のすべての耕作地所と産業資本主義的生産の利潤率に等しくなるように十分高く設定されているに違いない。これがリカードウの地代論である。地代は，地主の地所と限界的な地所との相対的肥沃度に依存するから「差額的」なのである。

理論のなかでは，耕作されている限界地（最劣等地）の地代はゼロである。もちろんこれは抽象であり，現実には地主は賃貸契約の費用を支払うために非常に低額の名目的な地代を要求しようとするだろう。しかし経済学的には，限界的な資源は地代を規制しないという原理が分析上の中心的な考えになるのである。この視点から，名目的な地代は地代ゼロに等しいと考えられる。

限界地以下の土地も穀物栽培に用いることはできるが，その産出高はあまりにも小さくて資本家が労働者に自然賃金を支払ってしまうと平均利潤率を供与できず，それゆえその土地を耕作するために投資する資本家はだれもいないのである。しかしながらもし利潤率が低下するならば，この土地のあるものは利潤をもたらすようになり，耕作されるようになるだろう。

リカードウの地代論は，人口が増加しより劣等な土地が耕作されるようになるにつれて既耕地の地代が上昇していく，ということを述べている。名目的な地代以上のものを獲得できなかった以前の限界地の所有者は，いまや地代をゼロ以上にひき上げうることに気付く。さらに耕境が外延に移動するにつれて，総穀物産出高に占める地代の割合がますます大きくなっていく。

リカードウの地代論は，市場経済の所得を決定する基本的なメカニズムの一つへの，正確な洞察を与えてくれるので重要である。地代は，鉱物資源・水力資源・石油資源のようなすべての天然資源の価格付けにおいて，明らかに重要である。しかしながら，経済学的な地代はつねに，資源の所有者がその使用に際して費やすよりも高い価格を徴集する立場にあることから生じる。映画やスポーツのスターの高い所得は，この意味では経済学的な地代であり，そうしてリカードウの原理に従うものなのである。

第4章で見るように，今日の新古典派的な価値理論は，リカードウ地代論を労働や資本を含むすべての生産要素に適用しようという考えに基礎付けられている。

■限界地と利潤率

どんなときにも，一国の人口は所与であり，穀物のある一定量を，自然賃金を与える食糧として必要とする。このことは，農業労働力・農業への投資・耕作される土地の総量・耕境を決定する。リカードウの並はずれた洞察は，限界地は地代を生まないので限界地の剰余生産物が経済全体の利潤率を決定するというものである。リカードウが，スミスと同様に，競争は異なる経済諸部門の利潤率を均等化する傾向があると信じていることを思い出そう。限界地に投入された資本の利潤率は，それゆえ（差額地代の結果として）他の土地の利潤率に等しくなり，全工業生産部門の利潤率に等しくなる傾向にある。人口の大きさが限界耕作地を決定するのであり，経済全体の利潤率もそれに従わなければならない。

この麗しい発見は，リカードウの体系を完結させそれに完全な確定性を与えている。実際において，それは分配問題を解決している。マルサスは，すでに人口分析で自然賃金の理論を与えていた。リカードウは，残余としての地代についてのスミスの理論に厳格な形式を与えた。残っているのは利潤率の決定であり，それをまさにリカードウは成し遂げたのである。

われわれはリカードウの分配理論を以下の諸項目に要約することができる。出生数と死亡数についてのマルサスの法則は，一国の長期的な実質自然賃金を確定する。人口は労働者を雇用するために使用される資本量の変化の結果として拡大したり収縮したりするが，労働者自身は彼らの生活水準が常に同じレベルに回復しているのを見出す。その国の人口が所与であれば，その土地の肥沃度が，必要な食糧を提供するために土地のどれだけが耕作にひき入れられねばならないかを決定し，次いでそのことが，耕境の土地の肥沃度を決定する。限界地の労働者の剰余生産物は利潤のかたちをとり，利潤率を決定する。全労働者が基本的に同一の生活水準を分かち合い，全資本家が彼らの資本について同一の利潤率を分かち合う。限界地よりも肥沃な土地の剰余生産物は，地代のかたちをとる。

■ 蓄　積

リカードウの次のステップは，彼の分配論を資本蓄積論として作動させることである。

リカードウの資本蓄積論は，労働者・地主・資本家階級の消費・貯蓄行動についての諸仮定に基礎を置いている。リカードウは，階級としての労働者は自らを再生産する過程で賃金を消費してしまうと考えた。リカードウに加えてスミス，マルサス，マルクスによっても保持されるこの見解は，今日の資本主義社会にとってすらさほどかけ離れたものではないだろう。もちろん今日の労働者階級の家計では貯蓄が行なわれる——退職に備えて，子どもの教育費のために，失業時を乗り切るために。しかしこれらの貯蓄動機のすべては，貯蓄取り崩しの動機でもある。たとえば退職を考えての家計の貯蓄は，退職者家計の貯蓄取り崩しによって相殺される。実はこれらの相殺のために，労働者家計の純貯蓄はかなり少額で，ゼロですらあるのだ。公的な統計は，家計をリカードウの意味での階級別に分類していないので，なにがしかのことを確定的に言うことは難しい。新古典派の経済学者は，リカードウやスミスが当たり前と思っていた階級区分を拒否し，すべての私的貯蓄を結局は「家計」に帰着させるが，しかしこの項目にはもっとも富裕な資本家ともっとも貧しい労働者の両方が含まれているのである。

リカードウは，地主もまた地代所得のすべてを消費に費やすと考えた，ないしは少なくとも暫定的にそう仮定した。ここでは彼は，当時のイギリスの

社会現実を反映していたのである。イギリスの大地主は概して貴族的な家族だったのであり，彼らは財産を政治的影響力と権力維持のために費やし，地所の改良を行なうことなどほとんどなく，わずかな例外として工場や水車場の建造があったくらいである。

　このようにリカードウにとっては，社会の貯蓄と資本蓄積のほぼすべては資本家に帰属させられるものであった。事実リカードウはさらに一歩進めて，資本家は実際的に彼らの所得のすべてを貯蓄すると仮定した。これは，19世紀の成功した資本家によって連想させられる巨大な邸宅や所有地の光景からは奇妙に思われるかもしれないが，しかし実はこれらのかなりの支出ですら，彼らの総所得のごく小さな部分を吸収するにすぎなかったのである。リカードウは，質素で，金儲けに汲々とし自分のためにはほとんどなにも費やさないという資本家像に従っているのである。

　もし全利潤が蓄積されるならば，次年度にはより大きな労働需要が生じ，人口と農業労働力は増加し，耕境はさらに劣等地へと移動するだろう。リカードウの考えに従えば，これが資本蓄積の基本的な動きなのである。

　資本蓄積の効果は，人口・食糧産出高・農業労働力を増加することであり，総地代を増加することであり，しかし収穫逓減のために限界地の剰余が低下するので利潤率をひき下げる，ということである。資本蓄積の初期段階には利潤率が低下する以上に資本量が速やかに上昇するので，利潤総額は増加するかもしれないが，しかし結局利潤量もまた低下しなければならない。全期間を通じて，利潤率と利潤量はゼロに接近しなければならないのである。

■静止状態

　リカードウの分析の驚くべき結論は，顕著な影響力を発揮した。リカードウには，資本蓄積は結局においてその死にいたる——利潤率は結局ゼロにまで低下し蓄積は止まる——という強烈な論理的主張がある。リカードウはそのことを「静止状態」と呼んだ。

　社会の人口は結局においてとても大きくなって，限界地の肥沃度がちょうど自然賃金を支払うだけのものになり，なんらの剰余生産物も生まず，それゆえなんらの利潤も生まないほどになる。もちろん，非常に大きな総剰余生産物が存在するけれども，しかしそれは静止状態では地代のかたちを取っており，リカードウの仮定によれば地代は消費されるが蓄積されないのである。

静止状態で投資は回復されうるけれども，それは利潤の増加なしにである。生存費（すなわち自然賃金）の生活水準で生活しており，高出生数・高死亡数というマルサスのメカニズムによって規定される非常に大きな人口数がある。資本家階級は，資本をそのままに維持するだけのためにできるだけ激しく競争しなければならない。しかし彼らは，生産を拡張するために再投資してもなんの利潤も得られないのである。

　地主が生産性の差を地代として専有しようとしまいと，リカードウの静止状態は労働の収穫逓減があるかぎりおとずれるのである。大気や大洋のような無所有の資源は，地代がなくても増大しつつある世界人口に収穫逓減を課し，資本蓄積を抑制するのである。

　別の視点から見れば，リカードウの静止状態は成長に資源的限界が課されることを表わしている。静止状態において，食糧を提供する有限な土地の所与の産出能力の下で，その最大限の水準にまで人口は増大してしまったのである。リカードウの世界における成長への限界は，資本蓄積の収穫逓減から生じ，利潤に食い込む地代上昇のかたちをとる。もしわれわれがそのシステムを貨幣タームもしくは貨幣価格タームで眺めるならば，不断に上昇する食糧価格に直面した労働者が生存するために必要とする貨幣賃金が容赦なく上昇することによって，利潤率が削られる。経済成長への資源的・環境的制限についての今日のわれわれの心配は，究極的には収穫逓減への同じ信念から発している。とはいえわれわれは，上昇する地代以上に，経済成長を止めてしまうかもしれない環境破壊とコストについて悩んでいるのだが。

　リカードウの分析はまた，経済全体の利潤率は資本蓄積とともに低下傾向にあるという，スミスの主張がひき起こした難問についての厳密な解答を与えている。リカードウによれば，その理由は，農業地の有限な供給から生じる労働および資本の収穫逓減なのである。

　たとえ地主が蓄積を行なうとしても，静止状態へのなんの足しにもならないだろう。実は，地主による蓄積は利潤をゼロ以下にしてしまうだろう。彼らの資本の使用法は，剰余生産物がマイナスになる土地を耕作することだけだからである（リカードウの穀物モデルを図表にした「付録」の 201-204 頁を見よ）。

■外国貿易と技術変化

　リカードウは，資本家的蓄積の将来において静止状態は不可避と信じてい

るけれども，短期および中期においては，静止状態になるのを遅らせ資本蓄積を継続させる二つの力が存在すると考えてもいる。外国貿易と技術進歩がそれである。

　外国貿易と技術進歩の両者は，労働と資本の限界生産性を増加させる。たとえば穀物の世界市場が世界の潜在的な全農業地を農業の競争システムに効果的にひき込むために，外国貿易はこのような効果を持っている。ある肥沃度を持つ使用可能な地所の数は劇的に増加し，蓄積に対する収穫逓減はまったく止まることはないにしても大きく遅らされる。地代上昇による利潤率の低下はゆっくりになる。

　リカードウとその後継者たちは，19世紀イギリスの自由貿易政策を支持するうえで，この議論を非常に効果的に使った。貿易政策をめぐる政治闘争のクライマックスは，リカードウの死後，1830年代に訪れた。当時，議会は，イギリスへの自由な穀物輸入を妨げていた穀物法，すなわち関税と数量割当を撤廃しようとしていた。この出来事は，イギリスの政治的支配権の地主貴族から上昇しつつある資本家階級への移行をしるし付けるものだった。すなわち，高く安定した食糧価格という地主の利益が，低食糧価格・低賃金という資本家の利益に道を譲ったのである。

　農業地の産出高を増加させる技術変化——すなわち肥料・除草剤・耕作機械・灌漑施設の改良——はまた，資本と労働の限界生産物をひき上げるという効果を持っている。技術進歩は，各地所で生産されうる穀物量を増加させる。リカードウの目には，その効果は外国貿易の開始によるものと同じように映る。技術変化は，利潤率を直接的にひき上げ，資本蓄積と人口を静止状態になる前により多く増加させるものである。

　マルサスと同様にリカードウも，農業生産における技術変化は起こりうると考えたが，しかし経済成長を加速する継続的で無限の技術変化の過程を想像することはなかった。生産性をひき上げる個々の発明は，利潤率を散発的にひき上げ人口を増加させるかもしれないが，結局収穫逓減の不可抗的な力が再び働き利潤率が低下し始めるだろう，と彼は信じていた。リカードウは技術進歩にまったく賛成であるが——彼は資本蓄積がヨーロッパ社会を動かす基本的な力であると考えており，静止状態の到来を恐れている——，しかし技術変化が静止状態を永久に追い払ってくれるなどという希望は持っていない。

■歴史とリカードウの将来像

　歴史は，リカードウの予言をどのように扱ってきただろうか。この質問に答えるのは難しい。リカードウの構想の射程の巨大さと，彼が分析した諸力がその役割を演じ終えるには非常に長い時間を要するだろうからである。

　リカードウが執筆してからほぼ200年のうちに，彼が分析した外国貿易と技術変化という二つの派生的な力が，明らかに世界経済において支配的な役割を演じるようになってきた。アメリカ大陸・オーストラリア・南アフリカの発展と東南アジアの世界経済への登場は，資本蓄積のドラマが演じられる舞台を大きく拡大し，それに応じてリカードウ的な利潤率低下を遅らせた。人類が農業地の利用増加可能性を使い果たしてしまったということは，決して明らかになっているわけではない。たとえばシベリアの農業的な潜在力はほとんど未開発である。世界のなかでもっとも肥沃なアジアの土地の大部分は，依然として極端に低い生産方法によって耕作されている。楽天家は，サハラ砂漠の灌漑はカリフォルニアのセントラル・バレーの灌漑が合衆国の食糧生産に与えたのと同じインパクトを世界の農業産出高に与えることができる，と夢想するかもしれない。

　リカードウは技術変化を，歓迎すべきだが収穫逓減圧力からの救済となるかは予想できないと見ていたが，過去200年にわたって技術変化の過程はどちらかと言えば勢いを増してきている。大きな技術革命が次から次へと出現してきた。蒸気力・電気・合成化学・内燃機関・電話・ラジオ・エレクトロニクス・デジタルコンピュータ等々である。

　しかし過去200年の歴史的経験は，リカードウ・モデルに麗しく書き込まれた心配の種を追い払ってしまうには十分ではない。環境の衰退・破壊や天然資源の消尽が結局においてわれわれの発明の才能や開拓者精神を磨滅してしまうことはないだろう，などとどうして分かるのだろうか。もちろんわれわれには将来は分からないし，過去200年間に生じた技術と外国貿易の革命が繰り返されるのか，あるいはリカードウの静止状態の最終的な到来が訪れるのかを確言することはできない。

　人口は，今後70年から100年の間におよそ80億人から300億人で安定化するだろうという人口学者の予言は，たしかに静止状態の絵柄の非常に小さい部分にあてはまる。しかし静止した人口は，技術的に進歩する経済や上昇する生活水準と共存しうるし，あるいは生存レベルぎりぎりのマルサス的均

衡にまで逆戻りすることもありうる。現今の世界を見ると，どちらの途に適う徴候も認めることができるのである。

10　リカードウの機械観

『原理』の改訂版でリカードウは，社会のさまざまな階級の幸福な生活に及ぼす機械の影響力について考え直した。彼はこの考察を「機械について」という新しい章に記した。

リカードウは，機械の発明と採用が社会の各階級に有利になるかどうかを自問する。機械の直接的効果は，労働生産性を増加させることであり，労働価値説に従えば諸商品を現物タームでより安価にすることである。このことは明らかに地主階級に有利であり，彼らは贅沢品をより安価に買うことができる。それは同様に資本家に有利であり，彼らは消費財と工場を動かすのに必要な諸財貨の両方がより安価になっているのを見出す。

労働者はどうであろうか。リカードウが言うところでは，もともとは彼は，階級としての労働者もまた機械の採用とその結果としての賃金財の安価から利益をえるに違いないと信じていたが，しかし彼はこれは狭隘な仮定——労働者を支える賃金基金に充てられる資本総量が同じ規模に留まるという仮定——に依存しているということに気付いた。もしこの仮定が保持されるならば，雇用は低下しないだろうし，そして労働者は機械化された技術の採用で生活諸手段がより安価になっているのを見出すだろう。

しかし機械化された技術を適切に設置することは，資本家にとっては高くつく。リカードウの第二の考えは，高価な機械を買うために資本家が賃金基金そのものを削減し，こうして労働階級の雇用を削減し限界的な労働者を貧困化する可能性に関するものである[2]。もしこれが機械化の辿る道ならば，限界的な労働者は彼らを吸収する他の仕事の創造がなければ失業し，賃金は労働者間の競争によって低下を強いられ，マルサス的な人口減少のメカニズムが作動することになるだろう。

---

2) これについてリカードウは，「純生産物が不変のままでの総生産物の削減」というようなかなり不明瞭な言葉で言及している。ここで彼は「純生産物」という言葉を，資本家と地主が分けあう剰余生産物を言及するのに用い，「総生産物」という言葉を社会の総産出高を言及するのに用いている。

リカードウが機械化の影響に関して確固とした結論に達するのは困難である。というのは，資本家に有利な諸商品の安価はさらに多くを蓄積するように彼らを導き，こうして総資本が賃金基金の相対的減少を相殺するのに十分速かに増加するかも知れないからである。それゆえ，雇用の実際的な経路は，一方では賃金基金を増加させ労働需要を増加させる傾向のある蓄積の諸力と，他方では仕事をなくし労働者を過剰にさせる傾向のある技術進歩によって生じる失業との，まさにバランスに依存するのである。

　リカードウは，資本家に機械化するようにうながす強力な動機が事実存在すると論じる。機械技術を最初に採用する資本家は，自分たちの生産コストが急速に低下することに気付く。その分野のほとんどの資本家が機械化に遅れをとっている間，産出物の価格は遅れた技術によって決定され，革新的資本家は自分たちのコストが低いために「超過利潤」を得る位置にあるだろう。もちろん他の資本家が同じ技術を採用するようになれば，産出物の価格は低下し超過利潤は減少するだろう。それでも，超過利潤という誘因は資本家が機械化するための強力な動機付けである。

　リカードウはまたつぎのようにも記している。上昇する賃金それ自体は，コストを上昇させない労働節約的な生産技術を資本家が採用するように迫る傾向がある，と。われわれがすでに見てきたように，リカードウ・モデルにおける農業の収穫逓減の結果の一つは，農産品価格と貨幣賃金をひき上げるだろうというものである。このことは，もしそうしなければ生じるであろうコストの上昇や利潤率の低下を資本家が避けようとするので，技術変化への反発力を作動させることになる。

　リカードウの機械論は，今日の政治経済学者の心をとらえる多くの問題を提起している。就業の保障と生産性とのトレード・オフ，技術変化への誘因を創造する技術革新における所有権の重要性と大量失業という厄介な期間が生じる可能性とのトレード・オフ，といった問題をである。マルクスはこの分析を，資本家社会における技術変化についての彼の理論の基礎と見なした。

11　スミスの誤謬と貧困の経済学

　貧困と慈善に対するマルサスとリカードウの態度は，スミスの誤謬が到達しうる両極端を示している。マルサスの視点からすれば，貧者に慈善を施す

ことは自滅的であり，貧困問題をさらに悪化させることでさえあった。彼の見解では，慈善や施しは職がなくても労働者に子づくりを許すからである。こうして貧者に助成金を支給することは，賃金と人口が安定する生活水準を押し下げ，貧困問題を社会的なレベルでさらに悪化させることになる。

　この種の推論は，スミスの誤謬を特徴づけるものである。その方法は，行動の直接的効果（貧者の苦しみを救済する慈善）と間接的組織的な効果（人口を増大させ貧者の生活水準を低落させる慈善）とを対照させることのうちにある。情け深い道徳的な衝動に抵抗して，貧困を実際に創り出さないために貧者に与えてはならない，などと言わねばならないのは気が重い。

　この型の推論の背後には，資本主義的社会関係に関する不愉快な真理が横たわっている。商品交換と賃労働を通しての社会的分業の組織化は，人間関係の正常な論理を組織的に転倒させる。商品システムの論理は，人間は他者に対して私利を普遍的に主張すると仮定している。すべての人がこの論理に従うとき，システムは富を生産するように作動する。しかし，この奇妙な道徳的論理を回避して，他人を直接助けようとするどんな試みも，市場法則によって破れる傾向にある。たとえば，奴隷貿易への投資による利潤を拒絶する投資家は，結局は奴隷貿易の利潤率をひき上げ，その方面の道徳的な迷いを持たない人びとに助成金を支給することになり終わるのである。飢餓が襲っている地域に食糧を送ることは，食糧価格を押し下げ，地方の農業者を破滅させ，そして飢餓をさらに悪くしてしまう。商品交換の論理は，その原理と結論の両方において，道徳的論理と対立する。しかしもっと重要なことは，商品交換とその法則の現実性が道徳的行動をうち負かしがちだ，ということである。こうしてスミスの誤謬は，現実の，そして避けることのできない，人生経験の一部分となるのである。

第3章
もっとも厳しい批判者
―― マルクスと社会主義 ――

　カール・マルクスは，ドイツのアンシャン・レジーム〔旧体制〕が弱体化する時代，1830年代後半と1940年代に学生であった。イギリス，フランス，そしてスペインもある程度は，19世紀初めまでに近代的国民国家として統一されていたが，ドイツは，政治的に小さな君主国や公国に分割されたままであった。ドイツは，経済発展と産業革命のプレッシャーを感じていた。そしてフランス革命によって始められた壮大な政治的・社会的諸変化は完成にはほど遠いという認識が広まっていた。1848年にドイツとオーストリアで革命が勃発したが，しかしその革命運動は分断されており，ドイツを統一することはできなかった。それどころか結局はプロイセンの貴族的な領邦が，ドイツ語を話す非オーストリアの人びとを統合することによってドイツ帝国をつくり，それによって20世紀の歴史における地殻変動的な激動のための舞台を整えた。

　ドイツが画期的な社会的転換の過程にあるという認識は，その転換の方向と形について活発な議論を促した。マルクスの学生時代におけるこの議論の分野は，主として哲学，とりわけゲオルグ・ウィリアム・ヘーゲルの哲学であった。ヘーゲルは，西欧的伝統のうちの神学的な哲学を，出現しつつあった世俗的な資本主義社会に適合させるという問題と格闘していた。ヘーゲルと彼の継承者の著作は，「歴史はどこに向かっているのか」，「どんな原理が

社会的・政治的な制度の発展を導いているのか」,「何が政治権力を正当化するのか」,「産業資本主義の破壊的な力は伝統的な宗教上の道徳性とどのように宥和されうるのか」のような諸問題を中心として,宗教・歴史・社会制度を批判的に検討していた。

マルクスは,一般に受け入れられていた価値観に根源的な疑義を差しはさむ運動の中心にいた。そして彼は,これらの根本的な問題に立ち向かうための一つの理論,唯物史観を展開した。彼はドイツの裕福な製造業の家系の御曹司であるフリードリッヒ・エンゲルスと生涯続く友人となったが,エンゲルスは,マンチェスターでの家業で数年過ごし,『イギリスにおける労働者階級の状態』を書き,産業革命によって引き起こされた社会的な混乱と軋轢について非凡な描写を行なっていた。エンゲルスは,唯物史観というマルクスの理論を彼自身の見解の一つの版と理解し,マルクスが死ぬまで知的・財政的な支援者であるだけでなく,彼の協働者となった。この時期にマルクスは,今では『経済学・哲学草稿』として知られている哲学的論文を書いた。

マルクスは,ドイツ政治の急進的な左派に関わり,1848年革命の間,もっとも徹底的な民主的施策・ドイツ産業労働者の政治的組織化・すべての封建的財産権の破棄を支持していた新聞を編集した。マルクスとエンゲルスはこの時に『共産党宣言』を書き,唯物史観によって分析されるような,ドイツ・ヨーロッパ政治の当代の動乱と社会変化の基礎にある諸力との結び付きを示した。革命の失敗とともに,マルクスはドイツを離れることを強いられ,最初はフランスとベルギーで,そして結局はロンドンで,新聞記事の執筆とエンゲルスが提供した援助で生計を立てながら,生涯の残りを亡命の身で過ごした。

頻繁に大英博物館の閲覧室で仕事をしながら,マルクスは,政治経済学の重厚で体系的な研究に着手した。この仕事の初期の草稿は,今では『経済学批判要綱』として知られている。マルクスは,その改訂したものを『資本論』第1部として出版し,エンゲルスが,マルクスの死後その題材の残りの多くを出版用に準備し,『資本論』第2部と第3部および『剰余価値学説史』に作り上げた。マルクスは社会主義社会を確立するための世界プロレタリア革命の熱烈な提唱者であったが,経済学における彼の理論的著作の大部分は,資本主義システムに関わっている。そして政治経済学のマルクスの著作が今日引き続き重要であるのは,主として資本主義の理論家としてである。

マルクスは，イギリス・フランス・ドイツで革命勢力として労働者の政治的組織化を推進するために積極的に活動した。彼のたぐいまれな知性・すばらしい論争的な著述・プロレタリア革命思想への明確な忠誠心は，組織性を欠き分裂気味であったが情緒的で政治的に有力な運動のなかで，マルクスを影響力あるリーダーにした。労働者の社会主義運動の内部で，マルクスと彼の政治的ライバルたちとの関係は，しばしば辛辣で非妥協的な闘争の形をとった。知性を要する膨大な仕事の緊張・容赦のない政治闘争・物質的な貧困・近親者の死は，ついにはマルクスの健康を蝕み，彼は生涯の終わりの15年間研究をあまり進めることができなかった。政治経済学への彼の最後で主要な関与は，ドイツ労働者党の綱領草稿についての詳細なコメント（『ゴータ綱領批判』）という形をとった。

　マルクスの政治的急進主義は，裕福な家系の娘であるジェニー・フォン・ヴェストファーレンとの結婚においてビクトリア時代の伝統的ライフ・スタイルと共存していた。ジェニーはマルクスと彼らの娘たちに生涯を捧げた。エンゲルスは，性的な事柄についてのビクトリア朝的な偽善に対する容赦のない批評家であったが，結婚せずに一人の女性と生涯生活をともにした。そして彼は，家族と国家の起源に関する著作を通して現代フェミニズムの知的創始者の一人になった。

　マルクスは，ドイツ的な批判的方法を極めた達人であり，既存の思想と著作の批判という形で貢献をした。マルクスは，たとえばスミスやリカードの著作に商品という用語を見つけると，それを一つの概念とみなす。そして，彼は，商品の歴史的起源や限定性を問題として取り上げ，商品を理論のより広い領域に関係付け，商品が自ら社会的な意味を表明していることを示し，これらによって商品を概念へと転換する。マルクスがこれを終える時には，その概念は，その元のどの意味も失わずに，新しい文脈のなかで新しい仕方で機能し始めるのである。この「弁証法的」な理論的方法は，観察や実験という経験的検査なしにそれだけで現実の新しい知識を作り出すことはできないけれども，新しい洞察や論点を展開する強力な方法である。マルクスはこのことを理解し，彼の著作のなかで，自身の理論的発見の差し迫った意味を説明するために，統計・政府報告書・新聞記事を利用しながら，高度に抽象的なレベルと非常に具体的・歴史的レベルで並行した議論をしている。

　マルクスは批判の天才であった。そして，古典派政治経済学の社会革命理

論への洞察力に富む転換は，19世紀の政治経済学思想における知性上の重要な出来事であった。マルクスの知的な威信は，マルクス主義者の考えに基礎を置くさまざまな政治運動において，論争の多い遺産となった。その運動には，ヨーロッパ政治において今なお主要な勢力である社会民主主義や，20世紀の大半の間ロシアと東ヨーロッパを支配したボルシェビキ共産党や，今でも中国とインドシナの近代化と産業化を導いているアジアの共産党が含まれている。マルクスがこれらのさまざまな運動が展開される前に死んでいること，彼が他の重要な思想家と同様に自分の生涯の後で彼の思想の名においてなされた善や悪のすべてに対して責任を負うべきではないこと，これらを銘記することが重要であると私は考えている。マルクスの著作から学ぶべきことも，それを批判すべきことも，多いのである。

1　唯物史観と資本主義的生産様式

　唯物史観というマルクスの構想は，人間社会における分業の様式の絶え間ない変化という，好奇心をそそる問題に立ち向かっている。分業を採用する蜜蜂や蟻のような他の生物種は，いつも同じ仕方で巣や塚を作る。分業は，遺伝のレベルでこれらの種にプログラムされているようである。他方で，人間の歴史は，分業において壮大で根本的で構造的な相違を示している。人口の規模・大小の集落への人口配分・使われる技術・生産を組織する制度・社会的生産を支援する政治制度はすべて，時間と空間にわたって非常に異なっている。

　全体的に見ると，19世紀の人びとは，人間の歴史は，進歩すなわち人間の生存条件を支配する集団的力の増大の記録であると信じていた。人類史については，さまざまな哲学的な（つまりマルクスがイデオロギー的と呼ぶようになる）解釈が存在している。プラトンのような，何人かの古代の哲学者は，社会的・政治的組織の原則を，長年にわたって変化せず，永遠で理想的な正義の原理を反映するものと見ていた。キリスト教の神学は，歴史を人間に対する神の計画の遂行と説明した。ヘーゲルは歴史を，彼が神と関連付けた抽象的理念の漸進的な実現と見たのである。

　マルクスの立場は，人間の社会は物質世界の一部であり，そのなかで生活する人間の意識からは独立している物質的現実を持つというものであった。

この意味で，マルクスは唯物論者であった。（唯物論は，その言葉が今日しばしば使われるような，物質的な富・安楽・消費についての強迫的な不安という意味での物質主義ではない）。

　社会的現実についての諸法則は，物理学の法則と同様に，そこで生きているあらゆる個人に対して永久的で揺るぎないものであると，マルクスは考えていたが，しかし，社会的現実は，どの特定個人の制御も及ばない諸過程を通した，個人的行為の集合的結果から構築されていると主張した。一方では，諸個人はいつも，各世代の選択と行動を制約する，蓄積された資源・制度・信条・知識を備えた継続している社会のなかに生まれてくる。他方では，個人は，現存する社会制度・社会関係の網の目を通して以外には，社会的に行動することが不可能である。個人は他の人びとの行為や選択に依存しているので，自分の選択の全面的な社会的結末を予測することも同様に不可能である。この考え方の有名な要約のなかで，「人間はみずからの歴史を作るが，しかし，自分自身が選択した環境のなかでそうするのではない」と，マルクスは主張している。

　マルクスの考えによれば，物理学と生物学の法則はそうではないが，社会的現実は，人間の行為によって決定されるので，歴史的な変化を被る。長い間には，何百万もの人びとの集団的な行動や決断は，必ずしも彼らの意識した意図の結果としてではないけれども，社会の資源や制度を根本的に変更することができる。マルクスの唯物論が歴史的であるというのは，この意味においてである。社会的現実は，個人にとっては永久的であり，物理学・生物学の法則と同じように，個人の視点からは客観的で変更できない諸法則を表わしている。しかし，社会的現実は，社会を形成している人びとにより集団的に創造されたものであり，それゆえ，物理学・生物学の法則を変えることは決して望みえないけれども，人びとは集団的にはある程度まで社会的諸法則を変えることができる。人びとは，社会を変化させうるのみならず，不可避的にそうする。そして，変化のこの連続的な過程が，マルクスが歴史と考えたものである。唯物史観の直接的な命題は，人間社会のどんな制度も永久には続かないということである。事実，人間社会のすべての制度は，変化と転換の絶え間ない過程のなかにある。さらにより正確に言えば，人間社会の諸制度は，それ自身を変化させ転換させることを通してそれ自身を再生しているのである。スミスやマルサスやリカードウが，ひとたび発見されればい

つの時代でもどこでもすべての人間社会に妥当する社会的・経済的組織の普遍的原理が存在するかのように語ることに対して，マルクスは彼らを批判するのである。

社会科学の課題は，この唯物史観の見地からは，特定の歴史的社会システムが自身を再生する仕方やその運動法則を，そして社会システムが他のシステムへそれを通して転換を遂げる諸矛盾を研究することである。マルクスが採用する手続きは，批判的方法の適用によって，社会的現実の複雑さをその抽象的な構成要素に分解することである。ひとたびこれらの抽象的な構成要素が理解されれば，われわれは，社会的現実の複雑さを，それらの合成されたものとして総合的に再構成することができる。そのイメージは，人体の組織を透明なプラスチックのさまざまなシートの上に表示している人体図の本のようなものである。1枚のシートの上に他のシートを重ねていくと，あなたは，現実の人体のイメージがその構成諸要素の総合として再現されていくのが分かるのである。

■剰余生産物・搾取・階級

マルクスは，唯物史観を彼が知るかぎりでの人類史の理解に適用して，すべての過去の文明社会は，経済的に剰余生産物の階級支配に基づく，社会的な階級構造を持っていたと論じた（マルクスの考えについての一つの重要な論評は，われわれが今日彼よりも歴史の詳細についてより多くのことを知っているという事実に依拠している。われわれはもはや，彼が当然と考えた一般化のいくつかを信じてはいない）。文明社会はこの観点から考えると，まったく労働者の身体的再生産についての直接的必要以上に剰余生産物を生産するという技術的能力に基づいている。マルクスは，記録が残っているすべての社会において，社会を生産者の階級と社会的生産物を領有する階級とに分け，社会的剰余生産物は人口の少数派によって領有されていたと主張した。

たとえば，古代のギリシア・ローマの社会は，その剰余生産物の大半を奴隷労働から生み出していた，とマルクスは信じていた。この状況では，奴隷は剰余生産物の直接的生産者であり，奴隷所有者はそれの領有者である。マルクスはまた，ヨーロッパ封建社会の剰余生産物は，封建領主の土地に縛り付けられていた農奴の労働に由来すると信じていた。農奴は，領主の土地を

耕作するために一週間のうち数日間働き，その労働によって領主が兵士や砦を維持することのできる剰余生産物を作り出したのである。

マルクスの用語では，限られた階級による剰余生産物の領有は，生産階級の搾取である。階級社会とは，社会的剰余生産物が別の階級の搾取を通して一つの階級によって領有される社会である。

■生産諸力と社会的生産関係

搾取には二つの側面（ヘーゲルの言葉を使えば「契機」）がある。第一に，社会の諸資源は，生産者の再生に必要なもの以上に剰余生産を可能にするのに十分なだけ前貸しされなければならない。マルクスは，社会の生産諸資源を「生産諸力」と呼んでいる。それらには，人口・蓄積された生産手段・知識や技術が含まれる。この概念は非常に広汎で，生産性に貢献するあらゆる関連要素を含んでいる。たとえば，分業を編成する知識は，たとえそれがなんらかの特殊な機械に体化されえないとしても，生産諸力の一部である。

しかし，剰余生産の技術的可能性は，剰余が現実に生産されることや，それが特定の階級によって領有されうることを保証しない。こうして搾取はまた，マルクスが「社会的生産関係」と呼ぶ，技術・資源・労働に対する支配を決定する特定の社会制度に関係している。たとえば封建社会では，封建領主の軍事力が，彼らに農奴の土地と労働に対する支配力を与えた。この支配力は，封建的特権と封建的義務の形で当時の社会制度に深く根付いていた。これらの習慣・法・契約を強制することによって，封建領主は，自分自身の土地を耕作する必要のある農奴から，毎週幾日かの労働を獲得することができ，剰余生産物を収穫することができた。農奴は，彼らに利用可能とされている土地で働くことによって自身の生計を賄うだろう。さらに，剰余生産物は，それが生産される社会関係の結果として，領主が利用可能となり彼らの支配のもとにあるだろう。剰余生産物は，次には領主の権利を執行し外部の脅威から領地を守るために，封建領主によって維持される兵士や騎士を養った。同様に奴隷制のもとでは，奴隷の全生産物が奴隷所有者に帰属する。奴隷所有者は，奴隷の生存に直接的に責任を負い，奴隷に最低水準の食物・家・衣服を提供しなければならない。しかし，奴隷がこの生存最小限を超えて生産するものはどれも，直接的に奴隷所有者の合法的な所有であり，こうして奴隷所有者が剰余生産物を領有する。

剰余生産物と搾取はまた，社会の生産者の総労働時間の観点から考えることができる。社会の労働のある部分は，生産者自身の再生を可能にするために必要な財貨の生産に充てられなければならない。マルクスはこれを必要労働時間と呼ぶ。しかし，どんなに少ししか発展していない人間社会でさえ，労働者の生存手段を生産する労役は，利用可能な労働時間の総体を占めてはいない。もし労働者が自身を再生するのに必要であるよりもより長く働くことを強いられるとすれば，残りの労働時間は剰余労働時間である。抽象的に言えば，搾取階級が剰余生産物を取得する時に領有するものは，社会の剰余労働時間である。

　歴史的な階級社会はそれぞれ，生産諸力と社会的生産関係をそれ自身特徴的に結合している，とマルクスは信じていた。彼はその結合を「生産様式」と呼んだ。だから，古代奴隷制の生産様式は，奴隷制という社会関係と大規模農場に分散された農業生産という技術との結合である。封建的生産様式は，農奴・封建的特権・封建的義務・共同体的環境での小さく分割された地条における農業生産の，組み合わせである。

　マルクスは，生産諸力と生産様式の相互作用が社会での技術変化の経路を決定すると論じている。彼の見解では，いくつかの生産様式は，技術変化とその進歩が社会的生産関係の安定性を脅かすので，それらを抑制する傾向がある。逆に，技術と労働組織の変化を通した生産諸力の緩やかな発展は，社会的生産関係を掘り崩し結局は打倒することがありうる。生産諸力と生産関係のこれらの動態的な相互作用の研究のなかにこそ，歴史的変化の秘密が存在している。マルクスは，歴史的変化の過程をその根本において一連の階級対立として理解していた。階級対立においては，生産様式から生じる諸階級の対立する要求と利害が，政治的・文化的・軍事的な関連のなかで争われるのである。フランス革命のような諸革命は，マルクスの見解では階級対立のもっとも劇的な表われであった。

■社会の土台と上部構造

　生産様式はそれはそれで，人間社会を構成する諸制度・慣行という複合体総体の一部にすぎない。マルクスの言葉で言えば，生産様式は社会の「物質的土台」を構成し，「物質的土台」は，マルクスが社会の「上部構造」と呼ぶ，政治と法・宗教・教育・科学と工芸を含む文化のような社会の他の側面

を支えている。社会的制度の再生産には，土台と上部構造の間に複雑な相互作用が存在するが，しかしいざという時には，土台の要求とくに土台の社会関係の要求がその成り行きを決定する，とマルクスは論じている。他方で，上部構造の諸要素は，しばしば社会的生産関係の再生産に対して重大な貢献をする。

たとえば，封建時代のキリスト教は，人びとの生活の差し迫った現実から目をそらせる罪業と来世でもって心理的な強迫観念を呼び起こし，封建社会で農奴集団を従属的な社会的境遇に甘んじさせた点で強力な役割を演じた，とマルクスは論じている。同様に，「ブルジョア経済学」，すなわち資本主義社会で資産と富の分配における不平等の必然性を強調する古典派経済学の一派は，資本主義の社会的生産関係を擁護するための釈明であると，マルクスは信じている。それは要するに，資本主義の労働者がそのもとで生活している諸制度の不可避性について，彼らを説得する点で重要な役割を演じるのである。

マルクスは社会の法律を基本的階級構造の反映と解釈していた。たとえば，フランス革命の国民議会の最初の法令は，農奴の剰余労働を彼らの領主に確保させていた封建的特権と封建的慣行を廃止した。マルクスの考えでは，これは，労働を農奴制から解放し資本主義的な賃金労働市場に参加させようとする，フランス革命の資本主義的特徴の一表現であった。さらに，社会の支配的な哲学的・宗教的な観念は一般に領有階級の信条を反響している，とマルクスは論じた。中世の神学と哲学は，おおむね封建的エリートの特権的な階級的立場を正当化することに専念しており，他方で，新興産業資本主義の文献は，「叩き上げの」資本家の好みに合った独立独歩と社会的流動性というテーマを持ち込んでいる。

■生産様式の転換

『共産党宣言』を含めてエンゲルスとの共著である初期の著作のなかで，マルクスは，世界史あるいは少なくともヨーロッパ史の解釈を構築するために，唯物史観という一般的な考え方を適用する試みを行なった。この解釈は，各生産様式はそれ自身の内的矛盾の結果として次の生産様式に道を譲るという，生産諸様式の遷移という考えを中心に構成されている。

このスケッチは，石器時代の人びとは，あるタイプの原始共産主義，すな

わち伝統的慣習に従って非常に小さな富を共有する小さな共同体のなかで生活していたという理解で始まっている。この生産様式では生産諸力は，ほんの少ししか発展していなかった。人びとは生活のために主に狩猟と採取に依存していた。生産諸力の低い発展水準の結果として，語るほどの剰余はなく，それゆえ社会の階級分化も存在しなかった。

　所有関係，とくに婦人・子どもの所有権の確立は，この原始共産主義とその生産様式を破壊した。婦人・子どもについての所有権の確立は，潜在的な剰余生産の付随的な増大とともに定住農業の開始を可能にした。この剰余生産物は僧侶と王によって領有され，それゆえ初期の帝国の階級構造を作り出した。これらの帝国では富と権力における巨大な格差が出現したが，それは，軍事力により強制された税と貢納を通した，広範な地域からの農業的剰余の動員に基づいていた。

　ローマ帝国の支配下では，大規模農業での奴隷労働が，剰余生産の強力なエンジンとなり，搾取の方法は，おおむね軍事的な貢納の賦課から，法制度を通した奴隷からの剰余労働の取得へと転換した。この古代の奴隷制生産様式は，ローマ帝国とその軍事的・政治的制度の崩壊を通じて，中世のばらばらな断片へと変質した。帝国の征服によって再生産されていた奴隷人口は，特定の地方領主の土地に縛り付けられた農奴人口になり，領主は，軍事的保護の提供により農奴に補償しているというイデオロギー的口実に基づいて，農奴に領主への剰余労働という義務を負わせた。

　封建社会は，封建的従属から解放された都市の成長を促進しつつ，徐々に自らを国家へと組織化した。これらの都市では，商業と小手工業に基づく初期の資本主義が，根付いていた。奴隷制と農奴制の生産様式はもともと，技術については後ろ向きであった。奴隷所有者は，奴隷に破壊されるかもしれない労働節約的な工夫への投資に気乗りではなかった。封建領主は，危機の際の軍隊としての有用性のために，支配している労働の極大化に関心を持っていた。他方で，資本家は，技術変化を通して生産を転換すること，および賃労働の搾取率を増大させることに強い誘因を持っている。これは資本家的富の急速な成長と封建貴族との争いへと導いたが，その争いは，ヨーロッパの近代初期の革命的な騒動において頂点に達したのである。

　マルクスとエンゲルスは，封建社会の矛盾が資本主義への転換に導いたのとちょうど同じように，資本主義社会の矛盾は，社会主義への転換において

頂点に達するだろうと論じた。しかし，ある生産様式から他のそれへの過去の移行は，いつも新しい搾取関係に基づく新しい階級社会を作り出したのに対して，社会主義社会は，剰余生産の社会的統制についての諸制度を創造することによって，階級差別を廃止するだろう。資本主義が技術によって生産諸力を大きく解き放ったのとちょうど同じように，社会主義は，剰余生産物の追求よりもむしろ人間的欲求の充足が支配的誘因である社会を作り出すために，これらの生産諸力の上に協同的に建設されるだろう。結局，マルクスとエンゲルスによれば，国家を含めて階級社会の上部構造は廃れ，人類の「本史」が始まりうるのである。

　歴史解釈のこの才気溢れかつ多くの点で洞察力に富んだスケッチは，20世紀の政治と現代歴史研究の形成において顕著な影響力を持ってきたが，しかしそれはいくつかの重要な制限を持っている。マルクスとエンゲルスは単純に，非ヨーロッパ諸国の生産様式について正確な一般化をしうるほどには，それら諸国の詳細な社会史について充分知ってはいなかった。その結果として，非ヨーロッパの文化と文明をこの図式に適合させるのは難しい。彼らはまた，自分たちの解釈と矛盾する扱いがたい事実を無視する傾向があった。封建制ヨーロッパ社会は事実，非常に複雑であり，たとえば異なった地域や異なった時期の間には社会的生産関係に途方もないばらつきがあった。それでローマ帝国における剰余生産の源泉としての奴隷の相対的重要性は，経済史家の間で大いに賛否が分かれたままである。

　政治的見地から言えば，マルクスとエンゲルスの歴史解釈についての過度に単純化した見解は，唯物史観という方法の批判的な精神には本当はなじまない，歴史が機械的運動であるという不幸な印象を生み出した。社会主義的・共産主義的政治運動のいくつかは，自分たちの偶発的な勝利を「歴史の法則」によりあらかじめ決められたものと考え始め，その結果，自分たちの時代の政治的・社会的現実との接点を失うようになった。資本主義から社会主義への移行についてのマルクスの議論は，先立つ生産様式についての彼の分析とは完全に異なった概念と原理を取り入れている。以前の転換は既存の生産様式の内部での新しい階級関係の漸次的な成長に関わりを持っていたのに，マルクスは社会主義を，資本主義的生産様式のまったく新しい運営原理への大規模な転換として想像していたようである。階級関係と階級闘争の終焉および人間関係の新しい時代の始まりについての予言は，唯物史観という

一般的な考え方と容易に両立しないユートピア的で非歴史的な趣きを醸し出している。

　人間社会とその歴史的変化を理解する方法論的なアプローチとしては，唯物史観の一般的原理は，マルクスとエンゲルスがそれらの考えを最初に適用し提出した特定の解釈から区別することが必要である。生産様式の遷移という彼らの図式の制限性と不正確さにもかかわらず，唯物史観という一般的考え方は，人間社会の重要で有意義な諸側面にわれわれの注意を向けさせ，それらについて答える必要のある諸問題を提起しているのである。

2　商品と価値論

　マルクスは，結局は『資本論』につながった古典派政治経済学の広範な研究を始めるまえに，すでに唯物史観という考え方を展開していた。資本主義は，奴隷制や農奴制のような隷属的な労働形態に基づいてはいないけれども，それにもかかわらず剰余労働時間の領有に基礎を置く階級社会である，とマルクスは信じていた。彼は，労働者と資本家に平等な法的・市民的権利を保証しているように見えるシステムのなかに，剰余労働時間を領有する階級としての資本家の力の「秘密」を発見するために，現存の政治経済学を詳しく研究した。

　彼が古典派政治経済学者とくにリカードウのなかに見出したものは，驚くほど唯物史観と類似している理論であった。リカードウもまた資本家社会を階級という観点から見ている。さらに，労働価値説についてのリカードウの解釈は，労働が商品の価値全体を創造するけれども，労働者は賃金の形態でその価値の一部だけを受け取ることをほのめかしている。リカードウの労働価値説やその類似した変種はそれゆえ，資本主義社会における搾取の秘密を暴露する見込みを持っていた。

■ 資本の循環

　マルクスはまず，（ヘーゲルの言葉を使えば）「現象学的」な用語で，すなわち資本主義が直接的にはわれわれにどのように現われるかという視点で，資本主義的生産について考え始めた。資本はどのように見えるか。基本的にはそれは一つの過程である。その過程で，資本家は，労働者の労働力を含む

かもしれない諸商品を買うことに貨幣を支出し，始めた時よりもより多い貨幣を得るために，その商品かあるいはその商品から生産された他の商品を売るのである。問題は，この剰余価値がどこからもたらされるのかを理解することにある。

資本の循環は，非常にぴったりと資本家企業の損益計算に対応している。簡単に言えば，損益計算は，売られた財の販売収入と費用との差として企業の販売粗利潤を示している。マルクスの資本循環の用語では，売られた財の費用は，資本家が生産を始めるために商品を買うのに最初に支出した貨幣，つまり資本支出である。販売収入は，資本家が最終的に持っているより大きな額の貨幣である。そして，粗利潤はマルクスの剰余価値である。

マルクスは，資本の循環を商品交換の循環と対比している。商品交換の循環では，人は自分の欲求をよりよく満たす他の生産物を買うために生産物を売る。そこでは，商品は貨幣に対して売られ，つぎに貨幣が質的に異なった別の商品を買うために支出される。資本循環に従事する資本家の動機は，剰余価値によって表現される富の増加である。商品循環に入っていく消費者の動機は，その人の欲求を所与とすると，自分が生産しうるものよりも，必要性のより高い使用価値を持つ生産物を消費することにある。

政治経済学に関する初期の著作で，マルクスは資本主義的生産とその社会の分析を，資本の循環でもって始めていた。しかしながら，彼は，資本の循環がすでに社会的概念と社会諸制度の複雑な組み合わせを前提することを理解していた。すなわち，資本の循環は，市場での生産物交換・生産に対する労働力と他の投入物の私的所有・貨幣を前提するのである。マルクスは，ドイツの哲学界に少し配慮をして，『資本論』第1部を，資本の循環の基礎にあるこれら制度の分析を提示する三つの章で始めた。これらの章は，あまりにも長すぎかつあまりにも短すぎるものである。それらは，政治経済学批判への，悪評が立つほど紛らわしく抽象的な導入部であり，その意味では長すぎる。しかし同時にそれらは，その多くが完全には解明されていない重要で込み入った多数の問題を提起しており，その意味では短すぎるのである。

■ 使用価値と交換価値

マルクスは，人間の欲求を満たす有用な生産物を生産するために，すべての人間社会が労働を支出することを注視している（これらの欲求は，食物や

住居に対する欲求のように生物学的に決定されるかもしれないし，楽器や彫刻や宗教儀式の用具に対する欲求のように社会的に決定されるかもしれない）。多くの人間社会で，生産物は，それを作った人びとによって直接的に使われ，習慣に従って家族や親族の結び付きを通して小さなグループのあいだで分配される。生産物は欲求を満たすという目標にとって直接的な手段であるので，これらのケースでは生産の目的は透き通るように明らかである。

　しかし，いくつかの人間社会では，そして資本主義社会はその重要な亜種であるが，多くの生産物は他の生産物と交換されるために作られる（これは，労働生産物の見地から見た，アダム・スミスの分業と同じ考えである）。交換は，生産と欲求のあいだの関係を複雑にする。生産者は，もはや自分の欲求（あるいは家族や親族の欲求）を直接に満たすためではなく，生産物の最終使用者である他の人びとの欲求を満たすために生産する。生産者は自分の労働生産物を，自分が使うだろう生産物と交換することによって，自分の欲求を満たそうと考える。マルクスは交換される生産物を「商品」と呼んでいる。アダム・スミスから混乱する可能性のある用語を取り入れて，マルクスは，商品を社会的な条件のなかで，「使用価値」と「交換価値」の結合として分析している。「使用価値」とは，最終消費者の人間的欲求を満たす商品の力であり，「交換価値」とは，他の生産物との交換力を通して間接的に生産者の人間的欲求を満たす商品の力である。マルクスの考えでは，商品の二重の本性が近代社会の諸矛盾の根源に存在するのである。

■商品化のフロンティア

　人びとは，生産の商品形態化について両義的な感情をもつ傾向がある。一方では，それは，分業を可能にし，自分自身では決して直接に供給しえないさまざまな生産物や広範囲の生活水準を提供する。他方では，商品生産は二重に労働からわれわれを疎外する。すなわちわれわれは，市場という非人格的で敵対的な関係を通してのみ他の人びとと交わるので，他の誰かの欲求を満たすことになるわれわれの労働から疎外され，かつわれわれに必要物を供給する他の誰かの労働から，疎外されるのである。

　経済発展の広範な結果の一つは，人間生活のますます多くの部面が生産の商品形態化を受け入れ，それを拡張していくことである。自給自足の農夫は，自分の直接的欲求を越える小さな生産物部分を，小範囲の製造された道具や

加工品と交換するにすぎず，それゆえおおむね自分の直接的生産によって自分の欲求を満たす。分業の発展とともに，農夫は，単一の現金作物に集中し，自分の直接的欲求を満たすためにその販売からの貨幣を使う方が，より効率的であると気付く。しかし，これが生じると，人びとは，より単純でより自給自足的なシステムを成立させている直接的・人格的な人間関係の喪失について嘆くことになる。商品形態化は絶え間なく侵入してくる。かつては自家用におおむね個人によって行なわれていた家や車の修理（それゆえマルクスの意味では商品ではない）は，市場で提供されるサービス（それゆえ商品）になっている。かつては家族のために食事の準備に時間を費やしていた（使用価値を作るのであり商品を作るのではない）両親（しばしば女性）は，結局，家族が週に何度も外食をするのに必要な貨幣を稼ぐために，ファーストフード・レストランで働くことになる（こうして食事の準備を商品に転換している）。

　医療（ますます商品化しているが，人びとが純粋に市場法則に従って取引するのに特に不安感を抱いている商品）の資金繰り・金銭支払いでの代理出産の合法化・臓器の売買・養子市場創設の受容可否のような諸問題についての激しい公的論議の根本には，生産の商品形態化についてのわれわれの両義的感情があるのである。

　商品と自家使用生産の境界は，絶え間なく移動しており，それゆえ，市場の論理と直接的な生産を成立させている介在するもののない人間関係の論理との間に，新しいジレンマと新しい抗争が絶えず生み出されている。

■交換価値と貨幣

　マルクスは，もっとも広い意味での貨幣は商品の交換価値的側面の所産であると主張している。商品の交換価値とは，他の商品との交換力である。貨幣は，その特殊な制度的形態がどのようなものであれ，交換価値自身をどんな具体的な使用価値からも完全に分離することを企てる，純粋な交換価値の結晶である。

　これは妥当と思われる考えであるが，しかし，それは多くの理論的に厄介な問題を引き起こしている。マルクスの時代には，貨幣はそれ自体商品であり，交換価値と同様に使用価値を持っている金や銀であった。たとえば，金は，交換価値の抽象的な貯蔵として役立つと同様に，人の欲求を直接に満た

すその能力のゆえに，宝石や歯科医療で使われていた。実際，金が貨幣として機能しうる唯一の理由は，それがそれ自身交換価値を持っているということである。

マルクスは，かなり入念に仕上げた一連の概念によって貨幣論に立ち向かっている。生産物のどの交換においても，各生産物の量が他の生産物の交換価値を表現する，つまり彼の用語でいえば最初の商品の交換価値に対する「等価物」となる，と彼は指摘している。われわれが商品の交換を抽象的に考えるとき，おのおのの商品が同時に他の商品の等価物である。しかし，通常は他の諸商品の交換価値を表現するという一般的な役割を担う一商品，つまり「一般的等価物」として機能する一商品が，選び出される。商品生産が社会に根付くと，通常一商品が金のように，「社会的に認められた一般的等価物」として出現してくる，とマルクスは主張する。この役割では，貨幣商品は価値の尺度となる。国家は「価格標準」つまり金が測られる単位（ドル・ポンド・フラン・マルク・円）を指定することができる。しかし，交換と生産の根本的な諸法則が，金と他の諸商品の現実の相対価格を決定するのである。

ひとたび金のような一商品が一般的等価物として出現すると，それは，商品交換を容易にするために人びとの間で手渡される流通手段となり，また債務決済の究極的手法である支払手段となる傾向がある。金貨は高価であり維持するのが困難なので（鋳貨はいつも摩耗し「縁を削り取られる」），銀貨・銅貨・紙券・銀行預金のような代替物が求めに応じて確実に金に変わりうるかぎり，これらのより安価な代替物で流通過程にある金を置き換えようという強い動機が存在するのである。

貨幣数量的な価格理論 マルクスは，一つの経済における商品流通に必要な金の量を，金価値についての彼の分析とは完全に異なった原理の基礎上で分析している。商品の金価格と1年間に流通する商品の量とが，リカードウの分析（第2章，59-60頁と「付録」200-201頁を見よ）とまさに同様に，1年間の総流通価値を決定する。この流通を達成するのに必要な金貨幣のストックは，金の各片が1年間の取引に関与しうる回数，すなわち貨幣の流通速度に依存している。

諸商品を流通させるのに必要な金ストックは，全流通の価値に正比例的に，貨幣の流通速度に反比例的に決まる。リカードウの理論とは対照的にマルク

スの理論では，交換方程式は，諸商品の金価格・流通する商品の量・貨幣の流通速度に基づいて，その経済で流通する金の量を決定する。それゆえ，交換方程式についてのマルクスの解釈は，リカードウのそれとまさに正反対である。マルクスにとっては，諸商品の金価格における諸変化が流通する金貨幣の量を決定する要因なのであって，逆ではないのである。

　流通全体は，流通している商品の量の増大・平均価格の変化・貨幣の流通速度を変える金融操作の変化の結果として常に変化しているので，流通に必要な金ストックは同じようにいつも変化している。マルクスの理論では，流通の外に保有されている金の保蔵や準備が，商品の全流通に対する貨幣流通のストックの絶えざる調整を可能にする貯水池を提供するのである。

　マルクスの貨幣論は，彼の全般的な商品論の一側面である。商品論と貨幣論の統一は，政治経済学に対するマルクスの貢献のなかでもっとも深遠でもっとも独創的なものの一つである。

■ **マルクスの労働価値説**

　マルクスは，いくつか重要な明確化をしつつ，労働価値説についてのリカードウ解釈を採用している。第一に，マルクスは人間労働が使用価値の唯一の源泉ではないことを認めている。有用な生産物を生産するために，人間はつねに，以前に獲得した生産手段（たとえそれが高い枝から木の実を打ち落とすのに使われる棒にすぎないとしても）と，地球という自然の資源基盤（木それ自身）を必要とする。マルクスにとっては，労働価値説は，交換価値の源泉についての理論であり，それゆえ交換のための生産すなわち商品生産に限定された理論である。労働は商品生産という条件のなかで価値の源泉となると言うのが，より正確であるかもしれない。

　マルクスの基本的な図式は，商品への労働支出が価値を生産（あるいは追加）し，労働は商品に体化され，貨幣の形態で交換価値として自らを表わすというものである。しかしながら，すべての労働が価値を創造するのではなく，必要な・単純な・社会的な・抽象的な労働だけが価値を創造し，その価値を創造する労働は無駄な・複雑な・私的な・具体的な労働とは対立していると，マルクスはわれわれに警告する。これらの留保条件のおのおのが，彼の商品論の重要な側面を示している。

　これらのなかでもっとも困難な抽象的労働という概念から始めると，われ

われが支出された労働を目にするとき，それはいつもある特定の生産的職務に携わる特定種類の労働である，とマルクスは記している。それは，金属加工・コンピュータのプログラミング・裁縫・織布・紡績，等々である。マルクスは，労働のこの側面について「具体的」という用語を使う。具体的労働は，生産される特定の使用価値（鉄鋼，コンピューター・プログラム，織物）に結び付けられる。それゆえその具体的側面では，すべての労働は見分けの付くタイプに区分される。しかし，商品生産社会では，商品生産に充てられる労働はすべて，交換価値の生産という別の共通な側面を持っている。この点では，交換価値は特定の質を持たずに一様な事象として現われるので，すべての労働は質的に同一である。マルクスは，交換価値を生産する労働の側面に対しては「抽象的」という用語を使う。これはある程度は単なる定義である。しかし，資本主義下で商品生産の広範な発展とともに，抽象的労働は，統計上でも・市場においても・資本主義的生産者の計画においても，現実的な事象になっていると，マルクスは指摘している。

労働は，その具体的な質的種類のみならず，熟練・経験・生産性の水準によっても区別される。もし交換価値が労働によって生産されたものと見なされるのであれば，われわれはこれらの相違に対して適切な調整をしなければならない。マルクスは，少し拡張しながらリカードウに従って，より熟練した・より生産的な労働すなわち「複雑な」労働は，彼が「単純」労働と呼ぶ一様で共通な標準に還元することができると主張している。それゆえ，高度な経験をもち熟練した金属加工労働者の1時間の労働は，単純労働の2,3時間の等価物と見なされ，生産された商品に2,3倍だけ多くの価値を付加することができるのである。

商品論は，まったく交換システムの外部で，すなわち家・車の修理・子どもの世話・食事準備のような個人的な生産において，労働が支出されうるという事実にわれわれの注意を喚起している。このような労働はたしかに使用価値を，すなわち事実上商品の消費に代わりうる使用価値を生産するが，その生産物は決して市場に入らず社会的分業の一環とはならないので，その労働は交換価値を生産しない。マルクスは，交換される商品に支出された労働を「社会的」労働と呼ぶ。明らかに，自家用の労働は定義によって交換価値を生産しないのである。

最後に，単に浪費的な労働支出それ自身は生産物の交換価値を増加させな

い，とマルクスは指摘する。生産物に不必要な労働を気前よく使う資本主義的生産者は，より少ない労働支出で同じ品質を仕上げる彼の競争者よりも，いくらかでもより高い価格で売ることはできない。マルクスの考えでは，商品の交換価値は，適正に実行されている現行の技術や方法を使って商品を生産するのに「必要な」労働の量によって規制されるのである。この基準を越えて支出される労働は，どんな交換価値も生産せず，ゆえに単に無駄にされているのである。

　労働価値説は，つぎのことを言い表わしている。すなわち，もしわれわれが一年間に経済で支出された単純な・社会的な・必要な労働時間を測ることができれば，その労働時間が，生産された商品総量についての貨幣表現での付加価値である，と。資本家企業の損益計算書の観点からは，貨幣での付加価値はちょうど，他の企業から購買した原材料と生産手段のコストを差し引いた販売収入であり，それゆえ賃金プラス粗利潤に等しい（経済全体に対する貨幣での付加価値は，国内総生産によって近似的に概算される）。支出された労働時間に対する貨幣での付加価値の比率は，与えられた期間の経済において労働が創造した交換価値の総計の量的な測定である。

　一例を挙げれば，2005年のアメリカ経済のGDPは約12兆ドルであり，約1億5000万人の雇用労働力が1年あたり平均で1600時間労働していた。（複雑労働に対する調整をしていない）全労働時間は約2400億時間になる。それゆえ，各労働時間は平均で約50ドルを生産した。マルクスは『資本論』のいたるところで，労働時間からその貨幣等価への転換というこの方法を絶えず使っている。この「労働時間の貨幣的表現」は，時間当たりのドルという，賃金と同じ単位を持っているが，しかし，それは賃金と同じものではない。労働時間の貨幣的表現は，労働の時間当たりでの貨幣表示の付加価値総額を言い表わしているが，マルクスの理論が後で強調するように，労働者は賃金の形態でこの付加価値の一部分だけを取り戻すのである。平均賃金は通常は労働時間の貨幣的表現の一部分にすぎないのである。

■ **価格と価値**

　労働価値説に対するこのマクロ経済学的アプローチは，経済全体のレベルで貨幣価値と労働時間との間の等価性を確立している。ミクロ経済学のレベルでは，すなわち個々の商品の点では，その関係はどうなのであろうか。も

し商品の価格がいつもそれに体化された労働に比例しているとすれば，そのときには，各商品は経済全体の縮尺モデルであるだろう。そしてその付加価値はその生産で支出された労働に比例するだろう。しかし，リカードウの議論で見たように（第2章），価格は一般に個々の商品に体化された労働時間に比例してはいない。

　マルクスはこの点を認識しており，『資本論』第1部の出版以前に書かれた草稿でその点について論評している。もっとも，それらの草稿は彼の死後になってはじめて『資本論』第3部の中で出版されたのではあるが。その議論のなかでは，体化された労働時間からの価格の乖離は，経済全体に対しては貨幣表現での付加価値の労働時間に対する比率を変えず，ただ生産されたさまざまな商品の間で付加価値を再分配するだけである，とマルクスは論じる。これは，リカードウが不変の価値尺度という考えによって解決しようと試みた問題に対するマルクスのアプローチを表現している。要するに，マルクスは，社会の純生産物全体を価値の基準として選び，（付加価値である）その価値が支出された労働時間を表現するにちがいないと主張するのである [1]。

■ 商品の物神性

　マルクスの知的生涯を通じた関心事の一つは，近代社会の心理的な不安を理解し説明することであった。若い頃にマルクスは，この問題に取り組むために疎外の理論を展開した。彼は『資本論』第1章で「商品の物神性」として再びその問題に取り組んでいる。

　初期の著作では，資本主義社会で人びとが苦しむのは，自分たちの創造的生産性への制御を喪失してしまうからである，とマルクスは論じていた。実際，彼らは，どんな人格的関係の仲介もなしに，自分自身と他の人びとの欲求を満たすために労働する。マルクスが人間生活のもっとも崇高でもっとも満足を与える偉業と見なしていた生産活動は，労働者が自分の生活の糧や楽

1）　体化された労働時間と価格の関係についての（しばしば「転形問題」と呼ばれる）理論的問題については，膨大な文献がある。幾人かの学者は，この本で要約されたマルクスについての読み方を受け入れていない。労働価値説に関するこのマクロ経済学的な解釈は，しかし，マルクスの分析の大部分について理に適ったものにしている。それは，少なくともマルクスの理論を理解することへの有益な第一歩を提供する。

しみさえを買うために貨幣を求めて市場で自分の労働やその成果を売るときには，目的に対する単なる手段となる。そこでは，労働者は，他の人びとの欲求を満たすという真に人間的満足を手に入れるのでも，他の人びとが自分との直接的・個人的関係を通して彼らの欲求を満足させるのでもなく，それゆえ社会の人々と自分の絆を固めるのでもない。そうではなく，労働者は，社会的分業を社会的な孤立と競争上の敵対として体験するのである。マルクスは疎外の原因を，現代社会に蔓延している心理的な危機意識，すなわち社会が人間生活に対して積極的で統合的な精神的・社会的な結び付きを提供できていないことにあると考えている。疎外というマルクスの概念は，人の創造的な潜在能力の成果を他人に引き渡し，そうして自分の労働を疎遠にするという社会的行為と，その結果についての心理的な状態，すなわち社会生活のただなかでの隔たり・よそよそしさ・孤独という感情との両方を含んでいる。

　『資本論』でマルクスは，いくぶん違った点を強調しながら，商品論の議論の一部としてこのテーマに戻っている。そこで彼は，商品システム（専門化をともなう全般的な分業）は，現実には社会の生産的成員としてのわれわれすべての行為と選択の集合的産物であると論じている。分業は，事実，生活と生産に対する欲求を満たすために，われわれ一人ひとりを他の人びとへの実際的な相互的依存という巨大な網の目のなかに巻き込む。だが，われわれは，その内実はわれわれ自身の集合的な活動以外のなにものでもないこのシステムを，制御できない外的事象のような独立的存在として感知している。市場・貨幣・商品というシステムは，こうして「物神」，すなわち外的な力として人間性を威圧し支配するように見えるなにかになるのである。

　マルクスは，この物神性が近代社会のもっとも厄介な特徴の根源に存在していると見ていた。たとえば，市場と資本主義システムは，その進展がどれほど現存の人間関係や制度を傷つけようとも，終わることのない蓄積と商品形態の拡張を求めているように思われる。市場競争の圧力がわれわれの力は余りにも貧弱であると信じ込ませるので，巨大に拡大した生産諸力を持っているにもかかわらず，われわれは，貧困を軽減し基本的な人間的欲求を満たすための社会制度を創造することができないのである。両親は，子どもたちによりよい生活をさせる金を稼ぐために，結局働き過ぎという結果になり，その働きのあいだ中ずっと子どもたちが渇望する直接の安らぎや愛を奪い，

直接的な人間的交わりの代わりに貨幣と商品という疎遠なモノを与えるのである。

マルクスの考えではその際に，近代の人間にとって強烈に経験され非常に不快に感じられるこれらの苦痛は，古代ギリシア悲劇の英雄を襲った破局のように，根本的には自ら招いたものである。この構想の肯定的側面は，商品の物神性が，有害なしかし自ら課した人間の他の幻想と同じように，意識的かつ勇敢にそれに立ち向かうことによって，払拭しうることである。想像力の高揚によって呼び起こされる恐ろしい夜の幽霊のように，商品の物神性は，批評眼ある認識や分析という明るみのなかでは跡形もなく消えてしまうだろう。マルクスはこれを彼の時代の革命的課題と考えている。

今日われわれは商品の物神性を，物的消費に過大な意義を見出すという点から，すなわちわれわれの生得権である自己発展を除外した貨幣崇拝と購買可能な物品崇拝という点から解釈する傾向がある。これはたしかにマルクスの考えの一部である。より正確に言えば，物質主義と消費至上主義は，商品の物神性の症状的な心理的副作用である。しかし，マルクスは，われわれにさらに先へと進み，商品関係の全システムから，それを越えたところに存在する真の人間的交流の世界へと視線を移すことを強く促しているのである。

商品の物神性論は，マルクスに特徴的である知性に訴えかける機略の輝かしい一例である。彼は絶えず既存の思想・概念体系をひっくり返す（あるいはあべこべにする）方法を探究し，そのなかに隠されているまったく別の驚くべき構想を明らかにしている。商品の物神性のケースでは，その材料は，労働の生産性を活気づける分業と市場の拡大との好循環という，アダム・スミスのすでに強い影響力ある構想である。マルクスは，その同じ材料を書き直し，蓄積と専門化の循環について非常に異なった心理的な解釈と，その出来事の非常に異なった結末をわれわれに示している。

マルクスはこのように，商品の物神性論を念入りに仕上げることで直接的にスミスの誤謬に挑戦している。私利の追求は，法によって規制された私的所有関係の脈絡のなかでさえ，有徳の生活への途ではない。逆に，それは，諸個人に自分自身の真の生存条件（皮肉にも，アダム・スミスがそんなにも明瞭に叙述しているまさにその分業）を見えなくさせ，人類が全体として，技術と分業が可能にする社会変革の現実的な条件と可能性の両方に立ち向かうことを妨げるのである。ここでわれわれはまた，マルクスが著しく具体的な

形でゴドウィンの完璧主義を引き継ぎ，蘇らせているのを見る。マルクスの考えのなかにある，資本主義的分業を拘束された物神から解放された社会的力へと転換するという課題は，ゴドウィンの理想主義に勝る歴史的特異性と心理的切迫性を持っているのである。

3　資本主義的搾取と蓄積

　マルクスは，『資本論』第1部第2篇でもともと彼を動機づけていた問題，すなわち唯物史観の意味で階級社会としての資本主義の解明に取りかかる。彼はその解明を商品論と労働価値説についての批判的分析のうえに築きあげている。

　われわれが見たように，資本主義は，マルクスが資本の循環において叙述する金儲けのための貨幣使用である。資本家は，資本として一定額の貨幣を生産手段と労働力を買うのに費やす。それらは新しい商品を作るために生産過程で結合され，その商品は資本家が支出した貨幣以上のより多い貨幣で売られる（または「実現される」）。商品の販売で資本家に戻ってくる貨幣と商品生産のために支出された貨幣との相違が，剰余価値である。資本家にとっては，剰余価値が，資本の循環の目的である。剰余価値の源泉を労働価値説の用語で説明することが，マルクスの当面の分析課題である。

　この問題へのわれわれの関心を刺激するために，マルクスは，それを知的な謎の形で提出している。その問題とは，労働価値説に従えば商品の交換はどんな新価値をも創造しえないということである。だれかがある商品に含まれる労働の等価以上により多くの貨幣をその商品に支払うとき，価値は買い手から売り手に移転するかもしれないが，売り手の利益はまさに買い手の損失である。商品システムの総体では，不等価交換からのこれらの利得と損失とは相殺されねばならない。だが，われわれは，システム総体での剰余価値（資本主義企業の利潤）を観察している。この剰余価値はどこから出てくるのか。

　幾人かの経済学者は，利潤は生産に対する資本家の現実的貢献を補償する偽装された賃金であるという主張を試みた。マルクスは，剰余価値の大きさはこの仕方で説明されるにはあまりにも大きすぎると，そしてどんな場合にも金貸資本家（銀行や債券保有者）は生産過程にどのような貢献もしないの

にそれでもなお剰余価値を受け取っている，と反論している。

　利潤を説明するもう一つの試みは，利潤は自分の貨幣を生産に投資する際に資本家が冒すリスクに対する補償であると主張している。この理論は，リスクの高い投資は通常平均以上のより高い収益を受け取るという正しい観察に基づいている。しかし，リスク理論が現実に説明することは，違ったリスクを冒す資本家の間で剰余価値を分配することであって，社会的レベルでの剰余価値の存在ではない，とマルクスは主張する。人はまた，非常に低いリスクを冒すがたとえ相対的に低いとしても通常は正の収益率を稼ぐ債券所有者の例を指摘することができる。

　もしわれわれが仮に労働価値説をリカードウの論理とその背後にある威信とともにすべて受け入れるとすれば，資本主義的生産での剰余価値の出現はどのように解明されるのか。これが，マルクスが自ら解答を見出すために提出した難問である。

■剰余価値・賃労働・搾取

　この問題に対する唯一の理論的な解答は，資本家が彼の資本で購買する商品のなかに，生産過程で使われる際に交換価値を創造するという特別な属性を持つ商品を見つけ出すことである，とマルクスは主張する。資本家がこの特別な商品を使うとき，創造される交換価値が，生産されている商品の価値に追加される。もしこの特別な商品が資本家にその商品が持つ価値創造力以下の費用しか費やさせないとすれば，資本家はその超過分を剰余価値あるいは利潤として手に入れる立場にある。

　労働価値説の主張によれば，価値を創造するのは労働の支出であり，それゆえ特別な価値創造的商品は労働者の「労働力」，すなわち生産過程で有用な作業をする彼らの能力であるにちがいない。マルクスは，政治経済学に対する彼の主要な独創的貢献として，労働すなわち生産における人間努力の現実的支出と，労働力すなわち有用な作業をする労働者の能力または潜在能力との間の区別に注意を払った。スミスとリカードウは，資本家が市場で購入する投入物に対しても商品に価値を追加する活動に対しても，両方ともに労働という同じ用語を使い，それゆえ資本主義的生産の収益性が現実にそれに基づいている重要な区別とマルクスがみなしていた事態を混同している。資本家が買うものは，マルクスによれば，労働ではなく労働力であり，それは

二つの重要な結果をともなっている。一方で，もし労働力の価値が労働の生産する価値よりも小さいとすれば，資本家は生産から利潤の起源を説明する剰余価値を獲得するだろう。他方で，労働力の単なる購買は，雇われた労働者が現実に価値創造的な有用労働を支出することを保証しはしない。そしてこのことは，資本主義的生産における労働規律と刺激という構造の出現を説明するだろう[2]。

　この見方からは，なにが労働力の価値を決めるのかを理解することが，決定的に重要になる。マルクスは『資本論』のなかのさまざまな論議において，この問題にいくつかの違った答えを与えている。『資本論』第1部第2篇では，彼は，どちらかといえば忠実にリカードウとマルサスの推論に従って，労働力の価値を近似的に決定するものはその再生産のための生存費用であると主張している。労働者が生き続け自分自身の労働能力を再生し自身を再生産するためには，彼らは，マルクスによれば総じて商品として購買しなければならない一定量の食物・住居・衣類等を必要としている。賃金は，労働者がこれらの商品を買うことができるように調整されねばならない（これは本質的にリカードウとマルサスの賃金理論である）。そしてこの社会的・歴史的に決定される生活水準が，労働力の価値を規制するのである。

　マルクスは，労働力が市場で広く利用可能な商品として現われるためには，労働者は二重の意味で自由でなければならないと指摘している。第一に，労働者は，自分の労働力を売る際に法的に自由でなければならない。このことは農奴制や奴隷制と調和しない。それゆえ，この分析によれば，資本主義は，奴隷制や農奴制のような束縛された労働形態に社会体制的に敵対的である。そして，資本主義は，フランス革命やアメリカ南北戦争のような政治状況のなかで束縛された労働を廃止するために闘うのである。第二に，しかし，労働者は，もし自分の生産手段（生産的活動を遂行するのに必要な道具や原材料）を利用できるとすれば，市場で彼らの労働力を売らないだろう。自分の生産手段を所有する労働者は自分のために働くことを選び，労働力を商品と

---

[2]　労働力の価値は，賃金の労働時間等価物である。たとえば，もし労働時間の貨幣的表現が時間当たり40ドルであり，平均賃金が時間当たり20ドルであるとすれば，賃金の労働時間等価物は，2分の1時間である。言いかえれば，資本家が1時間の有用な価値創造的労働を支出しうる労働力に費やすのは，2分の1時間の労働等価物なのである。その差額は，労働価値説についてのマルクスの解釈によれば，剰余価値すなわち利潤の源泉である。

して売る賃金労働者にはならないだろう。労働者はそれゆえ，生産手段の利用可能性を歴史的に喪失しなければならない。この喪失は，農民家族により伝統的に利用されていた放牧共有地や森林地の囲い込みによる，近代初期のヨーロッパにおける土地私有権の創出運動で説明される，とマルクスは考えている。

　労働力商品の販売としての賃労働の分析が，唯物史観という条件のなかで資本主義社会を階級社会として考察するマルクスの方法である。その要点は，労働力の価値は正の利潤をもって機能している資本主義社会では普通は1以下であるということである。これは，労働者の賃金の労働時間等価物は労働者が現実に行なう労働の一部分に過ぎないことを意味している。資本家は，その超過分を利潤すなわち剰余価値として自分のものとする。たとえ労働者が資本主義的雇用者と法的な対等者として交渉するとしても，階級としての資本家は，生産手段の所有を通して社会の剰余労働時間を貨幣タームで利潤として自分のものとする。そしてこれは，労働者の資本主義的な搾取の仕組みである。資本主義的搾取の仕組みは，封建的・奴隷的搾取の仕組みとは異なっているが，階級という点での結果は同じであること，つまり特定の階級による社会的剰余生産物の専有であることを，マルクスは示しているのである。

■ **商品価値の構成**

　賃労働の理論によって補足された労働価値説は，資本主義システム全体のレベルでは，資本家が労働力の購買に賃金として支出した貨幣と，生産の他の投入（道具や原材料）の購買に支出した貨幣との間には，決定的な相違があることを意味している。労働価値説の考え方からは，原材料や他の非労働の投入に支出された貨幣は，資本家が生産した商品を売るとき，変化せずに単純に資本家に戻ってくる。それで，マルクスは，資本支出の非労働の構成要素を「不変資本」と呼んでいる（「非増大資本」という用語の方が良かったであろう）。他方で，資本家が賃金として支出する貨幣は，労働者が賃金の形ではどんな等価物も受け取らずに，労働者により支出された労働を表わす剰余価値をともなって資本家に戻ってくる。マルクスは資本支出の賃金構成部分を「可変資本」と呼んでいる（よりうまく説明する用語は「増大資本」であったであろう）。不変資本と可変資本の合計が商品の費用である。

商品の販売価格は剰余価値を含み，それゆえ平均的な商品の総価値は，不変資本と可変資本と剰余価値の合計である。付加価値は，ぴったり可変資本と剰余価値の合計であり，商品生産に支出された生きている労働である（「付録」の 204-206 頁で，これら構成要素のさまざまな比率を定義し分析している）。

資本家は，剰余価値の社会的源泉が労働支出のみであることに気付かないので，利潤を資本ストック全体のせいであると考える。これは，資本主義企業の競争が異なった経済諸部門の利潤率を均等化する傾向があり，そのことが利潤は労働からではなく資本から生じるように見えさせるので，筋が通っている。社会的な見方からは，剰余価値の可変資本フローに対する比率が重要である，とマルクスは論じる。というのは，その比率が，労働者の再生産と資本家によって領有される剰余価値とへの生きている労働時間の分割を表現するからである。彼は，これを「剰余価値率」または「搾取率」と呼んでいる。

■労働日

マルクスは，資本主義社会の階級分析によって提起された論点を調べるために，「社会的労働日」という比喩を使っている。彼は，社会の全労働時間を単一の大きな労働日として想像するように求める（もちろん，われわれはちょうど同じように労働年，あるいはなんらかの特定の他の時間単位でも考えることができる）。労働価値説は，この労働日と労働が商品に付加する価値とが比例すると仮定している。マルクスがここで暗黙に，すべての生産物は市場を通して交換され商品形態をとっていると想定していること，このことを理解するのが重要である。

社会的再生産の見地からは，労働日は，一方で労働者が自身を再生産する生活物資を生産するのに必要な労働時間（必要労働時間）と，他方で剰余生産に向けられる労働時間（剰余労働時間）とに分割される。労働価値説の見地からは，必要労働時間は，付加価値の賃金部分に相当し，剰余労働時間は付加価値の剰余価値部分に相当する[3]。

階級という点では，マルクスは，賃金に相当する労働日の部分を「支払」

---

3) もし社会的労働日が 8 時間であり，労働時間の貨幣的表現が時間当たり 40 ドルであり，平均賃金が時間当たり 20 ドルであるとすれば，必要労働時間は 4 時間であり，剰余労働時間は 4 時間である。全付加価値は，労働者一人当たりで 320 ドル，そのうち 160 ドルが賃金となる。

労働時間と呼び，剰余価値に相当する部分を「不払」労働時間と呼ぶ。彼はもちろん，労働者がその労働日の最初の4時間だけに対して賃金を支払われるとは考えていない。彼らは8時間全体に対して賃金を受け取る。しかし，賃金で表わされる労働時間は，労働者が現実に遂行する労働の一部分にすぎないのである。

労働日というイメージは，賃金を支払われた労働時間の配分，すなわち労働力商品の販売の結果として社会で遂行される労働の配分を表現している。現実には，しかし，社会的労働時間は，家事や育児のような賃金を支払われない労働時間を含んでいる。それゆえ，社会的労働時間全体は，付加価値すなわち賃金を支払われた労働時間よりも大きい。そして，社会を再生産するために必要な労働時間は，賃金労働者の支払労働時間よりも大きいのである。

商品生産が社会にくまなく拡がるにつれて，ますます多くの社会的必要労働が，賃労働となり，賃金が支払われる労働日を拡大していく（206-208頁の図での表示を参照せよ）。

■絶対的剰余価値

マルクスは剰余価値の根源は必要労働時間を越えた労働日の延長にあると主張している。歴史的な条件でいえば，資本主義は，相対的に未発達な技術を持つ社会において生じ，そこでは生産手段を自分で保有しそれを利用できる人びとが，自身の生活物資を生産するのに必要な最低限の時間だけ働くだろう。資本主義的生産が有利になるには，資本家は，労働者が社会的必要労働時間よりも長く働くことを強制する方法を見出さなければならない。マルクスは，労働日の延長を「絶対的剰余価値」と呼ぶ。

労働日の長さは，発展途上の資本主義の政治的な階級闘争において主要な争点となった。労働組合と左翼政治グループは，労働日を制限する法的措置を求めて強力に労働者階級を支援した。資本家階級の重要な構成要素，とくにもっとも進んだ技術を使っている大企業はまた，自分たちが遅れている競争者よりもずっと容易にコストの増大を吸収できることを理由にして，労働日に対する諸制限を支援した。「賃金と労働時間」の立法は，たいていの産業資本主義国で労働政策の最重要項目となった。アメリカでは，たとえば，労働日に対する制限は，雇用者が時間外労働に対して労働者に支払わなければならない制裁金の形をとっており，それは通例正規賃金に対して50パー

セントの割増金(「時間外労働に対する5割増賃金」)である。

　すでに見たように，必要労働時間は現実には，単に労働者個人のみならず労働者の家族を再生産するのに必要な時間である。この視点では労働日は，単に労働者個人の賃金支払の労働時間であるのみならず，労働者階級を再生産する単位としての家族全体によって提供される労働時間である。それゆえ，労働者の伴侶や子どもの労働も，同様に絶対的剰余価値に寄与する。労働日の制限によって搾取を規制する試みの一つの特徴は，児童労働の禁止や規制および女性の雇用に関する法的制限の確立であった。この政策に内在するジェンダー的バイアスは，資本主義的労働市場における女性の縁辺化を引き起こす一因となった。フェミニズムの重要な目標は，男性と同じ条件で自分の労働力を売るという女性の権利に基づいて，これらの制限を廃止することであった。

■相対的剰余価値

　絶対的剰余価値には内在的な限界がある。長い労働日や長い労働週は，労働者の活力をむしばみ，疲労・不注意・事故の結果として生産性の低下につながる。これらの限界が明白になるとき，資本家は剰余価値を増大させる別の方法に向かう。もし労働日の上限が決まれば，剰余価値を増大させる唯一の方法は，労働力の価値を低下させること，すなわち必要労働時間を減少させることである。マルクスはこの動向を「相対的剰余価値」と呼んでいる。

　資本家は，労働者の現実の消費を低下させることによる労働力の価値の引き下げにいつも利害関係を持っているのに対して，労働者はその阻止に同様に強い利害関係を持っている。一部の労働者階級の生活水準の引き下げは，資本主義の二，三の時期，たとえばイギリスの産業革命の初期や1970年以降のアメリカにおいて，剰余価値率を上昇させた重要な要因であった。しかし，より普通のパターンは，剰余価値率が上昇する同じ時に，労働者の生活水準が資本主義的発展とともに上昇することであった。これは，労働生産性が上昇しその結果労働者が消費する商品の労働価値が低落する場合にのみ可能である。これらの状況のもとでは，一定レベルの労働者の生活水準は，労働日のより小さな部分でもって生産されうる，その結果，剰余価値は増大しうる。たとえ労働者の生活水準が上昇するとしても，その上昇が労働生産性の増大よりも小さいかぎり，剰余価値率は上昇する傾向があるだろう。

■ 資本主義的競争と技術革新

　相対的剰余価値という現象は社会的である。すなわち，それは労働者が消費する賃金財の一般的で漸次的な値下がりの結果である。どの個別資本家も，たとえ彼の資本がどれほど大きくても，労働力の価値に大した直接的影響を与えられない。しかし，資本家間の競争は，資本家の努力を技術革新を見出す方向へとうまく向けさせる。そして，技術革新は，すべての商品の費用と価格を低下させ，それによって間接的に労働力の価値を低下させるのである。

　もし特定の資本家が好運にも自分の生産コストを低下させる技術革新か組織革新を発見するとすれば，彼の商品の価格も競争者のより高い費用によって決定されるだろうから，彼は平均利潤率以上の「超過利潤」を手に入れうる立場にある。コンピュータ産業における技術革新家の出来事が示したように，これらの超過利潤は非常に大きいことがありうる。しかし，おのおのの技術革新の優位性は，競争者が同一か同等なコスト低減方法を発見しそれらを採用するので，やがて消えていく。一産業のすべての資本家が費用を切り下げると，競争は産出商品の価格を低下させ，徐々に超過利潤を削減していく。しばらくすると，資本家は，平均利潤率でもって自分が出発した所に戻っていることに気が付き，そのサイクルを再び始めるために新しい技術革新を探さなければならないのである。

　この経過は資本家たちを最初の競争的立場に連れ戻すとはいえ，それは，商品の費用と価格を低下させることで社会にとっては永続的な効果を持っている。資本主義的生産の全領域について概括すれば，技術革新を通した超過利潤の追求は，技術変化の強力な推進力である。

　マルクスは，技術進歩を資本主義のもっとも深遠な内的本性と考えている。技術変化に関する彼の分析は，分業の拡大についてのアダム・スミスの議論から生じている。マルクスは，技術進歩の経過が人間社会の非歴史的な一般的特徴ではなく，むしろ資本主義の競争メカニズムと社会関係とに特有なものであることを示そうと苦心している。マルクスはスミスのどんな誤謬も持っていないとはいえ，資本主義的生産を導いている現実的動態についての彼の構想はスミス的である。

　商品の低廉化は労働力の価値を低下させる傾向があるが，労働者階級の政治的・社会的な熱望が一つの重要な反対傾向と成る。労働者がより高い生活水準と自己発展のより大きな機会を求めるとき，それらは実質賃金と労働力

の価値を高める傾向がある。マルクスの政治的な発言は資本主義的発展の継続から労働者が得るべきものは何もないという主張に基づいていたので，彼は資本主義的発展のこの側面をそれほど強調してはいない。しかし，歴史が示していることは，労働力の価値と剰余価値率との漸進的変化は，技術変化とより高い賃金を求める労働者の社会闘争との相互作用の結果であるということである。

4 蓄積・技術変化・利潤率の低下

　資本の循環は，資本家が始めたときよりもより大きい貨幣価値を持つことで終わる。この貨幣を資本循環にふたたび委ねもう一度それを増大させる可能性はいつでも存在するので，マルクスは，資本主義的生産の典型的なパターンは拡大というパターンすなわち「蓄積」であると主張する。しかし，資本循環の一巡とともに新しい技術・組織形態が現われ生産に組み込まれるので，蓄積の過程は，資本の純粋に量的な拡大ではない。蓄積は，市場の範囲と分業との正のフィードバックというスミスの好循環のマルクス版である。マルクスの主張は，その経過全体が歴史的に特殊な社会的生産関係を通した労働の搾取に基づいているのに，スミスがその説明をしていないということにある。

　スミスもリカードウも両者とも，利潤率は資本蓄積とともに低落する傾向があると信じており，リカードウは，限られた土地に起因する収穫逓減と地代の増加を基礎にこの傾向に厳密な説明を与えている。マルクスもまた資本が蓄積されるとき利潤率は低落する傾向があると信じているが，マルクスは，スミスと同様に，技術革新を通して収穫逓減を克服するのが資本の内的本性であると信じているので，リカードウの収穫逓減モデルを受け入れることができない。彼はまた，剰余価値率——剰余価値の可変資本に対する比率，あるいは利潤の賃金に対する比率——は，絶対的・相対的剰余価値の〔生産の〕ために資本主義的発展とともに上昇する傾向があると信じている。

　利潤率は，生産に投下された資本全体に対する剰余価値の比率である。われわれはこれをまた，労働者一人当たりの投下された資本に対する労働者一人当たりの剰余価値率と考えることができる。リカードウの理論は，産業の労働者一人あたりの剰余価値は農業の限界地で決定されると，そしてそれは

農業投資の収穫逓減のゆえにやがて低落すると想定している。労働者一人当たりの剰余価値の低落が，他の事情を同等とすれば，利潤率を低下させる傾向があるだろうことを理解するのに困難はない。他方で，資本主義的生産の一般的な傾向は，労働者の生活水準の上昇よりもより速やかに，諸商品の労働価値を低下させることにより労働者一人当たりの剰余価値を上昇させることである，とマルクスは論じる。利潤率が労働者一人あたりの剰余価値の上昇とともに低落しうるのは，ただ労働者一人当たりの投下資本が労働者一人当たりの剰余価値増大を相殺するよりも十分速く増加する場合のみである。

　マルクスの考えでは，これが資本主義的発展の全般的な経過について生じる傾向なのである。資本主義は，他の生産様式のなかで出現した時代遅れで未発達の技術を引き継ぐことによって，その歴史的な経歴をスタートさせる。これらの技術——未発達で安価な道具を使う手工業的方法——は，労働者の再生産欲求以上の小さな剰余生産物だけを提供するに足るほどの生産力しか持たない。そえゆえ，労働者一人当たりの剰余価値は最初は，必然的に非常に小さい。他方で，これらの未発達な方法によって必要とされる生産手段は，量的に小さく購買するのに安く，それゆえ初期の資本家は生産を始めるのに，非常に多くの貨幣を投資する必要はなかった。労働者一人当たりに投資される資本はこうしてまたまったく少なく，たとえ労働者一人当たりの剰余価値が非常に低い水準であったとしても，利潤率は高かったのである。

　生産過程を引き継ぐと，資本主義は，技術革新を通して生産過程を〔資本主義的に〕形作り始める。相対的剰余価値は，労働者一人あたりの剰余価値の水準を上昇させる傾向があるが，階級としての資本家は，より進歩的な生産方法が，最終製品を作り上げるためには，工場・重機械・大量の原材料への非常に多額の資本投資を必要とすることを見出す。労働者一人あたりに投下される資本は上昇し，マルクスの見解では時間とともに利潤率を低下させるのに十分なほど増大する傾向があるのである[4]。

---

4) 歴史統計は，資本主義的発展のすべての時期についてではないがそのある時期については，マルクスの説明が正しいことを示す結果になっている。たとえば，アメリカでは，労働者一人あたりで，剰余価値の増大・投下資本の増大・利潤率の低下というマルクスのパターンが，1869 年から 1910 年頃までと，1950 年から 1990 年までとにおいて現われている。しかし，その間にある期間，1910 年 - 1950 年は，異なったパターンを示している。すなわち，その期間には，労働生産性と資本生産性は等しく急速に増大し，労働者一人あたりの投下資本は上昇せず，利潤率は劇的に回復した。

資本蓄積についてのマルクスの考えは，相対的剰余価値と技術変化の過程とを統合しており，それらは利潤率の低落についての彼の説明の背後にあるものである。蓄積の理論は，分業の拡大と市場の拡張との好循環というスミスのビジョンの，マルクスによる総合と拡張である。一つの考え方からすれば，蓄積は，資本価値の量的増大，すなわちマルクスが「拡大再生産」として論じている一側面である。拡大再生産は，質的変化なしに規模拡大する経済システムを想像させ，それゆえ，使われている技術・賃金と剰余価値の間の付加価値の分割・労働者一人あたりの投下資本の価値は不変であり，ただそのシステムの規模が変化するだけである。しかし，実社会の資本家たちが蓄積するとき，彼らは新しい生産技術を探し出し，集中・合併を通して企業を再組織化し，労働力の新しい源泉を見つけ出し，こうしてそのシステムに質的な変化を導入する。アダム・スミスは，分業の拡大においてこれらの質的変化の一側面を見ている。マルクスにとっては，それらの質的変化が，資本蓄積という単一の統合された過程のすべての側面なのである。

■ 労働予備軍

　資本蓄積にともなう質的変化の一側面は，労働力需要の変動である。労働力需要が資本の量的増大の結果急速に増大する時期と，労働生産性の急速な上昇が仕事と雇用労働者の数を減少させる時期とが，交互に生じる。マルクスのビジョンでは，雇用労働のこれらの変動は「労働予備軍」の変動によって調整されるのである。すなわち，潜在的労働力の貯水池は，停滞の時期には失業労働者を吸収し，需要が多い時期には労働を供給するのである。
　労働予備軍はそれゆえ，賃金水準と利潤率を規制するという役割を演じる。急速な蓄積が労働力需要を増大させ，資本家間の競争が賃金を上昇させる恐れがあるときには，失業者との競争は減り，賃金の低下圧力を減じがちである。急速な技術変化が多数の労働者を失職させ，労働力の供給過剰を生み出す恐れがあるときには，労働予備軍からの流入は減少しあるいは逆流さえ生じ，賃金の下押し圧力を増加させる。
　マルクスは，労働予備軍の三つの範疇を区別している。「流動的」予備軍は，現代の経済学者が失業と呼ぶものにもっとも近いものである。それは，一時的に解雇され積極的に新しい仕事を探している労働者の貯水池である。流動的予備軍は，プロレタリア化された人びとから構成されている。すなわ

ち，彼らは，現実には雇用されていないとしても，自分の再生産と生存に関して賃労働に依存しているのである。

　流動的予備軍のある部分は決して仕事が見つからず，「停滞的」労働予備軍に転落する。彼らは，産業的雇用を見つけることができず，犯罪や他人に依存する生活に陥る。労働市場の極端な浮き沈みだけが，停滞的予備軍に影響するのである。

　資本主義の長期的発展にとってもっとも重要なのは，「潜在的予備軍」，すなわち伝統的な農業社会において資本主義システムの縁辺に存在している膨大な量の潜在的プロレタリアと，資本主義社会の内部で労働市場に関わりを持っていない人びとの集まりである。19世紀イギリス資本主義では，たとえば，潜在的予備軍は，第一に，共有地の囲い込みと農業生産の合理化によって田舎の農業経済から立ち退かされたイギリスの土地を持たない農業労働者と，第二に，アイルランドの土地を持たない農業労働者とから構成されていた。潜在的予備軍という現象は，世界資本主義の発展において重要であり続けている。第二次世界大戦後ヨーロッパの「経済的奇跡」と言われた復興期の間ずっと，ヨーロッパ諸国は，労働力需要の急速な増大を満たすために，南ヨーロッパ・北アフリカ・トルコからの移民の流入に依存していた。アメリカ経済は，その成長のさまざまな時点において，ヨーロッパ・カリブ海諸島とメキシコ・中央アメリカ・アジアからの移民に頼ってきた。マルクスの分析は，これらの移民の流入が資本主義経済の成長において賃金水準の変動を調整するうえで重要な役割を演じていることを示唆している。多くの発展途上の経済において，伝統的村落から都市の産業雇用への労働力の流入が，決定的な役割を演じている。しばしば，これらの流入は，一時的に都市の労働力に入ってくる若い男女の移住で始まる。彼らは当初は，村に戻って結婚し土地を買い家庭を持つための十分な富を貯えることを望んでいる。人びとは結婚して都市に留まるので，あるいはそこに住むのを好むので，やがてこれらの一時的な移住はますます永続的になるのである[5]。

---

5) 過去40年間に，女性の労働力率が上昇し，女性がますます賃金労働者になったので，女性は，先進資本主義経済にとって潜在的労働予備軍の重要な部分を構成するようになった。経済史における最新の研究は，女性が概して伝統的な農業社会で重要な経済的役割を演じたこと，そして多くの女性が家庭の非賃金労働において生涯の大半を過ごしていたアメリカの1920年頃から1960年の時期は異例であったことを示唆している。

次の25年から50年の間の世界を舞台とする大きな経済的ドラマが，先進資本主義諸国の資本蓄積を通した，アジア・アフリカ・ラテンアメリカにおける潜在的労働予備軍の流動化であるだろうことを予見するのは難しくない。この流動化の過程がどのように生じるのか，それを形作るためにどのような制度が展開されるのか，それが関係する経済にどのような転換をもたらすのかは，いまだ決着のついていない人を魅了する問題である。

5　原始的蓄積

　マルクスは，『資本論』第1部を，彼が「原始的蓄積」と呼んだ過程である資本主義の歴史的起源についての議論で締めくくっている。マルクスの唯物史観の見方から興味深い問題は，譲渡可能な私有財産の形態を取らなかった先資本主義社会の生産手段が，どのようにして資本として役立ちうる私有財産に転換されたのかということである。マルクスの考えでは，そのシステムの最初の資本のほんの小さな部分だけが，商人や初期の小資本家企業の利潤から蓄積されたのである。最初の出資額の大部分は，すでに生み出されていた生産手段の資本への力づくでの転換から生じなければならなかったと，マルクスは主張した。
　それゆえ原始的蓄積は，マルクスがそれを通して近代初期のヨーロッパ史を見る強力なレンズである。彼が叙述するように，先資本主義的生産様式のもとで蓄積されていた生産手段の資本への転換は主として，戦争・革命・大量殺戮・収奪・宗教的動乱のような暴力の結果であった。伝統的な歴史はこれらの出来事を，個人的参加者たちの意識や彼らのイデオロギーの点から読み解いているが，マルクスは，それらの出来事を一緒にして統合された模様のなかに編み上げるより深い歴史的諸力を見極めている。
　原始的蓄積過程の多くは，資本主義的生産形態が地球上に広がっていくときに，世界中で重要な役割を演じ続けている。たとえば，新しい種子・農薬・耕作方法を伝統的な農業社会に導入した伝統農業での「緑の革命」はまた，財産権と資産分配に対して強力な影響力を持っていた。新しい農業方法の肥沃さの利用はしばしば少なからぬ資源の投下を必要とし，その結果，村のもっとも豊かな農民がその転換から経済上もっとも多くの利益を得ている。彼らは結局土地のさらにより多い部分を所有することになり，土地の貸出を

通して間接的に村の生産資源のより大きい部分を支配することになる。進んだ資本主義的技術によって生産される諸商品の広がりはまた，伝統的な生産物・生産者に取って代わり，彼らの生産手段を資本に転換する傾向を示している。マルクス主義の見方からは，原始的蓄積は，単に近代初期ヨーロッパについての歴史的な仮説ではなく，資本主義的蓄積の現在継続中の一側面である。

6 社会主義への移行

晩年にマルクスは，綱領について論評を求められた。その綱領とは，（彼を含めて）カリスマ的な社会主義指導者たちの反目により生み出されたさまざまな分裂していたグループから，統一ドイツ社会主義労働者党の結党を目指した会議において，ゴータという町で起草されたものである。この綱領は典型的に委員会的な産物である。すなわち，起草者たちは相争っている分派の矛盾したスローガンを統合する途を見出そうと試みたので，表現の一つ一つが一つの妥協案なのである。マルクスは論評においてそれらのさまざまな言い逃れを鋭く批判する好機を捉えているが，それが綱領それ自身が今なお目を通される唯一の理由である。

しかし，マルクスと他の社会主義者の不一致は，単に党内の政治的なあら捜しであるばかりではなく，政治経済学についてのいくつかの根本的論点を提起している。左翼陣営には資本主義のもとでの搾取問題を，ただ単に生産された価値全体の一部分にすぎない賃金の観点から考察する強い傾向があった（そしてその傾向は今も残っている）。この見方からは，社会主義への転換という事業は，マルクスが剰余価値（総利潤）と呼んだものをまったく廃絶することによって達成されるはずであり，付加価値全体がきっと労働者の手に帰するようになるはずである。マルクスはいつも，他の左派政治家に向けた初期の反論以来，事態のこの見方に反対していた。奇妙なことにこの脈絡では，マルクスは，仲間の社会主義者に予算制約と資源制約という現実を思い起こさせる保守派経済学者の役割を演じている。

マルクスはその批判を，彼の政治経済学批判のいくつかの基本的な帰結を概観することから始めている。彼は，労働だけでは使用価値つまり具体的生産物は生産されえず，生産手段（道具と設備）の役立ちと地球の自然的な生

産諸力が必要であることを思い起こさせる。マルクスにとって重要な点は，資本主義的生産関係のもとでは，私的所有が土地を含めた生産手段を，剰余価値を領有しうる資本に転換させていることにある。マルクスにとっては，社会主義という事業は，剰余生産物が採っている形態を変えること，すなわち剰余生産物がもはや特定の階級によって領有されないように剰余生産物の社会化によって剰余価値を廃止することなのである。

ゴータ綱領のいくぶんあいまいな言葉遣いは，生産物がいまだ商品形態を採っているが，しかし労働者（「直接的生産者」）は作り出された全価値（「労働の減じられない収入」）を受けとる社会を予見しているように思われる。マルクスは，その社会は運営しえないので，これは無邪気で危険な考えであると主張している。そのような社会はまったく剰余生産物を持たず，それ自身を再生産することも進歩することもできないだろう。彼は，資本主義のような搾取的な生産様式と同じように，労働者が全生産物の一部だけを受けとるけれども，剰余価値は私的にではなく社会的に管理される，代わりのモデルを提出している。

マルクスのモデルは二つの重要な特徴を持っている。第一に，どの産出も労働者に分配されるまえに，剰余生産物の社会的な管理を確実に遂行するあるメカニズムが存在している。マルクスは，全生産物からの「控除」としての剰余生産物に言及し，これらの資源が向けられるだろう目的の一覧表を書き出している。すなわち，磨損した生産設備の取替え・生産手段の拡大への提供・自然災害や社会的リスクに対する備えの形成・さまざまの理由で「労働不能の」人びとの扶養・教育や健康や他の社会的な消費欲求への基金が，それである。資本主義的生産関係のもとでは，これらの社会的諸機能は私的に資金調達されている。資本家は，投資の総体を企て，保険の備えを提供する。そして，剰余価値への課税が，資本主義国家が教育・健康・福祉・救貧についてどれであれその支出を行ないうる源泉である。

これらの控除の後に残されるものはなんでも，労働者に分配されるべきである。この分配が行なわれうる原則を議論する際に，マルクスは，彼が書いたすべての頁のなかでもっとも魅力的な文章の一つを綴っている。彼は，分配原則は社会的労働への参加であるべきであるというゴータ綱領の前提から始めている。おそらくこの考えは，労働者は自分が行なった社会的労働の時間数に比例して社会的生産物に対する請求権を受けるに値するということで

ある。これは「リカードウ派社会主義者たち」のずっと昔の考えを思い起こさせる。彼らは，仕事で得られる労働証券が貨幣として流通する「労働貨幣」というシステムを提案していた。この原則は，どの労働者も社会的労働時間への自分の参加に比例して分配にあずかるだろうから，「平等な権利」であるように見える。しかし，マルクスは分配についてのこの考え方に内在する矛盾を指摘している。

> この平等な権利は，等しくない労働にとっては，不平等な権利である。だれでも他の人と同じく労働者であるにすぎないから，この権利はどんな階級差別をも認めない。しかしそれは，等しくない個人的天分と，したがって生産上の能力をうまれながらの特権として暗黙に承認している。だからそれは，内容からいえばすべての権利と同じように不平等の権利である。権利は，その性質上，ひとしい基準を使うばあいにだけなりたちうる。しかるに，等しくない諸個人（そしてもし等しくなければ別々の個人ではないだろう）を等しい基準で測るのは，彼らをひとしい視点のもとにおき，すなわち特定の面だけから考えるかぎりにおいてである。たとえばこの場合には，人々はただ労働者としてだけ考慮され，彼らのそれ以上の点は考えられておらず，他のことはいっさい無視されている。さらにまた，ある労働者は結婚しており，他の労働者は結婚していないとか，ある者は他の者より子供が多い，等々。だから，労働の業績は等しく，それゆえ社会的消費元本［の分け前］は平等であっても，ある者は実際には他の者より多くをうけとり，ある者は他の者より豊かであろう，等々。すべてこういう欠陥をさけるためには，権利は，平等であるのではなく，不平等でなければならないだろう[6]。

この一節は，マルクスが分配の平等性にのみ関心のある「平等主義者」であったという無批判的な想定に対する有意義な解毒剤である。事実，彼は，無邪気な平等主義のはっきりとした批判者である。

---

[6] Karl Marx, "Marginal Notes to the Programme of the German Workers' Party"（1875），Karl Marx and Friedrich Engels, Selected Works（New York：International, 1997），p.324。（マルクス「ドイツ労働者党綱領評注」，『マルクス・エンゲルス全集』第19巻，大月書店，1968年，20-21頁。）

ゴータ綱領の分配原則の採用に関する暫定的な性格を説明する努力のなかで，マルクスは，社会転換のより急進的でさえある将来像を思い起こさせている。すなわち，分配についての体系的なルールがまったく存在しないだろうほどに生産力が豊かな社会がそれである。「各人はその能力に応じて，各人にはその必要に応じて」という彼の構想の要約は，有名になった。社会主義の信奉者にとって，それは，共産主義の目標の熱烈な肯定であるが，他方で，懐疑的な人びとにとっては，それは，人間本性の根本の無邪気な否定の典型である。

　マルクスは次いで，彼のすべての著作を貫いている一つのテーマ，すなわち経済的分配の型は生産機構の反映に過ぎないという点に戻っている。資本主義社会における富と所得の不平等な分配は，資本主義的生産が資本家の支配のもとで賃労働として組織されているという事実に直接に起因する，と彼は信じている。（より高い賃金をともなってはいるが）ゴータ綱領が生産の商品形態化と賃金労働での生産形態を明確かつ無条件に受容していることは，マルクスにとっては絶望的に矛盾しているように思われた。

　ゴータ綱領に関するマルクスの論評によって，われわれはまた，彼が提出している急進的な社会主義の将来像への移行を達成しうる現実の政治過程に関する彼の考えについて，ある見通しを与えられる。そこでマルクスは，政治権力の移行形態として「プロレタリアの革命的独裁」に言及している。20世紀の激動のあとで，われわれがこの語句を19世紀後半のような文脈で理解することは非常に困難であるが，やってみることには意義がある。「革命的独裁」という語句は，フランス革命の「恐怖政治」局面への言及であり，その局面で革命政府は少人数の「公安委員会」に無制限の警察権力を与え，公安委員会は，ギロチンに特徴づけられる合法化された殺人という疑似法的な政治運動を通して，封建貴族（とたまたま彼らの邪魔をする他のだれか）の抵抗を打破するために警察権力を使った。総合的に考えると，19世紀後半のヨーロッパの世論は，フランス革命のこの語句を，ヨーロッパ社会の民主化のなかで不愉快ではあるが必要なエピソードとして不承不承に是認していた。

　それゆえ，「プロレタリアの革命的独裁」という語句を使う際に，マルクスは，革命的社会主義という事業を，近代の政治的発展の構想の核心を構成する（そして今もなおそうである）民主主義革命というより広範な運動に結

び付けている。マルクスが見ていたように，経済的不平等は資本主義の社会的生産関係のもとで悪化し続けたとはいえ，民主主義への歴史的な衝動は，長期的には制限された政治的民主主義と市民の諸権利の実現でもって止まることはできなかった。マルクスはそれゆえ，革命的独裁の内容を特定化するためにこの語句に「プロレタリアの」という言葉を付け加えたのである。彼の考えでは，労働の搾取を通した剰余の私的な支配から剰余生産物の社会化への移行は，ヨーロッパがかつて目の当たりにした政治闘争というもっと極端な措置の実施を必要とするであろう。これは，20世紀の苦悩についての寒々とした破滅的な予兆である。

　社会主義についてのマルクスの構想の概要は十分明瞭である。彼は，剰余生産物という概念を剰余価値から区別し，剰余価値と労働者の搾取の廃止という解決可能な問題を，剰余生産物なしでやっていくという不可能な問題から区別している。彼は，社会的剰余の管理における変化を支援するために，生産機構についての徹底的な転換の必要性を，説得力のある仕方で論じている。マルクスの構想の背景には，進んだ技術を基礎とした高い労働生産性レベルの維持が望ましいという事情がある。社会的剰余生産物を社会的管理のもとに置く必要性についての彼の強調は，現実的なものであり，19世紀のすべての社会主義者のなかで，おそらくマルクスの考えだけが資本主義社会に対してたしかな脅威を突きつけたもっとも重要な理由である。ほかの社会主義者たちは，どのような形にせよ，社会的生産物全体の労働者への直接的な分配に思いをめぐらしていた。そしてこの考えは，近代産業社会を組織するための真面目な提案とは見なされえなかった。

　しかし，もしわれわれがマルクスの言葉遣いから一歩後ろに下がってみれば，社会主義についての彼の構想は，資本主義社会と非常に強い類似性を帯びていることが分かる。労働者は，資本主義社会で全価値を受け取らないのとちょうど同じように，〔社会主義でも〕作り出された価値全体を直接的には受け取らない。資本主義で大半の剰余価値が資本蓄積に向けられるのとちょうど同じように，マルクスの社会主義社会では剰余生産物は，生産手段の拡張のために投資される（あるいは少なくとも投資されうる）。言ってみれば，非ヨーロッパの伝統社会の見方からは，社会主義についてのマルクス的な姿は，その大筋では資本主義からほとんど区別されえないかもしれないのである。

ゴータ綱領はまた，マルクスの議論のなかにある破壊的な間隙を，すなわち20世紀の革命的社会主義という事業についていくつかの最悪の特徴となった間隙を，露わにしている。マルクスは，剰余生産物の社会的管理を記述している短い表現において，内在的である制度上の権力という問題についてまったく気付いていないように思われる。だが現実に，どれだけの生産物が粗投資・貧者救済・教育等々に充当されなければならないのかを決定するのだろうか。どのような制度上の機構が，必要な諸資源を確保し，それらが生産的に使用され，政治腐敗や無駄遣いで浪費されないことを保証するのだろうか。ゴータ綱領の社会主義的言い回しでの労働に基づく分配であれ，マルクスが遠い将来の共産主義パラダイスにおいて思い描いた欲求に基づく分配であれ，だれが分配の機構を規制するのだろうか。分配の新しい社会原則に照応するように生産機構を転換する必要性を所定のものとすると，一体だれが現実にその工場を運営するのだろうか。ひとたび社会が資本家とその経営者をなしで済ますとすれば，なにをどのように生産するのかを，だれが決定するのだろうか。マルクスはこれらの問題に対する答えを持っていなかったか，あるいはそれらの問題は社会主義の現実的発展のなかで解決されるはずの取るに足りない二義的な行政上の問題であると考えていた。20世紀の社会主義の経験は，しかしながら，社会主義という事業にとってのこれらの問題の決定的な重要性と，マルクスの分析がそれらに実行可能な答えを示唆するには甚だ不充分であることを明確に示している。

7　マルクスとプロレタリア革命

　政治経済学におけるマルクスの著作と，彼の政治活動とりわけ彼の革命的政治活動との相互関係を理解することに関わるもっとも重要な論点は，一方では技術進歩と労働生産性の成長であり，他方では実質賃金の決定である。すでに見たように，剰余価値，すなわち労働が生産するものと労働者が賃金として消費するものとの差は，剰余生産物が資本主義社会で採る形態である。資本主義社会の動態を理解する鍵は，付加価値の大きさを決定する基本的諸力と付加価値の賃金と剰余価値への分割を理解することである，とマルクスは考えていた。とくに，マルクスはこの分割を，剰余価値率すなわち賃金に対する剰余価値の率である搾取率の形で分析した。ヨーロッパ社会で可能性

のある革命的転換に対する古典派政治経済学の含意について，マルクスの思考は少なくとも二つの主要な時期を辿ってきた。最初の頃には，マルクスは，搾取率と剰余価値創造が資本主義の発展において不安定かつ維持できない程に増大する傾向があることを，つまり搾取増大の法則を強調していた[7]。政治経済学についてより多くを学び，ヨーロッパ資本主義の発展を観察するにつれて，彼は利潤率低落の法則をより強調し始めた。

古典派政治経済学は，剰余価値の規模と分配の決定について二つの正反対の構想を表明している。『国富論』でアダム・スミスは，生産様式としての資本主義の技術的動態をおおいに強調し，分業の絶えざる拡大に支えられた労働生産性の本質的に無制限の増大を想像していた。スミスは，実質賃金の展開に関する自分の意見については口が重いが，急速に成長している資本主義経済では実質賃金は大幅に上昇しうると考えていたようである。対照的に，リカードウは労働生産性は資源と土地の枯渇を原因とする収穫逓減によっていつも結局は制限を受けると考えており，そしてマルサスとともに，労働者の生活水準が上昇する時に出生率の上昇から生じる人口増加は，実質賃金が生存水準以上を大きく上昇するのを妨げるだろうという考えを受け入れている。

この古典派政治経済学の考え方に対するマルクスの工夫は，少なくとも政治経済学についての彼の初期の著作では，資本蓄積の結果としての労働生産性の無制限の増大というスミスの構想とリカードウ・マルサスの生存賃金説とを結合させることであった[8]。事実，いくつかの著作でマルクスは，伝統的な生産様式に対する資本主義的発展の大惨事をもたらす影響を予想し，生存賃金が連続的に低落し生産階級が「窮乏化」し，結果的に生活水準が低落することを予想していた。マルクスの青年期以来の歴史は，資本主義的生産の技術的動態が資源と土地の制約を克服し，それゆえリカードウの収穫逓減説を覆すだろうという，スミスとマルクスの立場をおおむね裏付けている。

---

7) この見方は，『賃労働と資本』と『賃金・価格および利潤』（ときどき『価値・価格および利潤』と題される）というマルクスのパンフレットのなかに存在している。後者の本文には，たとえば，「資本主義的生産の一般的傾向は，賃金の平均水準を上昇させるのではなく，それを低下させることである」という見解がある。

8) マルクスは，マルサスが人口論的均衡として生存賃金を誘導していることを批判し，生存賃金を基礎付けるために労働予備軍の理論にその代わりをさせたのである。

生存賃金説は資本主義的発展の長期の歴史的流れのなかで劇的な形で結局は見当違いであることになったけれども，19世紀前半には，産業資本主義の実際の経験のなかでその説が間違いであるという兆候ははとんどなかった。

マルクスは絶えず増大する労働生産性と生存賃金の停滞とを見たことのない形で結び付けているが，それの決定的に重要な含意は，剰余価値率の無制限なしかし自己矛盾的な上昇にある。別の言い方をすれば，もし労働生産性が限りなく上昇し，実質賃金が停滞するとすれば，賃金は付加価値の消滅する程小さな構成部分になる。分配のこのパターンは，資本主義社会に深刻な不安定化作用をもたらすだろう。マルクスの初期の議論，すなわち資本蓄積の長期的傾向・階級関係・資本主義経済の安定性・資本主義の政治経済学・資本主義的生産様式を転換する手段としてのプロレタリア革命という彼の議論は，この構想を軸に展開されている。

■ **絶えず上昇する搾取率が孕む矛盾**

搾取率の無制限の上昇を経験する資本主義社会は，どのようなイメージになるのであろうか。そのような社会がおびただしい数の制御しがたい経済的・社会的矛盾に直面するのを理解することは，困難なことではない（ディズレーリのような現実的保守派やカーライルのような急進派の両方を含んだ19世紀前半の多数の社会観察家が，この点でマルクスと将来像を共有していた）。

即座に生じる経済問題は，剰余価値率が不安定に増大する状態において，総需要をどのように持続させるかである。労働者の支出は，莫大な社会的生産物を実現するのに必要な支出フローの無視しうるほどに小さな部分になるだろう。資本家の投資支出は，その差額のかなり大きな部分を吸収することができるが，しかし，マルクスの考えからはこれは，投資は分業を拡張し労働生産性の上昇を加速するので，長期にはただ事態を悪化させうるにすぎない。もし資本家の消費がそのギャップを満たそうとすれば，それは，資本家の物惜しみしない浪費的生活スタイルと労働者の停滞的か衰退的な生活水準との大きな隔たりを絶えず増大させ，社会的に一触即発状態となることを意味するだろう。どちらのケースでも，需要不足（過剰生産）の危機はますます頻発し，厳しくなり，御しがたくなるだろう。

だがマルクスは，搾取率の無制限の上昇をともなう資本主義システムにつ

いてのこの予測可能な経済的機能不全を，ずっと深くより重大な政治的矛盾の表面的表われとして見ていた。そして，その矛盾は重大な歴史的帰結を持つだろうと彼は考えていた。搾取率が上昇するとき，労働者たちは，次のたえず拡大する際立った対照的事態に直面するだろう。すなわち，自分たちの巨大で増大する生産諸力とそれら諸力の果実に対する自分たちの縮小していく制御とのあいだの対照が，それである。これが，純粋に分配レベルに基づく憤懣と階級対立という政治問題にとっての舞台である。搾取率が高ければ高いほど，階級関係に基づくこの意識に登り政治的に爆発しやすい緊張は，ますます激しくなるだろう。

しかし，分配の不平等に対する憤懣の増大でさえ，マルクスの考えでは，この矛盾する状況についてのもっとも深い意味ではなかった。憤懣は，さまざまな仕方で処理でき，抑圧され取り込まれうる。実際，充分用心深く機略に富んだ支配階級は，長い間階級闘争を封じ込めることができる。しかし，このタイプの資本主義社会には別の要素が存在し，それが，結局は決定的になるだろうと考えるのが理にかなっている。社会の剰余が限度なしに増大し続けると，剰余を社会化する事業が，すべての階級のますます多くの人びとにとって現実的で望ましいように見えてくるだろう。社会主義システムが，たとえ取って代わられる資本主義よりも生産上ずっと不効率であったとしても，資本家の消費で惜しみなく浪費される膨大な剰余生産物の存在が，大きく衝撃を緩和する務めを果たすだろう。それゆえ，絶えず上昇する搾取率の不可避的な結果は，社会主義という事業の実行可能性を増大させることになるだろう。

マルクスは，この筋書きが現実政治にとってなにを意味するかを明瞭にかつ抜け目なく理解していた。支配階級は，経済的不安定と階級的緊張を首尾よく処理するという問題に，ますます増大する規模で直面するだろう。長期的には，彼らがこれらの問題を処理するために採りうるどの措置も，彼らをさらにより悪い状態にするだろう。現実の政治闘争は，マルクスの考えでは，労働者階級を経済運営のための責任があり信頼に足る主体にするはずであったが，しかし同時に労働者階級の改革志向的な政治とは闘うべきであった。これがマルクスの両面的な政治活動の基礎である。一方では，彼は絶えず，資本主義のもとでの諸条件の改善を論じる人びとを，資本主義的矛盾の成長によって長期的に見当違いを運命付けられた改革主義者として激しく非難し

た。この主張は，社会主義革命が労働者階級を経済運営者の席に付けるまでは何事もなされえないという理由で，資本主義のもとで労働者階級の運命を改善するための何事もなすべきでないという議論に等しい。他方で，マルクスは，労働貨幣や所得再分配案のような救済策を労働者の間に広めていた日和見主義的・理想主義的な傾向には強く反対した。それら救済策は，彼が資本主義の根本矛盾と見なしたものに本気で立ち向かうのを挫くからである。

　マルクスの政治綱領にはいくつかの重大な問題がある。労働者階級の政治運動に賃金や労働時間規制のような魅力的な資本主義改革への支持を慎ませることは，ほとんど神業のような自制を必要とするであろうが，このことは，原則に基づいたマルクスの革命的立場と理論的に密接に関連していた。資本主義の矛盾についてのマルクスの分析は，その輝かしさにもかかわらず，直接的経験がしばしば度外視されねばならない極度に抽象的な水準でのみ理解可能である。たとえば，階級レベルでの資本主義的社会関係の動態は，個々の労働者が個々の雇用主について持つ経験とはまったく異なっている。マルクスの抽象的分析の論理はしばしば，個々の労働者が感じる利益と衝突する政治行動に導くことになる。それゆえ，抽象的分析との一致とそれへの原則的な忠実さを維持することの難しさのために，革命的政治行動は，反民主主義的で人びとを操る傾向を持つことになった。さらにすでに見たように，マルクスは，社会主義経済での生産の組織化という実際的な問題に向き合うことや，社会主義社会の政治組織という重大な問題を検討することを拒否していた。革命的な民主主義の再生という長期的問題を考察する代わりに，彼は，革命権力（すなわちプロレタリア独裁）を確実にするために，おそらくは「現実的に」，鉄の規律と革命的テロ行為の必要性にさえ主眼を置いた。もし実際に革命的社会主義が巨大な社会的剰余を持つ社会で権力を握ったとすれば，その指導者たちが，細部にわたって生産の組織化や社会主義的政治組織を苦心して作り上げるのに，長い時間，たとえ数世紀ではないとしても数十年間ほどの時間を要するだろうと想像したとしても，それが完全には理不尽とは言えないのである。そしてまた，彼ら指導者がマルクス自身よりもこれらの問題に取り組むのにより良い立場にあると想像することも理に適っている。それにもかかわらず，マルクスの分析の抽象的性格と，それが現実の革命的政治運動のなかでしばしば導いた政治的実践における仲違いや対立との

間には，一定の関連が存在していたのである。

■ **実質賃金に生じたこと**
　もし賃金が実際に産業資本主義経済において生存レベルに停滞し続けたとすれば，マルクスの政治綱領は，大きな成功の見込みを持ったかもしれない。事実，彼の分析の構成要素の多くは，歴史的な経験によって追認されている。需要の危機は，先進資本主義経済で19世紀と20世紀初めを通じて，より頻繁に・より厳しく・社会的により破壊的となった。階級闘争は，ヨーロッパの資本主義社会の重要な政治的関心事となった。階級的敵意の政治活動と社会革命は，とくにヨーロッパで，労働者階級の重要な部分の忠誠心を獲得した。マルクス主義の社会主義革命家によって率いられた労働者階級の諸政党が指導的な役割を演じた革命的危機が生じた。賃金が労働生産性と歩調を合わせて持続的に上昇することができなかったヨーロッパ社会で，社会革命が前衛的な労働者階級の集団によって導かれるのを想像することは，難しいことではない。

　マルクスが古典派政治経済学を徹底的に研究し始めていた1850年代には，イギリスの産業労働者階級の生活水準は，明白に改善し始めていた。マルクスが『資本論』第1部を出版した1868年までには，産業資本主義が労働者の賃金を生存レベルに絶えず押し下げる傾向があるという理解は，非常に疑わしくなっていた。

　19世紀の所得分配に関する統計はむらがあるとはいえ，われわれは20世紀の賃金シェアについてはずっとより多くのことを知っている。国民所得（あるいは小さな調整をすれば国民所得に等しい国内純生産）における賃金シェアは，マルクスが労働力の価値と呼んだものの十分に使用可能な相当物である。もしわれわれが（経済学者が「実質」産出と呼ぶ条件で）労働生産性を所与と考えれば，その際（実質）賃金と労働力の価値は一緒に動くのである。すなわち，より高い実質賃金は高い労働力の価値を意味し，逆もまた同様である。しかし，産業資本主義経済において典型的にそうであるように，労働生産性が上昇するとき，一定の実質賃金は労働力の価値（あるいは賃金シェア）の低落を意味し，一定の労働力の価値は，労働生産性と同じ率で上昇する実質賃金を意味するのである。

　賃金シェアが産業資本主義経済で長期的な資本蓄積にわたってどちらかと

いえば少しも変化しないという観察は，現代の経済成長理論が基礎としている「様式化された事実」の一つになっている。賃金シェアは現代資本主義経済において完全に固定化されておらず，賃金シェアの小さな変化は資本主義的生産の収益性と実行能力に対して大きな関わりを持っているけれども，概して賃金は資本主義の長期的発展にわたって労働生産性とほぼ同じ率で増加してきた。それゆえ，リカードウとマスサスによって予言された収穫逓減を原因とするその停滞も，マルクスが資本主義的発展についての初期の分析をそこに据えた搾取の不安定な急増も，起こらなかったのである。

なぜ賃金が資本主義経済で労働生産性とともに上昇する傾向を持つのかは，どちらかと言えば理解しがたい謎である。生産性が上昇するとき賃金が上昇するのは「自然」であると多くの人は考えているが，賃金契約と賃労働についてのマルクスの分析は，これが真実ではないことを明らかにしている。賃金は付加価値の分け前ではなく，資本家的雇用者から労働者への固定された契約上の支払いである。もし生産性が上昇すれば，資本家はその便益全体を利潤として獲得し，この変化だけの理由で労働者の賃金を上げることに関心を持たない。もし賃金が労働生産性とおおよそ同じ率で上昇するとすれば，これは他の要因の結果でなければならない。

賃金シェアの相対的安定性に関しては，三つの大まかなタイプの説明がある。第一に，労働者の生存水準は彼らの生産性とともに上昇する傾向がある。産業革命初期の時代に粗末な家に住み・栄養不良の食事をし・ひどい服を着ている労働者が，現代の生産の洗練された技術を操作しうると想像するのは難しい。しかし，このタイプの説明は，賃金シェアの安定性を説明するのには限られた役割しか果たさない。たとえば，現代の資本主義世界のさまざまな国においては桁違いに異なった生活水準で生活している労働者たちが，本質的に同じ技術を操作しているのである。

第二に，マルクスが資本主義的な社会的生産関係の表われとして確認した階級闘争は，全体としての資本主義システムの水準ではより高い賃金に導く政策についての政治的圧力を作り出している。マルクスが「防戦的な」階級闘争と呼んだもの（労働組合の形成・ストライキ・労働の団結など）はまた，個々の資本家と労働者の間での競争的交渉過程の外側において，より高い賃金を強制することができる。しかし，これらの制度は，安定的な賃金シェアを持っているいくつかの資本主義経済では弱体化している。

第三に，資本主義経済の技術的進歩率・労働予備軍の規模・賃金に関わる体系的に安定化するフィードバック効果があるだろう。高い賃金は，資本家が労働節約的な技術変化を発見し実行に移すための重要な誘因である。これらの変化はつぎには，資本蓄積のどの水準においても労働需要を減少させる。資本主義的発展の初期段階における経済と同様に，賃金が低く利潤率が高いときにそうであるように，もし資本蓄積が非常に急速であれば，労働需要における増大は，入手しやすい労働予備軍を使い果たす傾向があり，そして賃金（と賃金シェア）は上昇する傾向がある。これは労働節約的な技術変化への誘因を増大させ，それは次には労働需要の増加率を低下させ，賃金と賃金シェアに下方圧力をもたらす。このフィードバック・システムはまた，賃金シェアの安定化の重要な要素でありうる。

　その理由がなんであれ，資本主義的発展において賃金シェアの安定性は，現代資本主義の政治経済学にとって広範囲におよぶ意味を持っている。マルクスは，1860年代に賃金上昇という現象を知ったとき，その現象に合わせるために資本主義とその長期的傾向についての自分の分析を適合させる努力を行なった。分析的な観点からは，マルクスは自分の注目点を，実質的生存賃金という想定から一定の（あるいは緩慢に低落する）労働力の価値という想定へと転換させた。労働生産性が上昇していないときには，これらの仮説は結局同じことになるけれども，労働生産性が上昇しているときには，それらは実質賃金の動きに対してまったく異なる意味を持つ。マルクスはまた，資本主義的発展にともなう搾取率の上昇傾向から，それにともなう利潤率の低落傾向へと彼の注目点を転換させた。論争上の観方からは，マルクスは，資本主義的発展の結果としての，労働者の「絶対的な」窮乏化から「相対的な」それへと自分の説明を転換させた。労働者の相対的窮乏化は，労働者の生活水準の上昇と両立しうる，搾取率の緩やかな上昇および労働力の価値の緩慢な低落に注意を向けることになる。

　マルクスの見解におけるこれらの理論的改変は，資本主義経済の動態への重要で永続的な洞察を提供するとはいえ，それらは，社会革命への誘因としての剰余価値率の不安定な上昇という理論に代替するには非常に不適切であると，私には思われる。利潤率の低落は実際に成熟した資本主義経済の慢性的な不満の種であり，絶えざる政治的な努力がこの現象を相殺し抑制するために必要とされる。もし利潤率の低落がそれ自身を最後まで展開するままに

されると，それは資本主義的蓄積の実行可能性を脅かすだろう（その結果は，マルクスがもともと望んだ生産様式の世界史的転換よりも，むしろリカードウの定常状態により類似しているであろう）。しかし結局は，利潤率の低落は，資本主義の困難とは剰余価値が小さすぎることであることを示唆している。この示唆は，生存賃金と労働生産性の上昇というモデルの言外の意味，すなわち資本主義があまりにも多すぎる剰余価値に苦しむという主張よりは，あまり弁証法的ではないが影響力の強い意見である。一例を挙げると，社会主義的生産組織が資本主義よりも大きな剰余生産物を現実に達成するだろうと考える，とくにもっともらしい理由は存在しない。事実，社会主義的生産組織はより弱い労働規律と分業のより貧弱な社会的調整をもたらし，それゆえ剰余生産物はより小さいであろうと考える説得力ある理由がある。剰余価値率の上昇法則から利潤率の低落法則へのマルクスの転換は，社会主義革命という事業を，社会的難局への実用的で常識的な対応から，思弁的で空想的な社会工学における課題へと転換させている。

8　マルクス主義理論と20世紀における社会変化

20世紀に，階級・搾取・革命的社会変化というマルクスの考えは，重要な歴史的・イデオロギー的役割を演じたが，現実のプロレタリア革命で中心の位置を占めたわけではない。むしろマルクス主義の歴史的運命は二重であることが明らかになった。すなわち，搾取の制度化と調整を通して資本主義経済の核心にある不安定性を緩和すること，および近代化の強力な主体として資本主義を周辺部に広げることが，それである。

産業資本主義諸国における資本主義の成功の諸帰結の一つは，資本主義の矛盾を世界のその他の地域に放出することであった。結果として社会的・文化的危機が，それに直面した非資本主義社会に過酷なジレンマを生み出した。多くの国は，不可避なものへの諦め気分で，外国生まれでしばしば理解できない資本主義制度やその価値観と協調し吸収しようする戦略を採ったが，その戦略は発展のない依存に導いた。他方で，マルクス主義は，近代化への途を約束する代替案，すなわち世界資本主義の覇権的要求に屈することなしに伝統的文化や社会制度を破壊するという代案を提供した。ヨーロッパと北アメリカの外側で，マルクスの断固たる経済的現実主義が，近代化しつつある

民族主義エリートに,蓄積と商品化という重要な資本主義的価値観を教え込んだ[9]。

■ **実際に起こった革命**

　ロシアでマルクス主義の近代化的要素が,初めて世界的舞台に登場した。そして,メンシェビキにおいてその直接的表現を,ボルシェビキにおいてその間接的表現を見出した。メンシェビキは,ロシアの基本的な問題が,纏まりがなく非体系的な伝統的政治経済システムを,社会主義への必要な準備である社会発展の一段階としてのある種の近代資本主義へと転換させることである,とはっきり理解していた。彼らは説得的な論理でもって,マルクス主義社会主義者にとってもっとも効率のよい役柄は,ロシアにおける資本主義の発展を支援し加速化することであると論じた(社会主義者によるこの支援は,ロシア自身の初期ブルジョアジーの組織化能力のなさを考慮すれば,とくに有益であったであろう)。ボルシェビキは,おそらくロシア・ブルジョアジーがメンシェビキと協力してさえ何事かを成し遂げる能力を持つという確信を根本的に欠いていたので,ロシア社会の近代化に対する責任を自らの手中に握ることを決意した。1920年代の新経済政策においてある種のメンシェビキ的モデルをもてあそんだ後で,ボルシェビキのスターリニスト一派は,原始的蓄積・商品化・プロレタリア化・資本蓄積というマルクスの諸理論を,〔ロシアにおける〕資本主義的な経済発展へと拙劣に模倣した。政治的強制をともなう非常に効率的な労働搾取の仕組みに基礎付けられたこの社会システムは,数十年の間目覚ましい成功を収めた。われわれは現在,つぎのように考えることができる,すなわち,歴史的な観点からはロシア共産主義は,資本主義のロシア版を発展させるという自身の歴史的使命を認識することを強情に拒否して,あまりにも長くあまりに硬直的にスターリニスト・システムにしがみついてきたと。

---

9)　日本では,伝統的であるがしかし極度に実利的な武士道イデオロギーがこれらの作用のいくつかを果たした。しかし,この動向のなかの支配的な武人的価値観は,日本資本主義に不安定な政治的行路を辿ることを余儀なくさせ,その行路は,武士道伝説の自滅的結末を思い起こさせる,第二次世界大戦の破局においてその頂点に達した。日本は,違った(アメリカ的)系統の実利的武人というその後に続いた後見のもとでのみ,世界資本主義システムとほぼ安定的に統合することができたのである。

20世紀における中国の歴史は、資本主義への道としてのマルクス主義の近代化した様相を、さらに明瞭に示す一例を提供している。20世紀の中国政治史を形づくったのはまた、つぎの選択であった。すなわち、遅れをとった伝統社会の諸制度を資本主義に破壊させ造り替えさせることと、それら制度を転換しながら国家の独立を維持するためにマルクス主義のイデオロギーを使うこととの間の選択である。中国共産党体制がロシア共産主義とは対照的に、自らを自律的な資本主義経済にとっての存立可能な政治的基盤へと転換する方法を見出すかどうかは、現時点ではまだ分からない。マルクス主義は、インド・インドネシア・ベトナム・南アフリカを含めて他の多くの国で、資本主義的制度の確立を手助けする近代化の主体として類似の役割を果たしてきた。
　このようにマルクス主義は、非常に発展し攻撃的なヨーロッパ資本主義との対抗という危機に直面していた世界のそれら地域において、社会変化の強力な主体であった。これらのケースでは、マルクス主義は、プロレタリア革命を通した社会主義の確立ということよりもむしろ、資本主義諸制度の出現と伝統的社会形態の転換・破壊という緊張を切り抜けて、国家の独立を確保した点においてより成功したのである。

■起こらなかった革命
　工業化した資本主義諸国において、20世紀のマルクス主義は同様に、マルクスがあつらえた革命的な装いを脱ぎながら、社会変化において中心的な役割を演じた。「修正主義」マルクス主義は、資本主義的社会関係の諸矛盾についてのマルクスの分析を、資本主義社会を運営するための強力な政治的・社会的手段に転換した。ヨーロッパでは、社会民主主義政党と強力な労働組合の結合が階級関係を安定させた。マルクスの時代には大半の人に本能的に否定的な道徳的反発をかき立てた搾取は、社会組織についての容認された制度化された様式になった。労働者たちは、資本主義社会のなかで社会的剰余の形態として剰余価値の機能を理解するようになった。この剰余価値を自分だけで処分する資本家の力が、徐々に抑制され、政治制度や世論への訴えを通して他の諸階級と共有されるようになったので、労働搾取は、道徳的感性にとっての怒りよりもむしろありふれたものになった。階級分割は世論を憤慨させる力を多少保持しているが、よりしばしば政治的役割という機能を果たしている。この経過のなかで資本主義に関するマルクスの分析の重要

性は，過小評価されるべきではない。資本主義についてのマルクスの分析がなお公衆教育の一部分であるところでは，市民たちは，資本主義社会の経済活動の中核としての搾取という現実をある程度受け入れなければならない。搾取は必要悪であり，それがあまりにも行き過ぎた時には非難され，イデオロギー的に受け入れ可能な目標に抑え込むべきであるという考えは，これらの状況のもとでは自然なバランスを保たせているのである[10]。

■社会主義思想

　20世紀マルクス主義の社会民主主義的系統と共産主義的系統は両者ともに，経済的事業の政治的管理を通して，社会主義についての広範な実験を行なった。これら体制の唱道者の大きな希望と気高い目標にもかかわらず，両者は全体的に見ると結局失敗あるいは失望という結果に終わった。ソビエト連邦の崩壊は，中央集権化した経済制度の失敗の直接的な結果ではなかった。その制度は，ソビエト体制を転覆させた政治的危機にいたるまでずっとそれなりに機能し続けた。しかし，ソビエト経済は，技術革新の促進・商品品質の確保・労働規律の維持・労働過大な投資政策から労働抑制的な投資政策への移行という領域で大きな問題を抱えており，それらの問題は政治体制に途方もなく大きく累積する緊張をもたらした。中国は意識的に民間部門を優遇し国営部門を解体し軽視する政策を開始し，近年は民間部門が雇用と産出の増加にとって非常に重要な責任を負っている。キューバの政権は，外的な政治圧力があった時期に厳格な社会主義へと引きこもったが，その時代はまた，産出の増大と生活水準の改善の点では劣った経済的実績しかあげられなかった。

　同様に，ブルジョア政治制度の枠組みのなかで主要経済部門を社会化するという，第二次世界大戦後のヨーロッパの社会民主主義政党の試みは，人を納得させる成功をもたらさなかった。国庫からの資本の注入は，主要〔経済〕部門から財務上の不安定性の影響を取り除くことにより，それら部門の業績を改善したが，これらの前進は凡庸な経営と政治的保護の負担によって大部分相殺された。生産企業の国家的組織化が民間経営に必ず劣るという，自由化推進の民営化論者の独善的な結論を受け入れることは誤りだろうが，しか

---

10) ここアメリカでは，どんな種類のマルクス主義もイデオロギーや政治を方向付けるのに大した役割を演じてこなかったが，それは一つの重要な例外的ケースである。

し，社会主義モデルの優越性の主張についての証拠もまたほとんど存在しない。社会主義モデルの歴史的な衰微は，社会主義的な政治活動の現下のイデオロギー的危機についてのかなり正確な原因である。というのは，その衰微によって社会主義者は，社会改革家としての自然で急進的な役割から，現存国家制度の存続という不自然で保守的な姿勢への転換を余儀なくさせられたからである。

　社会主義という事業の政治的な崩壊をマルクス主義政治の終焉と見ることは誤りであろう。マルクスはなんと言っても，単に統治者の取締役会という政体よりももっと大きな獲物を求めていた。搾取・帝国主義・階級分割という諸問題は，新自由主義的政治によってはとうてい解決されないからである。

■革命と生産様式

　マルクスが，産業資本主義の発展の一般的様式とそれに特有な諸矛盾を両方ともに確定するのに見事に成功したとすれば，なにがプロレタリア社会革命についての彼の理論の失敗を説明するのであろうか。

　プロレタリア社会革命は，マルクスが考えた資本主義における社会変化についての唯一の経路ではないのである。彼は，資本主義制度が歴史的・社会的な圧力に呼応して適合し進化する傾向を鋭く認識していた。たとえば，マルクスは，資本主義企業の法人形態や株式会社形態という現象を，社会主義を予兆する資本の不完全な「社会化」の一種と見なしている。『共産党宣言』を締めくくっている実際の政策提案は，もっとも進んだ資本主義国では何年も経たないうちに諸改革として成し遂げられた。しかし，マルクスは，工業化された資本主義社会におけるプロレタリア社会革命に大々的に賭けた。そして，この賭けは，およそ元手の払い戻しからはほど遠かったように見える。

　この領域における不可解な一論点は，マルクスが，古代世界の奴隷制生産様式の封建制への転換と農奴制の封建的生産様式の資本主義自身への転換とを，社会的生産関係の諸矛盾から生じた社会変化の主要な歴史的事例と考えていたことである。けれども，これらの歴史的類推のどれも，プロレタリア社会革命についてのマルクスのビジョンにおける重要な要素に裏付けを与えてはいないのである。

　たとえば，封建制から資本主義への移行では，古い生産様式を打倒したのは，搾取されていた階級すなわち農奴ではなかった。第三の社会的分子すな

わち緒についたばかりのブルジョアジーが，封建制を破壊した活動的政治主体であった。資本主義の発展にとって都合のよい政治的・社会的条件を作り出す道筋において，ブルジョアジーは，労働を農奴制から賃労働へと転換し，違った搾取される階級を完全に作り上げた。この歴史的事実の理解と，ブルジョア制度の内部で形成されブルジョア・イデオロギーから出発する資本主義の労働者階級がともかくも社会主義を確立するという世界史的役割を引き受けるプロレタリア社会主義革命理論との対照性は，際立っている。

　この問題は，社会主義の中身である経済的現実に関するマルクスの主張と関連している。たとえば『ゴータ綱領批判』のなかで，マルクスは，実行可能な社会主義社会が階級社会と同様に社会的剰余を活用する必要性を繰り返し述べている。剰余の活用を階級搾取から区別するものは，その過程の社会的性格であると思われる。それゆえ，マルクスが心に描いていたものは，生産階級の自己搾取と叙述することができる（これが事実上，マルクスとプルードン・ラサール・リカードウ派社会主義者との間の論争の大きな争点であり，後者の人びとはすべてなんらかの形で，労働者に対して直接的に「労働の成果」の完全な返還を提案していた）。本質的に，社会主義体制は，一種の集権的な資本主義を作動させることであろう。しかし，ブルジョア革命は，農奴が土地を譲り受け自身の荘園を経営することを認める方向を目指さなかった。生産の商品形態化についての力強い批判にもかかわらず，社会主義についてのマルクスの具体的な構想には，多くの資本主義的な重荷が付いている。

　資本主義的生産様式の封建制からの出現と社会主義の資本主義からの出現との間の類推について，もう一つの不可解な特徴は，資本主義的な社会関係に固有な分権化された細胞的な特徴と関係している。資本主義は，栄えるために常に国の政治的規制を求めるけれども，存立するためには国の政治的な規制を必要としていない。交換を求める分権化された生産を基礎とする，資本主義的生産の基本的な物質代謝は，弾力的かつ頑強である。もしそれがなんらかの理由で世界の一部で抑制されたり破壊されたりすれば，それは，切断された部分から芽が生えてくる生物有機体のように，自分自身を再生させうる。それゆえ，資本主義は，封建社会のすき間で存続することができ，新しい生活様式への傾向としてより力強く成長することができた。しかしながら，社会主義が現実的な社会実践として資本主義社会のすき間で発達する余地はないように思われる。なるほど，社会主義はイデオロギー的傾向としては資

本主義社会で盛んであるが，そのことと，たとえ部分的であれ人びとが現実に代替的生産様式の経験を生き抜きうることとは，似ても似つかないことである。

■ **革命はどこへ行ってしまったのか？**

20世紀は，プロレタリア革命というマルクスの構想に対して好意的ではなかった。しかし，資本主義は歴史的に条件付けられ・制限され・矛盾を持つ生産様式であるという，資本主義についての彼の唯物史観的批判はなお，途方もなく大きい力強さを持っている。

資本主義は，その根本的に矛盾した性格を脱却していない。われわれが今日地球規模で直面している富と権力の桁外れの格差は，19世紀の工業的なイギリスやヨーロッパにおける正真正銘の社会的対立さえ小さく見せる。資本主義の経済的発展は，マルクスとエンゲルスが『共産党宣言』において理解したように，生産諸力の発展にとって媒体であり続けている。しかし，その過程は生産力の発展とともに，伝統社会の大規模な破壊をもたらし続け，発展途上の資本主義社会の内部においても資本主義社会の間においてもその両方で，富裕層と貧困層の甚だしい両極の永続化をもたらし続けている。これらの現実を考慮すると，資本主義的な技術と組織のなかにある人類発展のための潜在的恩恵を実現するために，社会関係を革命的に転換するというマルクスの夢は，強い影響力と抗いがたい力を留めているのである。

21世紀にはほとんど確実に，人口統計的背景のなかで世界の資本蓄積について画期的な変化が起こるだろう。世界の人口は安定化するように定められているが，しかし，非常に不釣り合いで両極化した仕方でそうなるように思われる。すなわち，より若年人口を多く持つ相対的に貧しい社会における世界人口の多数派と，より老齢人口を多く持つ豊かな社会における世界人口の少数派との対抗関係が，それである。資本主義的発展の過程はこれまでは常に，賃金上昇を避けるための労働予備軍の利用と，労働生産性の絶え間ない上昇を可能にする分業の拡張とを頼りにしてきたので，この人口統計的な転換は，資本蓄積の歴史的なパターンに対して根本的な挑戦を突きつけている。もし資本蓄積がその歴史的なパターンと同じような仕方で続くとすれば，技術変化は，労働生産性の上昇がそれ自体で労働予備軍を絶えず補充しうるように，自らを分業から切り離さなければならないだろう。

この問題は，分業の問題に密接不可分に関係しているように思われる。マルクスの立場のもっとも非妥協的で難しい点の一つは，資本主義の諸矛盾が生産の商品生産化それ自身にその根源を持つという彼の主張にある。それゆえ，マルクスはただ二つの可能性だけが存在すると暗示しているように思われる。すなわち，人類は，歴史的に分業を組織してきた生産の商品生産化とともに分業を放棄しなければならないか，あるいは錯綜した分業を支えるために代わりの制度を見つけなければならないかである。これらの世界のどちらも具体的に想像するのは難しい。フリードリッヒ・ハイエクは，社会主義にとっての現実の障害は，社会主義的生産者が直面するだろう物質的刺激の弱さというよりはむしろ，市場と市場のシグナルの欠如のもとでなにをどのように生産するかを彼らが見つけ出すことができないことにある，と論じている。もっとも理想主義的・利他的に動機付けられた社会主義的人格でさえ，自分たちの資源の特定の使用が社会にとって正味の便益であることを，どのように確実に知るのだろうか。これは，社会主義革命の現代の信奉者が容易に逃れ得ない一論点である。それは，社会主義社会における生産の政治的統御という困難な問題，およびブルジョア社会の脈絡の外での政治的権利と自由という問題全体と密接に結び付いているのである。

　マルクスが資本主義社会で革命的な社会変化に導くと考えた諸勢力は，影響力を留め今も現存している。今日世界的規模で噴出している資本主義社会の諸矛盾は，情熱的・批判的に思考し行動することを鼓舞し続けている。しかし，これらの諸勢力が一点に集中し断固たる革命的変化に結集したかもしれない時期は，たぶん通り過ぎてしまった。われわれは，これらの潜在的な変革主体が，所得分配・社会的正義・環境保護・個人の安全と自由という，しばしば外見的に関連性のない無数の個別的な闘いへと拡散している時代に生きている。社会転換のこれらの諸契機が資本主義社会を転換するために連合するかどうかは，現時点ではまだ分からない。

第4章
限界の探究
　　──限界主義者とヴェブレン──

　経済思想の歴史のなかで生じたもっとも奇妙な変化の一つが，リカードウ経済学の，のちに「新古典派」経済学と呼ばれるようになる「限界主義」への入れ換わりである。これらの学説が争った主戦場は価値（あるいは価格）の理論だが，しかしそれよりもはるかに多くのことが問題となって浮上してくる。古典派政治経済学が，現実の歴史的経験からの一般化という歴史的・帰納的な傾向を持つのに対して，限界主義は数学的・演繹的で，ひとまとまりのあらかじめ決められた公理の枠組みのなかで経験を説明しようとする傾向を持つ。古典派政治経済学の大きなテーマが，変化と進化と密接な関係にありダイナミックで発展的であるのに対して，限界主義の大きなテーマは，効率性の概念と密接な関係にありスタティックで配分的である。古典派政治経済学が，終わることのない変動からの平均として均衡を思い浮かべるのに対して，限界主義は，実際に到達し現実に近似したものとして均衡を見る。古典派政治経済学が，社会学に強いルーツを持ち階級のような新しいカテゴリーを受け入れるのに対して，限界主義経済学は功利主義哲学に根ざし，個人の行動ないし個人の行動の単純な結合を超えるようないかなる社会的カテゴリーも許容しない。古典派政治経済学が，市場関係を国富と繁栄という目的のための適切な手段と見るのに対して，限界主義は，市場が決定した配分を目的そのものと見る。

限界主義学説はリカードウの論理的方法とその地代論の拡張であることを自ら表明しているのだから，上のように語ることはきわめて奇妙である。しかしながら限界主義は，リカードウを経済的推論の唯一の論理的基礎として強調するにもかかわらず，労働価値説を拒絶する。

　労働価値説は，相対的価格は異なる諸商品生産における相対的費用によって決定されるという，費用価格理論に根拠を置いている。経済過程についてのこの一般的な「ビジョン」の結果として，古典派経済学者は価格決定要因としての需要についてはさほど関心を示さない（リカードウが，希少性のみに価格が依存する貴重な絵画のような財を，労働時間による価値決定の一般原理からはっきりと除外していることを想起しよう）。古典派経済学者は，商品の有用性あるいは使用価値は，商品が交換価値を持つための前提条件であると考えようとしたが，しかし彼らは，諸商品の全般的な有用性がその価値または価格とはなんら相互関係を持たないこともまた指摘していた。「水とダイヤモンドのパラドクス」は，この視点のもっとも有名な表明である。すなわち，水は人間の生活にとってダイヤモンドよりもはるかに有用で必要であるが，温暖な気候の正常な環境のもとでは，水はダイヤモンドよりもはるかに低い交換価値しか持たないのである。

　古典派経済学的な見方では，ダイヤモンドが高価であるのは，地質学上の含有度の低さのために生産上多量の労働を要するからである。水が（温暖な気候において）安価なのは，泉や小川や井戸からの水の供給を確保するのに比較的わずかな労働しか要さないからである。思うに古典派は（とはいえ私が知るかぎり古典派経済学者は誰も直接この問題を語っていないのだが），水は砂漠では生産したり運搬したりするのに多大の労働を要するから高価である，と予測したことだろう。

1　スミスの誤謬は新しい靴を必要とする

　水とダイヤモンドのパラドクスは，歴史的・政治的変化の力が加わらなければ，それ自体が政治経済学のパラダイム・シフトをひき起こすことはなかった。1860年代以降，イギリスやアメリカの先進資本主義は，急速な成長と巨大な独占的カルテルやトラストへの統合の時代に入り，リカードウ版スミスの誤謬は影が薄くなり始めた。この時期の重要な政治闘争は，労働時

間の制限・組合結成とストライキの権利・賃金水準・雇用安定のような諸問題で資本と労働とを対抗させた。リカードウの用語と概念枠は，これらの問題に適用するには収まり具合が悪く見えた——それらはマルクスのもののように見えたのである。

時代の状況は，スミスの誤謬の近代化された最新版を声高に求めていた。数理物理学的に観察するより以上に適切な立場があるだろうか。あるいは進化論的生物学以上に適切なものがあるだろうか。つまり，これらの「手堅い」科学は，大きな威信と科学上の少なからぬ成功という強みを有していたのである。

19世紀後半の経済学の歴史は，この二つの極の間を揺れ動いている。数理物理学的な一端では，ウィリアム・スタンリー・ジェヴォンズ，カール・メンガー，ヴィルフレッド・パレート，ジョン・ベイツ・クラーク，アーヴィン・フィッシャー，レオン・ワルラスといった面々が，公理的で数理的な政治経済学を創出しようと努力し，その数理的な経済学は，資本主義の社会関係に「自然法則」のオーラを賦与し，経済生活の安定性と合理性を保証した。生物学的な他の一端では，経済史学者やソースタイン・ヴェブレンのような経済社会学者たちが，同時代の資本主義を歴史的進化過程の産出物として位置付けようと努力し，逆説や皮肉に満ちた特徴付けを行なった。20世紀の経済学の出現にとって恐らくもっとも影響力のあった人物アルフレッド・マーシャルは，彼の経済学原理を数学的に表現することに注意を払いながらも，進化論的な生物学のレトリックを採用して，この両極間の揺れ動きを内面化していた（彼はたしかに数理的表現をテキストの目立たない付録へと追いやっている）。

政治経済学の数理的改訂版と生物学的改訂版の両者は，異なる方法でスミスの誤謬を一新する必要を説く。数理的改訂版は，道徳問題を経済生活から完全に閉め出し，経済生活は客観法則に支配されており，そこではわれわれは「選択の自由」に従う以外に選択の余地がないということを表明する。生物学的改訂版は，資本主義の社会関係に対してより批判的であまり褒め称えることはしない。それは資本主義を現在進行中の進化過程の結果であり一段階であると見ている。しかしヘーゲルが言おうとしたように，進化は主体を欠いた過程である。哺乳動物が革命的な奪取を企てるわけでもなければ，恐竜が自滅の契約を結ぶわけでもない。資本主義的社会関係の道徳性は，ここ

では，進化論的な選別・適者生存・適応という容赦ない流れのなかに没してしまうのである。

2　限界主義

■ ジェヴォンズと限界効用

　限界主義者の「革命」は，市場価格の決定における需要の役割について，古典派が唱えるよりも適切な理論を提供しようとする要請から始まる。ジェヴォンズは，「限界効用」，すなわち個人がすでに消費している量を超える商品の増分の有用性は，個人が商品の消費から得る全体効用とは非常に異なる，という彼の認識を唱えて登場してきた。こうして相対価格は，全体効用の比率にはまったく比例せず，限界効用の比率に比例することになる。

　ジェヴォンズの推論に従えば，効用を最大化する合理的な個人は，競合する使用方法の間に固定された量の資源を配分するのに際して，その資源をもっとも高い効用の使用に割り当てることから始め，そしてその使用の限界効用が次善の使用の限界効用の水準に低下するまで使用し続けていくことになるだろう。その際，経済主体は，第3位の使用の限界効用に達するまで，その二つの使用の限界効用を同等に保つように資源を配分するはずであり（しかし多分より多くの資源が振り分けられるにつれて限界効用は低下していくが），そうして資源が使い果たされるまでそれが続くのである。

　個人の時間配分が良い例となるだろう。だれもが絶対的に制限された1日の時間量を持っており，そしてこの制限された時間資源をさまざまな使用に配分しなければならない。すなわち，睡眠・食事・勉強・仕事・運動・喧嘩・恋愛等々にである。限界主義者の見通しでは，各個人は時間を，まずもっとも生命に関わる使用，すなわち睡眠に割り当てる。8時間か7時間か6時間かが睡眠に使われた時点で，その個人は睡眠のさらに超過的な10分の限界効用が，たとえば食事の限界効用よりもはや高くないことを感じるかもしれない。食事に使われる最初の10分もしくは20分は，食事という活動の限界効用を，たとえば期末試験の勉強のような，次に差し迫った使用の限界効用にまでひき下げるかも知れない（その個人は，睡眠時間の限界効用をテスト準備時間の限界効用にまで押し下げるために，さらに数分間眠らなければならないかも知れないが）。貨幣所得あるいは富の配分についても，同

様に語りうるだろう。

　この配分過程を通して，設定されるすべての使用において，希少資源の限界効用は等しいに違いない（より多くの資源が割り当てられるにつれて，すべての限界効用は低下していくけれども）。さもないと，経済主体は，限界効用の低い活動から高い活動へと希少資源を再配分することによって，全体効用を増加できてしまうだろうからである。こうしてジェヴォンズは，効用の「最終度合い」均等化の法則に到達するのである。

　人間活動へのこの見方は微積分の使用に適しており，それ以降，微積分は経済理論と親密な関係に入ることになる。配分問題は，微積分学的方法によって解くことができる，制約付き最大化問題として記述しうることになる。

　ジェヴォンズは，制約された貨幣所得をいくつかの競合的な使用に配分する事例に，この数学的アプローチが適用できることを示す。最大化のための数学的条件は，各使用方法に費やされる1ドルの限界効用が等しいことを要求する。こうしてジェヴォンズは，各商品に単一の価格が付いている市場交換では限界効用比が価格比に等しくなる，と論じる。もちろんこのことは，限界効用比が価格比を決定することを証明するものではない。実は議論の設定に際しては，市場価格はすでに与えられたものとして仮定されているのである。

　限界主義アプローチの着想は，想像力のかなりの飛躍に基づいている。限界主義者は，現実経済における実際的な市場価格を，個人が等しく資源の合理的な配分を行なう場合の限界効用比に正確に相似的なものであるかのように見ている。この見方では，全体としての経済は，一つの大きな合理的資源配分プロセスとして観察され得る。この類推を実行に移すためには，社会にとって利用可能なさまざまな商品の量は所与とされねばならず，その結果として，諸商品の相対的な希少性が限界効用とそれゆえ価格を決定できることになるのである。

　この着想を展開する際に限界主義者の考え方がぶつかる一つの困難は，経済は個人的な〔効用の〕最大化をめざす多くの競争的な人びとから成っているが，その人びとが持つ効用関数は異なっているかもしれない，ということである。しかしながら限界主義者の立場は，経済は多くの異なる諸個人から形成されているにもかかわらず，あたかも単一の希少な資源を配分することによって単一の一貫した効用関数を最大化する単一の個人であるかのように

基本的には作動している，というものなのである．この主張を支持する議論は，限界主義経済学の概念的で数学的な複雑さによるところが大きい．新古典派経済学者がしばしば採用する手っ取り早い方法は，社会の諸個人はすべてそっくりであり，そのため彼らは「代表的経済主体」に還元されうると仮定することであり，それゆえ代表的な経済主体が現にある諸商品のストックをいかに配分するか，そしてどのような限界効用が（その比は市場価格と解釈されるだろう）導き出されるかを算出することである．しかしながら，合理的経済主体という解釈は，市場が実際にどのように動くかをさほど明らかにするものではない．同一の代表的経済主体からなる社会は，市場で諸商品を交換する必要はないだろう．なぜならば，各経済主体が全体経済の縮小モデルであり，一人で配分を成し遂げ得るだろうからである．

　限界主義者の語っているのは，古典派の用語の市場価格であって自然価格ではない，ということは分かっている．また，限界主義の価格理論にとってもっとも性に合った設定は，生産と消費の結果として諸商品のストックが変化する中期あるいは長期よりも，むしろ諸商品のストックが所与とされる短期である，ということも分かっている．

　さらに，限界主義的視点からは，すべての資源は完全に使用されているか欠乏していないかのどちらかである，ということも分かっている．資源はあれかこれかの使用で効用を付加できるかぎり，そのすべてが使用されるだろう．これを別の言い方で言えば，限界主義的見地からすれば，使用されていない資源はゼロの価格を持たねばならぬ，ということになる．さらにその要点を言い換えれば，正の価格を持つどんな資源も，なにかによってその次善の使用に利用するのが妨げられているのでなければ，完全に使用されるにちがいない，ということになる．なおこのことの意味を他の仕方で述べてみれば，それ自身の使用コストを支払うことができるすべての資源は使用されるだろう，ということになる．これらは単に，希少資源を競合的な目的に配分する一個の巨大な合理的個体として社会を観ることの，帰結である．資源は，希少で・完全に使用されており・正の価格であるか，他方では過剰で・部分的にのみ使用されており・ゼロの価格であるかのどちらかであるにちがいない．この見方は，限界主義の構想と深く結び付いているが，しかしそれは，たとえば，労働者のある者が景気後退や不況で非自発的に失業する，という見方とは両立しない．しかしながら，それは，セー法則とはよく一致してい

る。というのはセー法則は，（たとえば外国との競争によって）ある使用から転用される労働のような資源は，失業のままにおかれるよりもむしろ次善の使用に転換されるだろう，ということを意味しているからである。

■ メンガーと要素価格

　カール・メンガーは，限界主義の論理を投入価格の問題に適用する。メンガーにとって，投入物とは「高次財」，最終消費者への直接的な効用のためでなく消費財生産への間接的な有用性のゆえに評価される「高次財」のことである。こうしてメンガーは，生産の連鎖を後方に辿って，限界効用の原理に従って評価される最終財からつづいていく評価の連鎖を見出すのである。

　連鎖の頂点では，土地や労働のような生産への原初的な投入がその希少性に従って評価されている。こうしてメンガーは，これらの高次財を，完全に非弾力的な供給曲線を持つ・供給において固定したものと考え，本質的にはリカードウ理論における地代のように決定されるものとして，その価格を考えるのである。

　メンガーの議論は，財貨の価格を財貨の絶対的な希少性に結び付けようとする，限界主義的価値説の基本的な戦略を力説するものとなっている。それゆえ限界主義の理論は，価格が知られるよりも前に生産投入財の使用可能な総供給が計算されうることを，論理的に要求するのである（限界主義理論のこの重要な理論命題の存在は，供給と需要が均衡価格を決定する仕方についての議論のなかで，しばしば暗黙裡に見逃されているのであるが）。

　労働の場合には，限界主義の考えはわれわれに，各個人がコントロールし市場に持ち込みうる固定した最大労働供給について考えることを要求する。実際には，人びとは労働力の最大可能量を売ることはないので，限界主義者は，諸個人が「余暇」すなわち非賃金活動として使われる彼ら自身の労働時間のある部分を（市場均衡賃金率を支払って）有効に「買い戻す」とみなしている。われわれが見てきたように，余暇は，出産・育児・家事のような，商品を介さない多数の活動を含んでいる。賃金を地代のように決定する需要曲線は，余暇に対するこの理論的な私的需要を，その構成要素の一つとして包含するのである。

　一見，時間のどの瞬間をとっても経済的に関連するすべての財貨の一定量が存在するという考えは常識に訴えるが，しかしその考えは，いざ限界主義

第4章　限界の探究　　137

の理論を始動させようとすると，いくつかの厄介な問題に突き当たる。たとえば，実質賃金水準を予測する理論で必要とされる，アメリカ経済の総労働供給はどのように決定されるか，というような問題がまさにそれである。10代や退職した70代の人びとを含めるのだろうか。よく知られているように，アメリカの高い実質賃金は登録・非登録の移民を増加させる傾向がある。とすると，アメリカ市場に移入しうるすべての潜在的な労働供給が含められねばならないのだろうか。限界主義の理論を使う際には，労働経済学者はこれらの疑問を，あれこれの一連のかなり任意な仮定によって解決済みとする。というのは，理論そのものは，ほとんどなんの手引きも与えてくれないからである。

■ クラークと分配

ジョン・ベイツ・クラークは，なにが賃金・利潤・地代への所得分配を決定するかを議論するために，要素価格についての限界主義アプローチを用いている。クラークの目標は，彼が明確に示しているように，市場から結果として生じる所得分配をただ説明するだけではなく，正当化することでもあった。これが，クラーク版のスミスの誤謬である。彼は利潤率と賃金率とを，希少性が社会に課した基本的な経済法則の結果と見ている。各要素が限界生産物の価値を受け取るルールは，クラークの考えのなかでは，各要素が生産への寄与に比例して収益を受け取る原理へと転化している。

後の新古典派経済学者は限界生産物についてのクラークの解釈の誤謬を認識していたが，しかしこの微妙な点についての彼らの理解が，実際にミクロ経済理論の教科を学生に教える際に伝えられることはほとんどなかった。その微妙な点とは，すべての投入を必要とする複雑な生産過程においてはどれか一つの投入の「生産への貢献」を決定する方法はない，ということである。労働のすべてあるいは資本財のすべてを取り除いてみよ。すると生産はゼロへと削減され，そしてそこで，各要素が実際に全生産物に貢献しているということが出現するのである。限界生産物は，せいぜいさまざまな投入の間に生産物価値を帰属させる一方法なのであり，高い限界生産物を持つ要素の所有者がより高い要素価格に値する，というような特定の道徳的な主張など存在しないのである。

クラークは，限界生産性理論を使って，資本主義経済における利潤フロー

を「資本の限界生産物」の反映として説明し正当化することに，特別の興味を示している．クラークの推論に従えば，個々の小企業（あるいは資本家）はあまりに小さいので，市場賃金や資本財の価格に影響を及ぼすことができない．結果として，企業は，現行の市場価格のもとでどんな技術に対しても価格付けができ，利用可能な最低費用の技術を選択できることになる．そうすることで，賃金と資本コストが生産にとって異なる投入であることが，企業にとって明らかになる．企業は，賃金コストで測定してより多くの労働を使用し，そして資本投入コストで測定してより少ない資本を使用するような技術を選択するかもしれないし，あるいは，より少ない労働とより多い資本を使用する技術を選択するかもしれない．企業は，最低費用の技術を選択することで，労働と資本の限界生産物の価値を賃金と平均利潤率に均等化していくもの，と見なされうるのである．

そこでクラークは，典型的な限界主義者のやり方でこの議論を旋回させて，賃金率と利潤率は労働および「資本」の希少性によって決定される，と論じようとする．彼は利潤を，賃金と同様，リカードウの意味での地代と見ている（新古典派経済学者は，資本ストックは時間が経てば変化するがその時々には一定であると考えて，しばしば利潤を「準地代」と呼ぶ）．この議論は，1960年代と1970年代にピークに達する「ケンブリッジ資本論争」と呼ばれる大論争へと導かれていった．ジョーン・ロビンソンに率いられたイギリス・ケンブリッジの経済学者グループは，ポール・サミュエルソンとロバート・ソローに率いられたマサチューセッツ・ケンブリッジの経済学者グループと，多数の異なる種類の資本財が存在している現実世界の設定のなかで，クラーク理論が首尾一貫しているかどうかをめぐって議論した．問題は，個々の企業の選択を考慮するに際して，クラークが，さまざまな資本財すべての価格を所与と捉えており，そしてそれは，もし企業が要素市場の相対的に小さな部分であると仮定されるならば正当と思われる，という事実に由来する．この推論は，賃金率および利潤率と，労働および資本の限界生産物価値，この両者の同等性を確立する．この文脈で，所与の市場賃金・資本財価格・平均利潤率が，労働および資本の限界生産物を，費用最小化の結果として決定するのである．しかしクラークが等式の旋回を試みて，資本と労働の限界生産物が均衡利潤率と均衡賃金率を決定すると論じるとき，彼はさまざまな資本財価格の決定という問題の考察を欠落させているわけである．

ジョーン・ロビンソンは，これらの諸価格は市場では個々の企業にとっては所与であるけれども，それらは経済全体にとってはシステムの内部で決定され，だからそれらは賃金率や利潤率を決定する際の論拠とはなりえない，と論じた。さらに，資本財価格は変動するので，資本財（工場・機械等々）の同じく物理的な集合は，クラークの意味での「資本」とは異なる量を表わすことになるだろう。それゆえイギリス・ケンブリッジの批判家たちは，現実の経済世界の準地代のようには，その希少性が利潤率を決定する「資本」の一定量について語ることはできない，ということを立証した。

　この論争のマサチューセッツ・ケンブリッジ陣営側は，結局のところ，純粋理論ではロビンソンが正しいことを認めたのだが，新古典派的に教育されたほとんどの経済学者は生産への希少投入としての「資本」という概念を使用し続け，そしてほとんどの大学生は，利潤率を「資本」の限界生産物によって決定されるものと考えるように教えられている。もっとも抽象的な次元では，新古典派的な一般均衡論者は，それぞれが準地代を持つ任意の数の特殊な資本財の均衡を研究することによって，「資本」概念を不要にしようと試みた。これは非常に複雑な理論へと導くことになり，特に時間の取り扱いにおいて難問を抱え込むことになる。

3　価格はどこから来るのか

　限界主義アプローチは，均一的（ないし準均一的）な一組の商品価格が存在する，よく組織された市場で取り引きする個人の家計や企業という状況から出発する。このような設定は，古典派政治経済学においてさえも意味がある。よく発展した分業を備えている経済において，おのおのの家計や企業は，それが必要とする諸商品を買うために天然資源や生産物を市場で交換しなければならないだろう。

　しかし，商品が交換される価格はどこから来るのだろうか。もしわれわれが，市場価格が確立するよりも前に家計や企業の集合体を考察することから始めるならば，どのようなプロセスが市場価格の形成へと導くのであろうか。これが，経済理論のもっとも抽象的な（人によってはイデオロギー的と言うかも知れない）分野である，一般均衡の問題なのである。

　家計や企業が市場で商品を交換していなかった状況に思いをめぐらせてみ

ると，最初にわれわれの心に浮かぶ事は，交換からは利益を得る大きな機会がありそうだ，ということである。売るべき労働力だけを持ち食糧を持たない家計は，非常に低い価格でも喜んで労働力を売ろうとするだろうし，商品を生産したけれどもまだそれらを売っていない企業は，せっぱ詰まって非常に安価に喜んでそれらを売ろうとするだろう。経済が総体として均衡状態にないときには，われわれは商品を喜んで買ったり売ったりしようとする家計の意向を，経済主体の「留保価格」——経済主体がある商品を喜んで買おう（売ろう）とする最大限（最小限）の価格——として測定できる。この状況においては大きな経済余剰が潜んでおり，そしてこの余剰が実現されうるのは，潜在的な買い手と潜在的な売り手が実際に引き合わされて，両者に有利と見える価格で商品を交換することによってである。これが自発的な市場交換のプロセスなのである。市場交換が起こるとき，家計や企業の留保価格の動きは接近する傾向にあるだろう。ひとたび家計が労働力の若干を売り食糧を買うならば，その特殊な交換に対する家計の必要は低下し，家計が労働力に対して食糧を交換しようとする条件はあまり極端ではなくなる。

　ヴィルフレッド・パレートは，交換に先立つ経済の初期状態——そこでは留保価格が非常にかけ離れていて諸商品の均一価格は存在せず交換から大きな利得が生じる可能性が存在する——と，多くの交換が行なわれている経済状態とを比較対照する。彼は極限的に，すべての家計と企業の留保価格が等しくなっていて交換からのそれ以上の利得が存在しえないような状態を想像する。そのような状態では，それ以上の自発的な交換は実際には起こらず，すべての家計と企業によって先行する交換の結果として共有される，全商品に対する一組の均一的な価格が存在するだろう。新古典派経済学者は，この状態を「パレート最適」と呼ぶ。パレート最適とは言っても，自発的交換の過程においてさまざまな参加者の間に所得と経済余剰の好ましい分配を保証するものはなにもないのだから，取り立てて「最適」と言えるようなものは実際にはなにもない。家計や企業のあるものが，経済余剰の一番大きな分け前をともなって市場交換過程から出てくるかも知れないのである。

　パレート配分（より中立的な用語を使おう）については，二つの見方が可能である。一方でそれは，自発的な商品交換の体系的な終結を表現している。パレート配分においては，交換をとおして経済余剰を実現する機会はもはや存在しない。この意味でパレート配分は，ダイナミックな交換過程の均衡状

態である。理論的には，もし十分長期をとるならば，どんな自発的交換過程もパレート配分に導かれることだろう。別の視点からすれば，パレート配分は，分業から生じるすべての潜在的な経済余剰を搾り尽くすことを表現している。パレート配分においては，他の家計や企業の状態を悪化させることなしには，ある家計や企業の状態を（たとえば立法で商品を再配分することによって）より良くすることは不可能である（もし立法がすべての家計と企業の状態をより良くするように諸商品を再配置できるのであれば，自発的な交換がそうすることができたはずだからである）。このようにパレート配分は，利用可能なすべての経済余剰がその体系から搾り尽くされてしまったかぎりにおいて有効なのである。

　パレート配分について考える第二の見方は，スミスの誤謬のもう一つの別の見解へと導いていく。資本主義的な社会関係への参加を表現し分業を支える自発的な交換は，体系からすべての潜在的な経済余剰を搾り尽くすから良いものなのである（必ずしも道徳的に良いものというのではなくて，少なくとも功利主義的には良いものである）。こうしてスミスが表明するように，資本主義の社会関係を必要悪あるいは目的にいたる手段として我慢することはまったく問題にならなくなる。ひとたび経済的効率それ自体が良いものとされるならば，商品交換の枠内で私利を追求することが積極的な道徳的義務を帯びることになるのである。

　スミスの誤謬のこの改訂版においては，自由な交換への立法的干渉は，分業によって創出される利用可能な経済余剰のすべてを実現する市場の自発的傾向を損なう，ということになる（立法的干渉もまた経済余剰のより平等な分配に導くかもしれないという事実は，この思考方法のなかでは無視され割り引いて考えられる傾向にある）。これが，国家介入に反対する限界主義経済学の前提の根っこにあるものである。たとえば，租税を例にとってみよう。商品への租税は，交換から得られる余剰が租税を支払えるほど十分に大きくないときには，相互に利益を生む交換の生成を妨げる。こうして，租税やその他の政府介入は潜在的な経済余剰の喪失——不効率——に導く，ということになるのである。この考えでは，租税や他の介入が行なわれて良い唯一の場合は，それらがこの経済余剰の損失よりも勝るなんらかの他の社会的な善（支払われた租税が公共的サービスに使われるというような）を促進する場合だけとなる。スミスの誤謬のこの改訂版は，経済学教育の主流になり，

圧倒的な比重で現代の新古典派的な経済研究の基礎となっている。

■ どちらのパレート配分か

しかしながら，一般均衡の議論には未決の問題がある。交換に先行する出発点から多数の自発的交換が生じてくるので，多数のパレート配分が存在するのである。二つ（あるいはそれ以上）の家計や企業が商品交換に入るとき，彼らは往々にしてその留保価格がかなりかけ離れていることを見出す。このことは，自発的な交換を見出すことを容易にする——実はあまりに容易なので，留保価格のなかのどんな価格でも交換にいたる可能性が厖大な数に上るだろう。パレート配分を得る唯一の方法は，実際的な価格からのかなりの乖離が容認されている非常に多くの数の自発的交換を容認することなので，そのシステムは，多数の相異なるパレート配分へと帰結することになるのである。これらのパレート配分のバラツキ具合は，家計と企業の間での経済余剰の分配のなかに存するのである（それらはまた諸商品の最終価格においても異なるかもしれない）。

この可能性は，スミスの誤謬の新古典派的改訂版を人びとに賛同させがたくしている。実は人びとは，自発的交換で利益を得る可能性については非常によく知っているのである——彼らが不利な申し出を（正常な事情のもとで）拒絶できないという意味においてではなくて，彼らが他の交換可能性に無知なためにあまりに安く売ったりあまりに高く買ったりするという意味で——。この市場恐怖症の歴史は古い。アリストテレスの公平な価格付けの議論や，事業の公平さを定めるユダヤ法，そして公正価格の概念についての中世哲学の議論のなかに，われわれはそれを見つけることができる。

限界主義者と新古典派経済学者は，ひとたび均一的な価格体系が市場で確立されたならば，家計や企業の決断はその所得が一定になるように決定される，ということを知っている。このように，家計と企業が実際に商品を交換するよりも前に最終均衡価格を知っているという想定によって，均衡価格不決定の問題を解決することは魅力的である。これは，レオン・ワルラスが一般均衡論の展開で追究した道である。ワルラスの考えは，経済主体はなんらかの実際的な交換が生じる以前に幾分は均衡価格を発見できる，というものであった。このことを少なくとも理論において成し遂げようと，ワルラスは，試験的な価格を「大声で叫ぶ」虚構的な競り人を考案し，その価格が均衡価

格であるかどうかを見極めさせようとした。競り人がある程度均衡価格を発見したならば（それは数学的視点からは手に負えない問題であることが判明した），彼はそれを家計や企業に告げ，それからその価格で取り引きが営まれるのである。

ワルラスの企図は，市場交換の解きがたく結びついた二つの局面を切り離すことを目論むもので，説得力のあるものではない。二つの局面とは，商品の所有権の移転と価格の発見である。現実の生活では，ある人がある物に対してどれだけ支払う気があるかを見出す唯一の方法は，彼に申し出てみてそれに彼が同意するかどうかを見ることである。商品交換には，「口でなく金を出せ」「金を出さないのならば黙っていろ」という選択以外は存在しないのである。

4 限界主義と社会的厚生

限界主義革命は，労働価値説および総じて生産費説的な価値説を覆そうとするその主張に加えて，経済政策の分析と市場に対する国家の関係に，根本的な変化を導入した。この変化は，経済政策の目標の焦点を資本蓄積・成長から効用最大化・生産効率に移動させることを表わしている。

アダム・スミスの重商主義批判は，重商主義者が一つの資産すなわち一国の金ストックを政策の中心に置き，金のストックは増加するが市場価格での国民純資産は縮減する政策を支持した，ということに向けられた。新古典派経済学者は，経済活動の現実の目的は市場価格での純資産でなくて消費者の満足あるいは効用であるべきだと論じることによって，スミスに傾いていた議論を一変させた。金ストックの最大化が国民純資産の最大化に反する場合があるのとちょうど同じように，市場価格での国民純資産の最大化が消費者満足を最大化しないかもしれない状況が存在する。新古典派経済学者は，社会的費用と私的費用が乖離する事例としてこの状況を記述する。典型的な例は，大気汚染のような価格の付かない環境面で現われた外部性である。市場価格での国民純資産の追求は，しばしば公害産業の蔓延へと導く。平均的な消費者は，自分自身の状況が悪化していることを後から結果として気付く。すなわち，産業的発展から生じる賃金増加や配当所得の増加は深刻な環境悪化によって失われた健康や安楽を償わないかもしれない，と。

経済活動の目標が個々の消費者の満足であるという考えは，主観的な効用評価を価格や価値の規定要因と見る限界主義の思考構造に深く根ざしている。この思考構造は，政策問題の分析に際して新古典派経済学を古典派とはまったく異なるスタイルへと導く。たとえばリカードウの自由貿易の提言は，賃金コストを低落させ，利潤率をひき上げ，資本蓄積と成長を促進するという，彼の願望に基礎を置いていた。これに対して新古典派経済学は，資源配分効率の増加，すなわち他の人の主観的効用を削減することなしに少なくともある個人の主観的効用を増加することを達成する手段として，自由貿易を提言するのである。
　この基礎があるために，新古典派的分析は自由放任政策に身を委ね切ってしまうことはない。すなわちそれは，独占や不完全情報や外部性が存在する場合には介入を支持するのである。完全競争・完全情報・一切についての完全な価格付けといった厳重な要求を満たす経済取引を現実生活で考えることは非常に難しいので，新古典派経済学は広範な政府介入にドアを開けておくのである。
　アダム・スミスは彼の学生たちに，国富を大きくする道として節倹をしきりに勧めた。反対に新古典派経済学は，個人の貯蓄問題に関しては中立的である。個人は，現在の支出と将来の支出との間の所得配分に関して自分自身で選択すべきだ，というのである。もし効用を最大化する私的な決定が低貯蓄・低成長へと導くならば，新古典派的視点からそれはまさに資源の効率的な配分を表わしており，その私的な決定を変更するための介入にはなんの理由もありはしないのである。
　限界主義経済学の元来の功利主義的な基礎は，富者から貧者への所得再分配に関わる強力な主張を提供していた。その主張は，経済政策は社会のなかの諸個人の効用の総和を最大化すべきであるという考えに基づいている。ほとんどの功利主義者が，多くの所得を持つ富者にとっての所得の限界効用は，あまり沢山の所得を持たない貧者にとっての所得の限界効用よりも低位であるので，そのため社会的総効用は所得を富者から貧者に移転することによって増加させられるだろう，と信じた。
　現代のほとんどの新古典派経済学者は，諸個人の効用を客観的に比較することは不可能であるという理由から，所得分配のこのような功利主義的な分析を拒絶する。この学説の最終的な結論は，経済学が薦めることができるの

は，配分におけるパレート最適を改善する変化，すなわちだれか他の人の状態を悪化させずにある諸個人の状態を良くするような変化だけだ，というものである。あいにく現実世界の政治経済問題は，パレート最適改善に水際立った登場機会を提供することはほとんどなく，そのことは政策への新古典派理論の影響を大きく制限しているのであるが。

5　限界主義・古典派政治経済学・時間

　新古典派学説の擁護者たちは，限界主義が古典派政治経済学に置き代わったのは，単純にそれがより良く・より真実で・より一般的な理論であるためだと主張するけれども，実際には，問題はそれほど単純ではない。古典派のモデルの方が新古典派の視点よりも，より直接的にそしてより洞察的に述べる多くの現象——たとえば階級闘争・社会的分配・人口増大・資本蓄積というような現象——がある。価格がいつも希少性の反映であるという限界主義の考えは，いくつかの点で古典派の生産費的な理論よりも一貫した一般的な価格理論を与えているようにも思われるが，なお反対をともなう若干の重大な問題がある。

　問題というのは，限界主義の視点が人間の活動のなかの一要素として時間を取り込むことの困難である。現実の経済を考えるとき，われわれは，限界主義の価格理論が依拠している，現在の財貨の効用や限界効用を決定するに際して，将来についての期待が重要な役割を果たしている，ということに気付かされる。たとえば土地の価値は，それが今年生産しうるものにでなく，将来それにどのような穀物が栽培されるか，そしてそれを耕すのにどのような技術が開発されるか，ということに依存する。期待を通した現在資産の評価が諸個人の予算制約を確定し，こうして現在の財貨とサービスに対する彼らの需要の基礎となる。限界主義理論の明らかな長所は，相対的な希少性によって決定されるものとして曖昧でない価格理論を与えるところにあるが，しかし希少性を表現する需要は，それ自体が高度に期待に依存するものなのである。期待理論なしに，限界主義の価格理論は不完全なものなのである。

　この問題に対する新古典派経済学の文献でしばしば採用されてきた公式的な返答は，将来全体にわたって潜在的なすべての財貨とサービスに価格付けする市場が存在する，と想像することである。そのような市場が存在すると

すれば，少なくとも抽象的なレベルでは，新古典派理論の決定力は回復するだろう。あいにくわれわれは，現実には，実在する市場の範囲は，理論上のこの隙間を埋めるにははるかに不足していることを知っている。この観察に対する一つの応答は，「合理的期待」の仮説，すなわち諸個人は現在首尾一貫した需要を形成するのに必要な将来の価格や偶発事故についての知識をあたかも持っているかのように行動する，という仮説である。この合理的期待学説の信頼性のなさが，今日の新古典派経済学の最大の弱点の一つである。

時間は，他の意味でもまた，新古典派と古典派の視点の対立に潜む明らかに根底的な問題である。古典派経済学者は，長期平均価格（スミスの自然価格）の概念を通して時間や経済変動を扱うことを望んだ。これに対して新古典派の見地は，分析の焦点を断固として短期に置いて，古典派が市場価格と呼ぼうとしたものを説明しようとする。どちらの分析上の戦略も，人間の経済生活が複雑で時間の制約のなかにあるという特徴を完全に適切に取り扱っているようには思えない。長期見通しと短期見通しを無理矢理総合することはできず，また期待の問題についての一貫した取り扱い方が存在しないことのために，多分われわれは，直面する特殊な問題がなんであれその適切な見通しを選択するという考えを持って，古典派と新古典派の分析の両方を保持しておく方がよいのだろう。

6　ヴェブレンと顕示的消費

限界主義経済学が市場均衡と効率性の学説を急速に展開していた1890年代に，広く読まれていたシカゴ大学の権威ある『ジャーナル・オブ・ポリティカルエコノミー』は，一人のアメリカ生まれの天才，ソースタイン・ヴェブレンによって編集され（そして大部分が書かれ）ていた。ヴェブレンは西部大草原地帯の厳しい生活に入植した移民家族の出身だった。彼は，本能的に，アメリカの資本主義的生活の辺境に立ち位置を取り，その非合理性と自己満足についての辛辣で洒脱で逆説的な観察に身を捧げた。社会慣習や世間体に対するヴェブレンの軽蔑は，彼がアカデミズムのなかにいる間中，大学の同僚や管理者との煮え湯のような熱い対立を何度もひき起こした。それにもかかわらず，彼は，先進資本主義では実際にどんな生活がしてみたくなるかについて，心臓を抉るような一連の書物を苦労しながら生み出した。ヴェブレ

ンは，辛辣でスマートな散文でもって人間の歪みや資本主義的な社会関係のコストを伝える，スミスの誤謬の伝道書〔Ecclesiastes〕のような人物である。

■顕示的消費

ヴェブレンは，勢いを増しつつあった新古典派の著者たちだけでなくマルクスも読み，鋭い評論を書いた。彼ら両者は進行中のものごとの要点を異なる仕方で見落としている，とヴェブレンは考えた。ヴェブレンにとって，先進資本主義を駆り立てる力は地位と名声のための競争であった。資本主義社会で幸運にも大きな（中程度のでさえ）富と所得を成した人が，彼らの貨幣で実際に努めて行なおうとすることは，高価だが役に立たないガラクタの人目を引く陳列への支出に互いが汲々とし合うことだった。ヴェブレンが特徴付ける資本家は，まさしくこれらの富の陳列に彼ら自身のアイデンティティの秘密を見つけようとしている偏執狂でありナルシストである。

資本主義的なアメリカ社会についてのヴェブレンの描写は，無視されるにはあまりにも特徴を捉えており，しかしそれは，限界主義に対して非常に厄介な問題を提出するものだった。もし消費そのものが社会的に決定されるのであれば，生産と市場が機能するのは個々人の好みに具わる経済余剰を実現するためだけである，という考えはどうなってしまうのだろうか。ヴェブレンの視点からは，経済の順調な螺旋的発展は，放縦な見せびらかしの暴発のようにますます見えてくる。

それでは，何がそのシステムを動かし続けているのだろうか。ヴェブレン版の使用価値と交換価値の区別は，諸個人の個性のなかの「金銭的なもの」と「職人的なもの」との対立である。金銭的衝動は貨幣的富への努力と発見に現金を使おうとするが，職人本能は現実の人間的な必要に即してエレガントな解決法を見出そうと欲する。金銭的衝動は，資源の無駄遣いに無頓着である。すなわち，より多くの消費は浪費的支出者の社会的優越性をますますはっきりと示すことになるので，活動が浪費的になればなるほどますます良いことになる。職人本能は，資源をその有用性が最大になるように保存しようとする。

ヴェブレンは，彼の時代のアメリカの資本主義社会に解きがたく絡み合ったこれら二つの人間個性の矛盾的な相貌を見た。彼は，職人本能が顕示的消費に出会うたびに，その尊大な要求にますます埋没させられていくという大

きなドラマを予言した。博愛家は大きな玄関と沢山の階段をもった大学のビルを建てるかもしれないが，そのビルのなかの教室はしばしば換気が悪く，音響効果が悪くて教師の授業がよく聞こえなかったりするものだ（ヴェブレン自身が，いつも口をもごもごさせながら，学生からもっとも離れた教室の一隅で彼の刺激的な社会批判を鈍く低い単調な声で伝えていたのだった）。現代ならヴェブレンは，車のテールフィンや社会的成功を誇示するための家やボディ・ピアスの理論家となっていたかもしれない。

　われわれはヴェブレンのなかに，スミスの誤謬のジレンマに対するはっきりとした応答を見ることができる。ヴェブレンにとっては，資本主義が慣習的道徳性に対して突きつける脅威は，資本家がエンジニアに突きつける脅威よりも重要なものではない。危険なのは，私益の無慈悲な追求が義務とか助け合いといった個人間の絆を壊す，ということではない。危険なのは，自己の強大化の無頓着な追求が，科学や技術が人類に提供できる実践的な善を転覆させてしまう，ということなのである。スミスの誤謬に直面した他の偉大な思想家と同様に，ヴェブレンも，このジレンマを解決する幸運に恵まれたわけではない。ヴェブレンが職人本能に感じるある一つの感覚は，金銭的本能と同様に人間存在に深く根ざすものであり，そうして長期的には社会を形成するための良い可能性を持つものである。しかしヴェブレンは行動綱領を持った革命家ではなく，また神託を持つ預言者でもない。彼が感情を動かされることのない科学的な観察者として語り，彼の主題に関わる言動に感情的に巻き込まれることがなかったのは，蝶の収集家が標本板にピン止めされた蝶の死骸に心を動かされないのと同じであった。

■進化論的モデル

　ヴェブレンにとって，経済科学のための適切な方法論的モデルは進化論的生物学であった。すなわち，首尾一貫した人間行動の本源は，抽象的な合理性よりもむしろ進化論的な歴史のなかにある，というものであった。たとえば山地の羊飼いの子孫は，乾燥したカリフォルニア砂漠のなかにある家の周りに小さな草地を育成するために，膨大な資源を費やすだろう。このことを説明するために，進化していく遺伝子の行動コード以外になにがあるだろうか。会社や規制システムの出現を説明するのに，進化論的社会学における偶然性以外になにがあるだろうか。効率的な資源配分のための形式的な限界条

件を仮定することは，経済学者にとってはまったく好都合だが，しかし問題の核心部分にあるのは人間の生命・想像力・熱望であって，それらは社会科学者が彼らの冷たい方程式では十分に語ることができないものなのである。

　進化論的アプローチは，限界主義経済学の数学的な無味乾燥を大いに追い払うとはいえ，人間存在やその道徳的関心事を経済学的思考の中心にひき戻すうえでは大したことは行なっていない。われわれが自然のなかに観察する進化は，それ自体の容赦ない論理に従う非人間的なプロセスである。進化をある方向・ある目標（複雑性・人間的意識・あれこれの種類の進歩）を持つものとして読み取ろうとするイデオロギー的な傾向にもかかわらず，進化論的な理論は，その成果の望ましさや価値についてはなにも語らない。経済関係が純粋に進化論的な諸力によって形成されるという見方は，道徳的な問題を経済学的な論述から一掃してしまう。これは，スミスの誤謬に対する極端なそして満足のいかない応答である。なるほど進化論的経済学は，新古典派経済学を支配する効率性という陳腐な標語から自由であり，静態的均衡を動態的な変化の構想に置き換える。これらが，知的に新鮮で刺激的な見通しを与えることは本当である。しかし，仕事・取り引き・技術革新の日々の追求のなかの進化論的プロセスを実行することによって，われわれは個人としてこのオリュンポス山の地点からどれだけ多くの導きを獲得できるというのだろうか。われわれは，産業資本主義や市場の力が通った後に残された，周辺に追いやられ・敗北し・危険にさらされている諸個人をどう取り扱うかという問題に，いまなお直面しているのである。適応しない者を将来から無情に淘汰してしまう進化論的なプロセスは，現在を生きる人類に，スミスの誤謬より以上の道徳的な慰めを与えることはないのである。

第5章
宙に漂うさまざまな意見
―― ケインズ・ハイエク・シュンペーター ――

　産業資本主義は20世紀の前半に非常な困難に遭遇していた。ヨーロッパの政治システムは，帝国主義の対立という競合する圧力の爆発を阻止することに失敗し，第一次世界大戦に導かれ，西洋文明の様相は変わってしまった。20世紀の資本主義が受けついだ金融システムは，技術と企業組織の進歩によって解き放たれた生産力の巨大な増大に対処するには不適切であることが判明し，これが世界規模での不況を勃発させた。これらの事柄は，資本主義的な政治的・経済的統率力への信頼に危機を生み出した。

　スミスの誤謬の基礎にあるジレンマは，20世紀にはさらにより深刻な形をとった。スミスにとって，その問題は，道徳性のない資本主義を道徳的な社会生活といかに融和させるかであった。初期の新古典派経済学者にとっては，その論点は，本質的に財としての経済的余剰の創出をいかに最適化するかということにあった。20世紀の世代にとっては，その問題は，世界規模で資本主義によって解き放たれた混沌とした生産諸力とどのようにうまくやっていくのか，あるいはその生産諸力をどのように乗り切るのかにあった。

　ジョン・メイナード・ケインズ，ヨーゼフ・シュンペーター，フレデリック・フォン・ハイエクの思考を中心とする三つの構想が，この時期の政治経済学における覇権を争った。資本主義が第二次世界大戦の余波のなかで再構築されたとき，資本主義の諸制度と振る舞い方を形づくったのは，これら3

151

人の思想であった。3人はそれぞれ自分の仕方でスミスの誤謬を繰り返したが，各人のニュアンスと強調点の相違が，現代の資本主義社会の政治的な裂け目を形作っている。

1　ジョン・メイナード・ケインズ

　ジョン・メイナード・ケインズ（彼ほど有名でない経済学者であった父ジョン・ネビル・ケインズと区別されねばならない）は，1883年（マルクスが死んだ年）にイギリスのケンブリッジで中流の裕福な学者家族に生まれた。ケインズは，聡明で放縦な若者であり，20世紀の始めにケンブリッジのキングズ・カレッジに入学したが，その時代は重大な知の動乱の時代であった。彼は，人生の大部分をなにかとキングズ・カレッジと関わりながら過ごした。

　ビクトリア朝社会の宗教的・哲学的・道徳的な確信は，ダーウィン主義進化論・大衆社会の出現・ナショナリズムの圧力のもとで，もろくも崩れつつあった。ケインズは，自分たちの個人的・政治的生活のなかでビクトリア朝の正統性を激しく批判していたケンブリッジの一グループの中心にいた。このグループは，その芸術的・文学的著作が，その非伝統的な性的・個人的行動と同様に，20世紀の感性に消すことのできない刻印を残したブルームズベリー・サークルの一部となった。ケインズは，このグループの中心メンバーであり，リットン・ストレイチー，ヴァージニア・ウルフと彼女の妹ヴァネッサ・ベル，ダンカン・グラントの親密な仲間であった。ケインズは，学生や青年のとき積極的な同性愛者であったが，中年期以降に彼はロシア人バレーダンサーと結婚し，死ぬまで彼女とともに非常に幸せに暮らした。ビクトリア朝的道徳の正統性に反対するブルームズベリー・グループの強い批判的な姿勢は，ビクトリア朝的な金融的・経済的正統性に対するケインズの痛烈な論評のなかに響き渡っている。

　第一次世界大戦中，ケインズはイギリス政府によって召集され，戦争により生み出された巨大な金融問題を政府が首尾よく処理するのを手伝ったが，ケインズはその職務で天才的な機略と創造性を示した。彼の社会的グループは平和主義的で戦争に批判的な傾向があったので，戦争の金融処理へのケインズの深い関与は，彼に深刻な精神的葛藤をもたらした。それにもかかわら

ず，彼は明らかに政権中枢への参加とともに生じたその影響力と権力を気に入っていた。戦後，ケインズは，ヴェルサイユでの失敗に終わった講和会議に対するイギリス代表団の重要メンバーであった。賠償金によって戦費の支払いをドイツ人に強要するというフランスが推進した強硬な政策は実行不可能であり，将来ヨーロッパに政治的・経済的な不安定性を招くだろう，と彼は確信していた。講和会議の後，ケインズは，これらの批判的な予言を表明した『平和の経済的帰結』という異彩を放つ辛辣な本の出版によって，世に名を知られるようになった。

　戦後，ケインズは，学監として（しかし決して教授ではなく）キングズ・カレッジに復帰し，1920年代と30年代の間ずっとイギリス経済学界の中心にいた。彼は，キングズ・カレッジの基金を投資し大きな成功をもたらし，カレッジを豊かにした。彼はまた外国為替市場で（とくにドイツ・マルクに対する）投機によって，自身のために少なからぬ財産を築き，失い，取り戻した。1920年代の間，ケインズは，貨幣的・マクロ経済学的な論点に関する一連の本とパンフレットを書いた。イギリス経済は，その時の大蔵大臣ウィンストン・チャーチルがポンドを戦前の平価で金兌換に復帰させることを決定した1926年以後，慢性的に高い失業を伴う不況に陥った。ケインズはこの決定にひどく批判的であり，イギリスの貨幣賃金と物価は20パーセント下落する必要があるだろうと概算した。

　1930年代初めに，ケインズは『雇用・利子および貨幣の一般理論』の執筆に努力を集中させた。その本は，経済学において疑いもなく20世紀の初めの3分の2の間の，ことによると20世紀全体の間の，もっとも影響力のある著作であった。

　心臓病のせいでの健康の衰えにもかかわらず，ケインズは，第二次世界大戦の間政務に復帰した。戦後のイギリスの復興を助成するためにアメリカからの最初の戦後借款を交渉したのち，彼は，国際通貨基金と世界銀行を設立したブレトン・ウッズ会議へのイギリス政府代表として，死の直前まで最後の努力を尽くした。

2　ケインズの時代の世界資本主義

　ケインズの成人後の生涯は，ヨーロッパを中心とする世界資本主義システ

ムにとって苦痛をともなう危機の時代であった。19世紀の資本主義的発展は，アフリカとアジアの植民地および世界の市場・資源の支配を巡って，ヨーロッパ列強間の熾烈な競争に導いた。この競争は，ロシア・ドイツ・オーストリア・オスマン帝国の専制君主政治とともに，ヨーロッパの若者の一世代を破滅させた第一次世界大戦という大惨事への舞台を準備していった。世界の金融システムは戦争中に劇的に変化した。というのは，諸国家は，国際貿易と国際投資を調整していた金本位制を放棄すると同時に，中央銀行が計り知れない弾力性と権限を持っていることを発見したからである。

　第一次世界大戦後の経済政策についての主要な先入観は，戦前の金本位制度およびそれが作り出すと思われた金融的・経済的安定性の再建であったけれども，世界資本主義は，つぎからつぎへと生じた極度の危機の試練を受けた。1920年代初め，ドイツは，マルクに対する投機（そのなかにはケインズもいた）の結果としての未曾有のインフレーションと，賠償金支払いの押しつぶすような重荷に対処する政治的無力とによって苦しめられた。ドイツ通貨が安定したとき，ポンドの戦前平価での復帰という1926年のイギリスの決定は，イギリス経済に労働不安と長期の沈滞を生み出した。数年後1929年にアメリカ経済は著しい景気後退に入り，それは，途方もない失業・デフレーション・金融破壊をともなう破滅的な不況へと発展した。1930年代を通して，世界資本主義は，不況による社会的・政治的・経済的な緊張に対処するために奮闘していた。そしてその不況は，第二次世界大戦の勃発とそれに結びついた軍事増強でもってのみ終焉したのである。

　ケインズの主著の諸テーマは，資本主義的発展のこの独特な時期までに形作られていた。今にして思えば，両大戦間期の混乱は，資本主義的経済発展のパターンにおける異常な中断であったように思われるが，その当時人びとは，自分たちが経験している諸問題は資本主義に内在しており，繰り返されるだろうと思い込んでいた。第二次世界大戦後に不安定性という問題が緩和された一つの理由として，戦間期の危機に取り組むために考案された，特にケインズの理論を含む，諸制度と理念の存在が挙げられる。

　同時代の観察者にとって，自由放任政策は，先進産業資本主義の問題に対処するには不適切であるように思われた。金本位制の支えがなければ，通貨への投機は，国民経済にインフレーションやデフレーションへの圧力を生み出した。それらは国民経済を政治的に不安定化させ，慢性的な失業へと導い

た。古典派的な均衡に導く諸力は，この時期の大半にわたって弱く，作用していないように思われた。この危機の間中，多くの人は，ソビエト連邦の共産主義モデルの線に沿った社会主義が唯一実行可能な代替案である，と論じていた。ケインズは，中央指令型の社会主義に断固として批判的であり，むしろ中央政府と中央銀行の経済的役割の大きな拡張を通して，資本主義をより良く機能させるために，資本主義の改革を目指していた。

3　セー法則と自由放任

ケインズは，セー法則の批判で『一般理論』を始めている。（われわれがすでに第1，2章で出合っている）セー法則とは，商品に対する需要は総計では，家計・企業が進んで商品を供給することから生じるという原理である。もしセー法則が当てはまるとすれば，政府の政策は，（たとえば，他の人よりもある人により重く課税することによって）異なった商品の間での全体の支出・雇用の配分に影響を与えることはできるけれども，総支出や総雇用にはどんな影響をも与えないことになる。ケインズは，セー法則の有効性は自由放任という伝統的な状況にとっては決定的に重要であることを認識していた。彼のセー法則の棄却には，広範囲におよぶ意味がある。

たとえば，リカードウは，供給——すなわち労働・土地・資本のような生産資源の所有者が進んでその資源を生産的使用に提供すること——は，総生産物を市場から引き上げるのに十分な需要を作り出すと論じている。リカードウの推論によれば，人びとは，さまざまな仕方で自分の貨幣を支出しないわけにはいかない。彼らが労働力や資本サービスを売るとすれば，彼らは消費財の購買に向かうだろう。彼らが消費よりも貯蓄を選ぶとすれば，その際には彼らは，投資を通して自分の所得で資本財を買う必要があるだろう。いずれにせよ生産されたものを買い戻すために，需要は存在するだろう。

限界主義者はまた，市場での交換を，本質的に一つの財・サービスの他のそれらに対する物々交換と考えている。この脈絡では，供給と需要を区別することは困難である。限界主義者の言い方では，労働は財を買い，財は労働を買うのである。

限界主義者と古典派経済学者は常に，相対価格が需給の均衡水準に適合していないので，特定市場での供給と需要はバランスしないかもしれないとい

う可能性を考慮に入れている。しかし，この推論によれば，ある市場たとえば労働市場が供給過剰であるとすれば，他のある市場たとえば商品市場は需要過剰であるにちがいない。これら部門ごとの供給過剰と需要過剰を取り除くであろう相対価格の配置はいつも存在している。一つの市場，たとえば失業として現われる慢性的供給過剰を持つ労働市場について言えば，その矯正策は，その市場での価格すなわち実質賃金を低落するように促すことであるにちがいない。この枠組みのなかでは，供給過剰の究極的原因は常に，価格が自由に調整するのを妨げるなにかの要因にあるのであり，供給過剰に対する究極の矯正策は，価格変化に対するこれらの障碍の除去である。労働市場では，それらの障碍は，労働市場を清算するのに必要な賃金調整を妨げる，最低賃金のような立法や労働組合のような独占力という要因である。

　限界主義者と古典派経済学者の両者の推論は，経済の貨幣的・金融的機構がきわめて効果的に作動するという仮定に大きく依存している。リカードウは「貨幣はヴェールである」と述べることによってこの考えを表明している。それゆえあたかも労働と諸商品が相互に直接的に交換されるかのように経済関係を分析することは道理に適っているのである。限界主義経済学と新古典派経済学においては，貨幣は購買可能なものであるがゆえにのみ有用であり，その分析構造は，労働を含めて財・サービスは相互に直接的に交換されることを前提している。

　これを別の言い方で言えば，古典派と新古典派は，貨幣の流通速度が無限である世界を考えているのである。したがって，個人が一つの財の販売と別の財の購買の間に金融資産を保有する時間の長さは，無視しうるほど短いのである。貨幣と引き換えに商品を売る人が向きを変えて別の商品を買うために貨幣を支出するというマルクスの商品交換の循環の観点からは，価値が貨幣という仲介形態で過ごす時間は，消え失せている。セー法則の信奉者たちはさらに，貨幣の流通速度が無限でない場合でさえ，販売と購買の間隔が短く高度に予見可能であるかぎり，つまり貨幣の流通速度が速くかつ安定的であるかぎり，彼らの分析が現実に対する優れた近似であるだろうと論じるかもしれない。その際には，現実の経済はまさに，あたかも労働がただちに財と交換され，財は労働とただちに交換されるかのように動くだろう。そしてセー法則の含意はおおむね妥当するだろう。

　ケインズは，セー法則は高度に発達した金融システムを持つ経済において

は完全に時代遅れであると主張する。経済に無数の多様な金融手段が存在するとき，一商品の販売は，別の商品の購買から長くかつ変わりやすい期間のあいだ引き離されうる。販売と購買の間隔が長くなれば，生産され市場に売りに出された商品のすべてを買い戻すための貨幣需要が不十分になるかもしれない。この場合には，いくつかの企業や家計は，「流動性制約」の状態にあり，彼らは単に購買用の金融資産を持たないがゆえに，商品の購買を控えることになるのである。

　これらの事情のもとでは，貨幣支出の決意は，経済システム全体にとって一種の正の外部性を持っている。貨幣支出者は，自分が欲する商品の購買という私的な利益を持つのであるが，彼はまた別の人の貨幣残高を増大させ，その人に以前には金融制約のために不可能であった望みどおりの購買を可能にさせるのである。個々の貨幣支出者は自分の決意の外部的影響を考慮しないので，貨幣支出の量は，経済のすべての資源を使用するには少なすぎるかもしれない。その差額を補うために，政府が貨幣支出を助成する（あるいは自ら支出する）ために介入するケースが存在するのである。

　セー法則の棄却は，しかし，自由放任の一般的議論に対してさらなる含意をもっている。もし自由な市場に需要の停滞や資源の不使用という傾向があるとすれば，セー法則という前提のもとでは意味のない多くの政策が擁護されうる。たとえば，古典派経済学者および限界主義経済学者は，保護貿易的な関税は，雇用と投資をより収益の高い部門からより収益の少ない部門に転じるにすぎず，労働や資本の総使用量を変えることはできないと主張する。しかし，もしセー法則が是認されないとすれば，そのときには，自由貿易のために失われた仕事は，経済のどこかで生み出される別の仕事によって必ずしも埋め合わせられないだろう。保護貿易的な関税は，労働と資本の使用を増やすことによって，その国の富を増大させうるのである。同様に，セー法則の推論のもとでの政府支出は，政府投資の社会的収益率が私的投資の収益率よりも高い場合にのみ，正当化されうる。単に需要創出のために支出される課税や政府借入は，資源をもっとも収益の高い用途から逸らすことによってただ社会の厚生を減じるだけである。しかし，セー法則が是認されないとすれば，政府支出は，さもなければ遊休するだろう資源を使用することができ，それゆえ富の創出を増大させうるのである。

　資本主義についての政治経済学における自由放任という論議の重要性と政

府の市場介入に対する潜在力を前提とすれば，われわれは，セー法則という前提に支えられているイデオロギー的な利害関心が，実際には非常に重大であることが分かる。事実，大半の人はあたかもセー法則が妥当しないかのように経済について考えているようである。人びとは，国際貿易で失われた仕事は完全に失われてしまうと考え，自分の考えのなかでは決して市場均衡というシステム全体に広がる諸結果に結び付けない。経済学の一つの使命は，これらの先入観から脱するように人びとを教育することである。ケインズの経済学の出現は，経済理論全体に微妙な問題を生み出した。というのは，ケインズの経済学では，経済学的分析のもっとも根本的な原理の一つであるセー法則が疑問視されているからである。

ケインズの考えがアメリカとイギリスの経済理論で優位を占めるようになってきた1940年代に，この問題は，ポール・サミュエルソンによって他の誰よりも明確に述べられた一つの妥協すなわち「新古典派総合」によって取り組まれた。新古典派総合は，ケインズに同意して，自由な市場は生産資源の完全雇用を保証しえない（あるいは少なくとも非常にすみやかには保証しえない）と考え，それゆえ政府と中央銀行は，完全雇用かそれに近い雇用を確保するために財政・金融政策を整備しなければならない。しかし，ひとたび完全雇用需要が達成されるやいなや，自由放任的な分析の基本的諸力が息を吹き返して作用し始め，政府のさらなる介入がなくても市場はおおむね自由に資源を割り当てるはずである。新古典派総合というこの考え方は，実際のところ巧妙ではあったけれども，イデオロギー的に不安定であることが判明した。1970年代には，マネタリスト理論と合理的期待理論を信奉する経済学者たちは，セー法則という前提を含めて，完全に古典派的・新古典派的な正統派学説に復帰する必要性を強く主張した。そして彼らはかなりの程度まで，（経済政策においてはそうではなかったとしても）経済理論において優位な立場を獲得したのである。

セー法則は，スミスの誤謬を支える重要な支柱である。もしセー法則が間違っていれば，そのときには，資本主義的社会関係の社会的優越性と言われているものは，条件次第で不確かなものになる。そして，資本主義の道徳上の不都合を我慢することへの賛成論は，それに応じてより弱くなるのである。

4　労働市場と失業

　ケインズの労働市場分析と彼が『一般理論』で定義した「非自発的失業」という範疇は，多大な注目を集めてきた。問題は，ケインズが限界主義的分析の概念装置を受け入れていると思われることである。しかし，非自発的失業という概念は，限界主義の均衡概念と調和しないように思われる。
　労働市場における限界主義の均衡概念では，企業は，賃金がもう一人の労働者が生産する財の価値（労働の限界生産物）に等しくなる点まで，労働者を雇用する。労働者も同様に，賃金で購買する財・サービスの限界効用が，追加労働時間の負の限界効用（労働の限界不効用）に等しくなる点まで，労働を供給する。労働市場における均衡は，労働の限界生産物と限界不効用との同等性によって定義される。労働の限界生産物は，労働の需要曲線によって測られるが，その曲線が，固定された資本ストックでの労働雇用に対して収穫逓減が仮定されているので，右下がりになっている。
　ケインズは明確に次のような想定をしている。彼の労働市場均衡は，限界主義的な労働需要曲線に依存しなければならない。すなわち，実質賃金は労働の限界生産物に等しくなければならず，労働の限界生産物は，収穫逓減のために固定された資本ストックのもとで雇用が拡大するとき逓減するという想定である。だが，ケインズはつぎのように主張する。労働市場は，労働供給曲線によって測られるときに実質賃金が労働の限界不効用を超過する状況において，彼が均衡と考える状態になりうる，と。この状態では失業者は，現行の実質賃金で進んで働くであろうし，いくぶん低い実質賃金でさえ進んで働くだろう。ケインズは，これらの労働者を「非自発的失業者」と定義するのである。
　限界主義者たちも，不均衡状態にある労働市場について思いをめぐらすことができる。彼らは，労働の「供給超過」と言うのを好むけれども，結果的に生じる失業を非自発的と特徴付けることに異議を唱えないだろう。しかし，彼らは不均衡下では，実質賃金の低下に向かう諸力が作用すると信じている。ここに，ケインズと限界主義者との間の決定的な不一致がある。というのは，ケインズは非自発的失業が労働市場の均衡と共存しうると主張するからである。

ある程度までは，これは用語の意味上の不一致であるにちがいない。というのは，限界主義者の均衡概念は明確に定義されており，労働に対する供給曲線と需要曲線の交点に関係するからである。しかし，ケインズは，実質賃金が労働の供給価格以上である時でさえ，実際には実質賃金の引き下げに向かう諸力は存在しないかもしれないと論じている。彼の議論は次のようである。すなわち，労働者が労働の超過供給に対応しうる唯一の方法は，現実の賃金交渉が財・サービスの実質的条件ではなく貨幣的条件でなされるので，貨幣賃金の切り下げによってであるだろう，と。ケインズは，貨幣賃金の急激な低落が経済にとって良いこととは決して考えなかったけれども，非自発的失業が存在する場合には，それがありうることを認めている（失業率が非常に高かった1930年代初頭には，アメリカの貨幣賃金は急激に下落した）。しかし，貨幣賃金は生産費用の非常に大きい部分を占めているので，貨幣賃金の引き下げは実質賃金の低落を引き起こすことができない，と彼は主張する。経済において貨幣賃金が低落すると，すべての生産者は自分たちの費用が低下したことに気付くが，競争は生産者たちをして財・サービスの貨幣価格を比例的に低下させるだろう。これは，もちろん実質賃金――労働者が購買する財の価格に対する貨幣賃金の比――を不変に保ち，経済に非自発的失業をそのまま残すことになる。

　貨幣賃金と貨幣価格の下方スパイラルは，大量失業に悩まされている経済に決して生じてはならないことである，とケインズは説得的に論じている。貨幣価格と貨幣賃金のデフレーションは，実質利子率と既存の負債の返済負担を増大させ，それゆえ企業が新投資を企てることを思いとどまらせ，それによって経済の流動性制約をさらに厳しくする（もちろん，デフレーションは，既存の負債の貸し手を実質的に豊かにし，彼らが消費により多く支出するのを促進するかもしれない。しかし，貸し手は裕福な家計である傾向があり，彼らは，自分の実質資産が増加するとき，自分の消費をおおいに増大させそうにはないのである）。ケインズは，組織労働者は大量失業の時期にさえ貨幣賃金の切り下げに抵抗する傾向があることに言及し，それは物価水準を安定化させる傾向があるので，良いことだと論じている。

　ケインズはつぎのことに同意していた。すなわち，物価と賃金がより低いときには，同じ名目貨幣量がより大きな購買力を表わし，ゆえに家計と企業の流動性制約を緩めるので，もし中央銀行が名目貨幣量を維持するとすれば，

貨幣価格と貨幣賃金の低落はその経済により大きな流動性を生み出すのに間接的に役立つかもしれない，と．しかし，これは中央銀行が単純に名目貨幣供給を増大することによって同じことを達成できるので，経済により多くの流動性を創造するための非常に痛みをともなう回りくどいやり方である，と彼は主張している．

　貨幣賃金の低落が実質賃金の低落を引き起こすメカニズムは弱くかつ間接的であるというケインズの議論は説得力のあるものであるが，非自発的失業が労働市場の均衡と共存しうるとする彼の主張は，いくつかの未解決事項をそのままに残している．一つは，非自発的失業が存在するときは，貨幣賃金を低落させる圧力が存在するように思われる．それゆえ非自発的失業は経済における重要な全価格変数の安定性と両立しないことである．非自発的失業は明らかに限界主義的な意味での均衡と両立しないので，もしケインズが均衡によって意味することを十分に説明したとすれば，それは助けになったであろう．彼が考えていたように思われることは，たとえ貨幣賃金の変化に対する短期的な圧力があるとしても，雇用量の変化に対する短期的圧力が存在しない経済の状態である．

　非自発的失業という問題は，今日までマクロ経済学を悩ませ続けている．新古典派的正統派は，その理論では非自発的失業が均衡と相容れない，限界主義者のそれと本質的に同じ理論を採用している．合理的期待理論というその極端な種類は，現実経済はいつも限界主義的な均衡にあり，それゆえ非自発的失業は決して観察されえないと主張している．一方では，この主張は，普通の教育を受けた人びとの目には，経済理論の信用を落とすものと映っている．というのは，それらの人びとは自分の経験や観察から，自分たちが現行の実質賃金やいくぶんそれ以下の賃金でさえ働きたいのに仕事を見出しえない時期が存在すると感じているからである．他方では，その主張は，合理的期待仮説の理論家に，労働市場がいつも均衡状態であるという想定と両立しうる失業水準において，景気循環の変動に対する別の説明を見つけ出すことを要求している．提出された一つの説明はつぎのものである．すなわち，現実の失業は実際には偽装された雇用であり，そこでは失業者はより良い仕事を探すために自発的に仕事を離れているのである，と．別の議論はつぎのように主張する．すなわち，実質賃金が景気停滞期に低落するとき，雇用が減少するのは，労働者が労働市場から自発的に身を引き，実質賃金が回復す

るまで待っているからである，と。(疑いもなくこの主張にもなにがしかの真実はある。というのは，労働力率は，失業率が上昇する景気後退期に同時に低落するからである。しかし，この主張は，積極的に仕事を探している諸個人の実測の失業の増大を説明していない)。

5　期待と貨幣

　ケインズは，産業資本主義経済の金融的特徴とその経済の将来的進路についての本質的不確定性との間には，密接な関係があると考えている。企業が生産を企て労働者を雇用し投入物を購買する動機は，利潤を上乗せして生産物を売ることができるだろうという判断に依存する。産業資本主義は，その最終的な収益性が長年にわたり不明であるような事業に多額の貨幣をあえて投下する投資家を必要とする。ケインズの見解では，経済活動の主因は利潤期待である。しかし，人間にとっての将来はいつも不確実であり，それゆえ生産の着手や長期の投資は，不確かな見込みに直面しそれを評価する資本家を必要とするのである。

　新古典派経済学は，リスクの評価と配分は自由に機能する資産市場の役割であると主張する。新古典派経済学にとって市場のリスク配分の典型的ケースは，保険である。統計的に予測可能であるが個人的には成行きまかせである火災のようなリスクと向き合う資産保有者のグループは，自分たちの富をいくらか保険基金にプールし，現実に損失を被るメンバーに補償することができるのである。新古典派理論は，すべてのリスクがこの統計的に予測可能な特性を持つと見ており，金融市場の継続的発展を経済がリスクに対処する最良の方策と考えている。

　ケインズは，若い頃に確率論について影響力ある本を書き，確率とリスク管理に関する明確な見解を示した。フランク・ナイトのような他の経済学者たちによっても同様に言及されているが，彼は，計算可能でそれゆえ保険に適したリスクと，どんな明晰な統計的判断も形成しえない解決不可能な不確実性との違いを強調した。金融資産と金融市場は保険に適したリスクを配分できるが，より重要な経済的リスクは解決不可能な不確実性であり，金融市場は実際にはその不確実性をいっそう悪化させるかもしれない，と彼は主張している。問題は，マクロ経済学的な不確実性が，個人の死や火災のリスク

とは違って，主として経済システムの内部で生み出されるということにある。たとえば，経済が景気後退に陥るリスクは，天候のような外的要因についての不確実性からではなく，資本家の期待の相互作用についての不確実性から生じるのである。もしだれもが景気後退が目前に迫っていると信じるようになれば，彼らは，自分の投資支出と生産水準を減少させ，それによって所得を減少させ，景気後退という期待を自己達成的な仕方で実現させてしまうだろう。景気後退は，計算可能なリスクの現われではなく，人間の本質的に計算不能で動態的な相互作用の現われであるから，資産市場は，このタイプのリスクを配分することも回避することもできないのである。

さらにケインズは，投資の配分をもっぱら金融市場に委ねることに内在する少なからぬ危険が存在すると主張している。金融リスクが計算可能であるときには，資産の基本的価値を評価する統計的な基礎が存在する。他方で，そのリスクが計算不可能なときには，資産を評価する合理的な基礎が存在せず，市場の評価は，一時的流行や群集心理や狼狽の結果として大きく揺れ動き，その経過のなかで投資と実体経済を不安定にするのである。ケインズはこの状況では，金融市場はイギリス新聞社主催の一種の美人コンテストのようなものであると主張している。すなわち，そのコンテストの狙いは，どの競技参加者がもっとも魅力的であるかを選ぶことではなく，どの参加者が公衆からもっとも多くの投票を獲得するかを選ぶことになるのである。金融市場の不安定性を防ぐために，ケインズは，「投資のやや包括的な社会化」を推奨し，政治的過程に金融市場との関連で経済的平衡輪の役割を割り当てている。

ケインズの考えでは，貨幣の広範な使用と洗練された金融市場や金融資産の発展はある程度は，資産保有者の側での「時間と不確実性という陰鬱な勢力」に対する防御的な反応なのである。現実の投資は，投資家が現金化しがたく危険な長期的な見込みに関わることを必要とする。金融資産は，他方で，いつ何時でも販売可能な富よりもより流動的な富を代表し，資産保有者が当該資金の最終的使用についての決定を先延ばしすることを可能にする。ケインズは，しかし，これがまさに貨幣と金融資産が潜在的に危険である理由だと信じている。不確実な時期には，資産保有者は，現実的投資から金融上の安全な逃避先や貨幣に逃避する傾向があり，それゆえ現実的財・サービスの販売と購買との時間的ずれを長くし，総供給と総需要との間の不均衡を作り

出すだろう。自由放任の推論は，経済の流動性を増大させるために，金融資産をできるだけ広い領域で利用可能にし，取引費用をできるだけ減少させることに賛成であるのに対して，ケインズは，投資家の選択を制限し，彼らを強制してある種の現実投資に関わらせることに賛成論を主張する。彼は，資産の投資は結婚のようなものであるべきだと示唆しさえする。すなわち，投資家は，どの現実的な投資であれ自分が最良の長期的な見込みを持つと考えるものを選択すること，そしてその事業が続く間それを手放さないことを強制されるべきなのである。

■短期期待

　ケインズの考えでは，生産者は，生産物需要についての短期期待が満足のいく利潤を見込めるがゆえに，労働を雇用し生産投入物を購買し，生産を始める。もし需要の短期期待が上昇すれば，企業はより多くの労働者を雇用し，より多くの投入物を購買し，生産を増大させるだろう。ケインズは，企業家たちの雇用と短期期待に関係する曲線について産出物の「総供給価格」として言及している。もっとも，「総供給価格」という概念は，個別価格にではなく，集計的な価値に関係しているのであるが。

　短期期待は，生産者が市場で産出物を売るという経験によって，どちらかといえば素早く確かめられたり退けられたりする。ケインズは，実際に市場で現われる総需要はそれ自身雇用の関数であると主張している。より高い賃金所得は，労働者家計の流動性制約を軽減し，彼らは増加した賃金の少なくとも相当な部分を消費財に支出するだろう。増加した賃金所得の一部分だけが消費に支出される（「限界消費性向」は１以下である）ので，総需要は，新たな生産によって創出される各１ドルの所得増加に対して，１ドル以下だけ増大する。そして，企業家の短期期待がちょうどかなえられる短期均衡を表わしている，総需要価格と総供給価格の交叉する点が存在するにちがいないのである。

　新古典派理論では，競争的な市場の中の企業は，現行市場価格でどれだけの量の産出でも売ることができると想定されている。つまり，その企業にとって需要曲線は，市場価格において水平であり，つまり無限に弾力的である。これらの状況のもとでは，個別企業の側での一定販売量の短期期待という考えは，意味をなさない。ケインズの主眼点は，流動性制約を持つ経済で

は，完全競争という抽象は破綻をきたすにちがいないということ，そして個別企業は価格と販売量との間になんらかのトレード・オフを見出すにちがいないということである。このことは実際に現実の企業が認めていることなので，短期期待というケインズの概念は，完全競争市場という新古典派の抽象的概念よりもずっと現実的である。しかし，ケインズは，総需要に関連して個別企業家の短期期待の形成を彼がどのように考えているのかについて，決して正確には説明していない。それゆえ，ケインズの均衡理論には，ミクロ経済学的基礎が欠落している。ケインジアンのマクロ経済学を個別企業間の明晰で説得力ある競争理論に連結するという問題が，現代の経済学において主要な未解決問題として残されている。

■ 長期期待

　労働者の所得は，生産で生み出される価値の一部を表わすにすぎない。その残りは（地代と利子を含む）利潤の形をとる。賃金所得の小さな部分と利潤所得の大きな部分が，貨幣あるいは金融資産の形で貯蓄される。短期均衡は，貯蓄を相殺するある水準の「自律的な」投資支出が存在する場合にのみ，正の水準の雇用をともなって現われうるのである。

　ケインズは，第一次世界大戦やヨーロッパの戦後インフレーションや1930年代の不況の動乱を生き抜きながら，資産保有者が神業のように長期の現実的投資を厭わずに行なうのを観察していた。資産保有者にそのような投資をするように動機付けるものは，収益性の長期期待である，と彼は主張した。ケインズの構想では，資本主義システムの核心は，資産保有者が長期投資の遂行により将来の収益性に進んで投機的活動をすることにある。ケインズは，この種の投機的活動が投資家の脆弱で不安定な心理に依存していることを懸念していた。すなわち，投資家の心理には，高投資と総需要・総雇用の自己実現的なブームに導く将来についての極端な楽観論と，低投資と総需要・総雇用の自己実現的な不振に導く極端な悲観論との間を揺れ動く，一種の躁鬱病症候群のような傾向があるのである。ケインジアンは，長期期待の形成におけるこの心理的な要素を，資本家の「アニマル・スピリッツ」として言及する。

　しかし，長期期待の状態が与えられていれば，ケインズの分析では，金融政策と利子率政策が現実投資量にいくらかの影響を与えることができる。こ

のことが生じるのは，投資家はいつも現実投資からの利潤見込みを，銀行預金や短期政府債務のような安全な金融資産の確定利子率と対照して評価するだろうからである。ケインズは，中央銀行が，銀行システムの準備の拡大あるいは収縮によって，これらの短期利子率を決定できると信じていた。中央銀行はそれゆえ，投資支出のあまりにも急速な増大を阻むために，短期利子率の上昇によってアニマル・スピリッツの躁的局面に対抗することができ，また利子率を低下させることによってアニマル・スピリッツの鬱的局面を浮揚させることができるかもしれない。しかし，一つには名目利子率はゼロ以下に低落しえないので，またもう一つには意気消沈している資産保有者はあまりにも強すぎる絶対的な流動性選好を持つかもしれないので，ケインズは，中央銀行政策が利子率の低下によって不振の経済にどれだけの刺激を与えうるかについては，少なからぬ疑念を持っていた。

　新古典派理論は，投資が生み出す財・サービスの現在価値が投資の費用を超過するときにのみ，資本家は投資すべきであると主張する。財・サービスの先物市場が存在するとすれば，それら市場で確立される均衡価格が長期期待の状態を表現する。さらに，財・サービスの現在市場で均衡へと導く同じ力が，これら先物市場でも機能するだろう。もし生産要素に対する需要が現在において供給不足に陥っているとすれば，セー法則の推論によれば，それは，将来の財・サービスに対する需要（貯蓄）が，将来の財・サービスの供給（投資）を超過しているからであるにちがいない。利子率の低落（つまり現在と将来の間の相対価格の調整）が，新古典派理論によれば，投資を増大させ，貯蓄を減少させ，均衡に導くはずである。問題は，先物市場が，少数の領域の商品に対して短期の範囲では存在するが，主要な投資事業に対して長期の範囲では存在しないことにある。それゆえ，投資家の長期期待の不一致を解消し均衡を確立するための市場メカニズムが存在するかどうかは，明瞭ではない。これは，ケインジアンと新古典派経済学者との間の深刻で未解決な意見の不一致の一論点である。

　ケインズは，長期期待に固有の不安定性に対する解決策は，政府が総需要を安定させる財政・金融政策を採用し，経済の投資全体のずっと大きな割り当てを引き受けることであると考えていた。これは，破滅的な不況の可能性についての投資家の不安を減じるだろう。おそらくその市場代替物は，将来の財・サービスに対するより大きい市場を作り出し，その結果市場均衡は，

投資計画を安定化させるという仕事をよりうまくできるであろう。

第二次世界大戦後多年にわたり，先進資本主義経済は実際，これら両方の戦略を使ってきた。政府支出と税は，今やたいていの先進資本主義国でＧＤＰの3分の1から半分を占めている。景気後退期の産出と所得の低落は政府予算を赤字に陥らせるが，政府は支出動向を維持するので，結果的に流動性制約の影響ははっきりと小さくなっている。同時に，金融市場と利用可能な金融手段の範囲は爆発的に成長した。それらはおそらく，資産保有者がリスクを回避し経済の将来的道筋についてより堅実な展望を形成する能力を強化しているからである。

しかし，経済の将来は事前に決定されず，完全には予見されえない。それゆえ，先物市場がケインズの確認した期待の不安定性を完全に除去することもありそうにない。政府は，将来を予測する点で市場よりも優れていないかもしれないが，社会の集団的行動は，資本主義的投資がそこで生じる重要な境界条件のいくつかを安定化することができ，ゆえに資本主義システムがそれに頼っている「アニマル・スピリッツ」を強化することができるのである。

6　資本主義の運命

ケインズの経済分析は，短期の問題および経済的資源の完全雇用の問題に焦点を合わせている。ケインジアンの経済理論と古典派政治経済学の理論の相違の多くは，この視野の相違に辿ることができる。20世紀の中頃には，資本主義的成長の安定性と経済資源の過少利用が，資本主義社会の圧倒的な経済問題であった。現在ではわれわれの注意は，少なくともある程度は長期の事柄に，すなわち経済成長・環境基準・競争力・経済的指導力・分配上の公正性という問題に揺り戻ってきている。われわれはある程度までケインズ的教えを当然のことと考えるようになり，その教訓を財政の枠組みのなかに組み込んでいる。それらは非常にうまく作動しており，われわれが自由に長期の問題を考えうるようにした。

ケインズ自身はいつもはあまり長期の問題に関心を持っていなかった。彼のもっともよく引用される箴言の一つは，「長期には，われわれはみな死んでいる」である。彼はまた，長期は存在しない，ただ短期の絶え間ない継続があるにすぎないと主張した。それは，経済のような複雑なシステムの働き

について非常に深遠な問題を提起する意見である。短期的な諸力が刻一刻と経済の現実の道筋を決定することはそのとおりかもしれないが，短期の諸結果を平均化して長期均衡へと近づける傾向を持つ広範な矯正的な諸力があることもまた真実であるかもしれない。多くの経済学者はなんらかの仕方でこのことを信じているが，データ分析の非常に洗練された計量経済学的手法を使ったとしても，これらの長期的な諸力の存在を証明することは，非常に困難であることが判明してきた。

ケインズは，「わが孫たちの経済的可能性」という評論のなかで，思い切って資本主義の長期的運命について多少の自説を述べている。彼の考えでは，短期の不安定性が，急速な資本蓄積とそれに照応する労働生産性・生活水準の急速な上昇に対する主要な障碍であった。ケインズは，もし総需要をたとえ2世代の間，たとえば50年か60年の間だけでも安定化することができれば，先進資本主義国は急速な資本蓄積の結果として生活水準の非常に大きな上昇を経験するだろうと信じていた。資本蓄積は資本の限界生産物がゼロに近づく点まで進展し，その結果利潤率と利子率はまた非常に低くなるだろう，とケインズは考えた。これは，政治革命なしに階級としての資本家の結果的な消滅を——ケインズの言い方では「金利生活者の安楽死」——を意味するだろう。労働生産性の非常に高い水準と低い利潤率という状況では，賃金は所得の大半を代表するだろうし，それゆえ所得分配はずっとより平等になるだろう。ケインズは，人が午前中は農夫や漁夫であり午後には詩人や科学者でありうるマルクス的な世界観のようなものの到来を告げながら，将来の世代はこの巨大な潜在的富を，物質的消費の増加にはより少なく，余暇や自己啓発にはより多く支出するだろうと信じていた。

資本主義の運命についてのケインズの構想には，リカードウの静止状態が著しく影響している。利潤率のゼロへの低落は一つの顕著な例である。両者には同様に著しい相違も存在する。ケインズは，リカードウが地代に焦点を合わせたことに匹敵するような，成長にとっての天然資源不足や環境の限界についてどんな心配もしていなかったようである。そこには，生産性の巨大な増加に基礎付けられた社会主義についてのマルクスの構想もまた，著しく影響している。

われわれは，世代としてはケインズの孫や曾孫の世代にあたる。『一般理論』の出版以来，60年以上の年月が経過した。ケインズの予言のいくつか

は実現した。第二次世界大戦後の時代は，ケインズが推奨した財政・金融政策の安定化作用によってかなり助成されて，資本主義的蓄積の「黄金時代」であった。労働生産性は途方もなく上昇し，先進資本主義国の生活水準も同様であった。

　しかしどういうわけか，これらの明確な発展は，ケインズが望んだ程度にまでは，資本主義的経済生活の争いや不安を除去しなかった。利潤率はゼロにまで低落せず，金利生活者の安楽死も起こらなかった。われわれが達成した高い生産性水準は，それとともに高水準の資源の枯渇と環境の荒廃をもたらした。分配上の不平等は，資本主義のグローバリゼーションとともに徐々に低落するよりもむしろ増大する傾向を示している。これらの困難は，資本がその根本において社会関係であるというマルクスの観察の重要性を示すものである。

7　複雑性対集産主義

　フレデリック・フォン・ハイエクは，1930年代の大不況の間に，政府の積極的な政策の可能性をめぐるケインズへの対抗という試みにおいて破滅的な失敗を被ったが，しかし彼の影響力は20世紀の最後の四半世紀に増大し始め，今やケインズの輝きを失わせる徴候を示している。ハイエクが教育を受けた「オーストリア」学派の経済理論は自ら，マルクスの経済学的・社会学的考えを論駁するという課題を引き受けた。オーストリア学派の経済学者たちは，私的所有と経済資源の分権的管理の断固たる擁護者であり，集産主義的・社会主義的願望についての先鋭な批評家であった。われわれがマルサスの中に見た完璧主義への敵愾心がオーストリア学派のなかに反響しているのが分かる。

　大不況に支配された1930年代の雰囲気は，これらオーストリア学派の経済的信条の神髄に対してぞっとするほどの脅威を突きつけた。常態では頼りになる穏健な人びとでさえ，経済の自由放任的な考えへの忠誠心に迷いが生じていた。社会はその全構成員の経済的福祉を保証する責務を負っているという考えが広く普及し始め，社会福祉立法・労働者の団結権保証・所得再分配・産業の中央計画化・投資の国家管理・総需要を下支えする計画的赤字財政支出を含む，多くの「集産主義的な」取組みに対して扉が開かれた。ケイ

ンズは他のだれよりも，これらの措置のいくつかについて強力な擁護者であったが，彼の考えの主眼は，国家が市場の主要な失敗を是正するために積極的な役割を明確に受け入れることにあった。そして，彼はビクトリア朝的な自由放任理論を軽蔑し，否認していた。それと同時に，ヨーロッパとアメリカの政治エリートのかなりの部分は，現実にはソビエト連邦について多くを知らずに，ソビエト連邦が資本主義に対して信頼しうる代替的経済モデルを構築していると考えていた。オーストリア学派の経済学者がヨーロッパ自由主義（明らかにスミスの誤謬の一変種）の貴重な遺産と考えていた多くのことが，集産主義的・社会主義的な空想の支離滅裂な容認のなかで，埋もれてしまう現実的危機に瀕しているように思われた。

　ハイエクは勇敢に（そして野心をもって），これらの闘いの最前線に自らの身を置いた。彼は，自由放任思想の伸張を援護するはずの説得力あるオーストリア学派景気循環論を赤字財政政策と利子率政策に対して展開することによって，国家が大不況と高失業に対してなにか手を打つべきという高まりつつある政治的な圧力を食い止めようと試みた。彼はまた，ソビエト連邦で発展している中央計画的官僚制のような，中央集権化された社会主義機構を通して分業を組織する可能性について，オーストリア学派の立場のなかに致命的な欠陥を見つけた。

■景気循環か資本主義の危機か

　われわれは，「マクロ経済学」と呼ばれるようになったもの（国民所得の水準・失業・インフレーション・利子率・貨幣のような経済全体の現象についての研究）についてのハイエクの理論にあまり多くの注意を払う必要はない。彼が書いた『価格と生産』という本は，非常に読みにくく，マクロ経済政策についての後世の論議にはっきりと分かる影響を少しも残さなかった。

　ハイエクの幅広い主張は，スミスの誤謬の萎縮した派生物として考察に値する。彼は，景気循環の変動は産業資本主義の根本的な危機の兆候ではなく，そのシステムの合理的に説明可能な特徴である，という立場をとっている。ハイエクによれば，これらの変動は根源的には，金融システムの組織と統治に対して自由主義の原理を不完全に適用することから生じている。すなわち，不完全な適用は，経済の好況期には「過剰投資」を，それに続く不況期には失業へと導く「過小投資」という予測可能な反動を許容しまた助成する。こ

れらの変動への政府による介入というどんな試みも，私有財産制・商品の論理・市場規律という一般的な自由主義的諸原理をより徹底して金融市場と金融制度に拡張する以外には，ただ事態を悪化させるだけであろう。

　この一般的な議論を詳細な専門的経済分析において具体化しようとするハイエクの試みは，分析の首尾一貫した明快な枠組みの提示の失敗と，おそらくは彼自身の思考にあるいくつかの矛盾とにおいて，暗礁に乗り上げている。ケインズの同僚，ピエロ・スラッファによるハイエクの本の痛烈な書評は，ほとんど跡形もなくその本を撃沈させ，大不況の問題に取り組むために，ケインズ自身の完全に干渉主義的な考えを意気揚々と前進させるための場を掃き清めたのである。

■市場はなにをしているのか

　別の側面では，オーストリア学派経済学は，伝統的な自由主義政治経済学の砦として，社会主義的中央計画制度を通した経済運営の実現可能性に異議を唱えることに没頭していた。スミスの誤謬についての彼らの理解に忠実であるために，オーストリア学派経済学者たちは，社会主義という概念は，単に間違っているとか不適当であるとかいうだけではなく，自然諸法則と同じ効力を持つ経済法則（商品の諸法則）の存在によって失敗を運命付けられていると主張せざるをえなかった。この議論によれば，われわれが社会主義経済を構築できないのは，われわれが重力の法則を無効にしえないのと同じなのである。

　これは，見たところどうも持ちこたえるのが難しい立場である。第一に，資本主義は，政治制度や監督機関と密接に共存しつつ存在し発展してきている。ヨーロッパで近代初期に出現した国民国家は，財政的・技術的・政治的・社会的な多くの仕方で出現しつつある資本主義経済と結び付いていた。結果的に，まったく異なった政策や制度を通した非常に異なった政府介入の程度を持つ，多くの資本主義「モデル」が存在している。資本主義はまた絶えず進化している。21世紀の資本主義は，商品交換・市場・国際競争のような基本的特徴によって，アダム・スミスの時代の初期産業資本主義と，多少の見覚えある繋がりを持っているが，しかしそれは，中央銀行・強力な政府・市場の規制・社会的セーフティネットのような，初期の時代にはまったくなじみのない別の特徴を持っている。資本主義の制度と中身のこの歴史的

な変わりやすさを目の当たりにすると，不変の経済法則の存在を断定するのは，軽率であるように思われる。

そのうえ，ソビエト連邦は，オーストリア学派経済学者が中央計画は不可能であると主張したあと，結局60年間もの間，中央計画機構を通して経済発展・分業の拡張・生産能力の増大という印象的な躍進の編成を実際にどうにかやり遂げた。社会主義の実現可能性に反対するオーストリア学派の全般的な議論にはこれら明白な弱点があったにもかかわらず，彼らが火をつけた論争は，資本主義市場が現実にはなにをしているのかに関するわれわれの理解を非常に増進させた。

この論争におけるオーストリア学派の最初の戦略は，資本主義市場は，均衡価格体系に到達する際に，膨大な数の数学的条件の解を効率的に計算し，その解はパレート配分での留保価格の同等性ということになるという観察でもって出発していた。次にそれは，中央計画の官僚制は，その数学的複雑さのためにこの同じシステムを実行可能なようには解くことができないと主張した。オーストリア学派経済学者は，スミスの誤謬の揺るぎない信奉者として，潜在的経済余剰の実現が経済生活の究極目標であると確信していたので，これは社会主義中央計画についての反論できない批判であるように思われた。

この議論は，二つの論拠で抵抗に遭遇した。第一に，多くの人が，潜在的経済余剰のすべてを実現できないことが必然的に社会主義社会の失敗を運命づけるだろうという点に納得しなかった。理論的な均衡価格体系の完全に正確な知識を持たずに遂行されうるたくさんの重要な経済発展事業，たとえば産業の工場およびそれを支えるインフラストラクチャーの建設が，存在するように思われた。もし中央計画機構がこれらの事業に資源を動員するための効率的な政治・行政的手段であったとすれば（その機構は，仕事をするうえで頼りにならず働きの悪いロシアの資本家に依存するよりも，ほぼ間違いなくより効率的であった），なぜ中央計画を選ばないのであろうか。

これは1930年代の多くの人びとにとっては説得的で十分な議論であったが，社会主義的理想の擁護者はまた，よりいっそう痛烈な巧妙さで，オーストリア学派の社会主義批判をうまく反転させることをやってのけた。エンリコ・バローネの初期の意見を利用しつつ，オスカー・ランゲとアバ・ラーナーは，社会主義経済が，資本主義経済とちょうど同じほど効果的に均衡価格を見出すために，市場という方法を使いえない理由は存在しないと主張し

た。もし社会主義の管理者たちがあたかも資本家であるかのように競争するよう命令されれば（たとえ国家が生産手段を所有し，私的利潤が問題ではないとしても），彼らは同じ資源・技術を使って資本主義経済と同じ市場均衡に到達できるであろう。市場社会主義というこの概念は，1930年代と40年代の政治経済学の発展に非常に大きな衝撃を与えた。

　しかしこれはまさにスミスの誤謬のもう一つの表明である。市場社会主義者は，市場を支える形式的な法的機構を除けば，社会主義的な分業組織化と資本主義的なそれとの間にどんな相違も存在せず，たぶん所得分配上でもそれらに相違はないと信じることをわれわれに求めるのである。もしこれが実際に真相であるとすれば，政治的な都合や歴史的出来事を別にすれば，どちらか一方のものを選ぶ理由はほとんどないのである。

　ハイエクは，このエピソードに自由主義的な動機にとって不気味に迫る凶相を見た。社会主義の管理者がそもそも，社会主義的市場を機能させるためにかなり上手に資本主義企業家を真似ることができる，と彼は信じなかった。それゆえ，彼はこの議論の焦点を，意義深く決定的に重要で実り豊かな方向へと転じることに導かれた。ハイエクによれば，分業を組織化するのに決定的に重要なものは，市場という形ではない。そうではなく，現実に事柄を推進しているのは，個人的利害の衝突としての市場の中身である。これは，純粋で正真正銘のスミスの誤謬である。市場での敵対的関係は，もはや肉屋やパン屋から食事（そしてより良いもの）を手に入れるために我慢すべき必要悪でもなく，われわれが潜在的経済余剰を搾り出すために演じる巧妙なゲームですらないのである。ハイエクの構想では，市場の敵対的関係こそが，人間存在の実存的な核心，すなわち他のあらゆることがそこから出て来る基盤なのである。

　ハイエクは，彼の意見を実際にはこのように表現しなかった。市場の現実の物質代謝は，あらゆる人に欲求・技術・資源についての私的情報の開示を強制するその能力に依存している，と彼は主張した。そしてそれは，人びとが，自分たちの生活条件を守るために，市場への参加を欲するか否かや，利潤を追求しながら市場に熱心に参加するか不承不承に参加するかにかかわらず，そうなのである。われわれは市場のこの側面をすでに，市場価格の形成のための現実の商品交換では，人びとは「口だけではなく金を出せ」と強制されるという見解のなかに見てきた。ハイエクは市場のこの情報伝達的な側

面を中心的な位置に据えた。資本主義市場は今や，情報の開示と交換という複雑なシステムの決定的に重要な構成要素として姿を現わしている。分業それ自身は，情報伝達というこの働きの一つの副産物・副次効果になっている。社会主義の管理者が資本主義市場を真似ることができない理由は，彼らが市場で交換をする際に守り強く主張すべき実在の直接的利害関係を持たないことにあるのである。社会主義は，経済生活が，目的に対する手段である，つまり人間生活や社会生活がそれなしには機能しえない物質的欲求の供給方法である，と想定している。社会主義のうぬぼれは，この物質的基礎の供給とは必要な生産的活動を実行させる問題にすぎない，とする点にあるのである。事実，ハイエクの考え方によれば，中心にある問題は，なにが実際に必要な生産的活動であるかを知ることなのである。最善の意図を持ちもっとも自己鍛錬した社会主義的労働市民でさえ，自分の労働努力をどこで費やすべきかや，さらには（製鉄所建設のように）明らかに社会的に必要と思われるものが役に立つよりもずっと大きな害悪を及ぼさないか否かを判断するには，自分自身では無力でどうにもならないことが分かるだろう。

　政治経済学における著作に加えて，ハイエクは，神経科学におけるパイオニアであった。第一次世界大戦中，彼は，脳に傷害を負った兵士について研究し，人生の後年に脳の機能に関する重要な著作を書いた。脳は，複雑な体系の典型的な例であり，市場に関するハイエクの観察は，資本主義経済を同じような複雑な体系と考える方向に導いた。市場は，人の意識が神経細胞のシナプスの交互作用から出現するのとちょうど同じように，諸個人の交換から現われるのである。

　資本主義市場についての情報重視の構想は，潜在的経済余剰を実現するものとしての「客観的」な市場概念をほり崩してしまう。それは，市場が潜在的経済余剰を見出すか否かにかかわらず存在するが。ハイエクの考える市場は決定的に間主観的であり，情報の伝達を通して，そしてただそれだけを通して持続する現実である。もちろん，その市場は生産と消費という客観的な事象を引き起こす。しかし，これら代謝的な社会的過程が市場での情報の絶えざる導出と伝播なしに継続しうると考えることは，身体が神経機能を欠如したままで呼吸し消化し続けうると考えるよりもずっと大きな間違いであるだろう（社会主義という実験は，ハイエクの見方では，物質代謝をしているが脳は死んでいる植物状態で永眠している人間にたとえられるかもしれない）。

社会主義経済の存続不可能性に関するハイエクの発見についてはほとんど知らないままに，社会主義経済は，その不可避的な悲運が自身にもたらされる前のもう50年の間，消える運命にある恐竜のように苦闘し続けた。主流派経済学は，ハイエクの洞察の輝きを承認したが，現実にはそれを自分たちの基本的な教義や研究プログラムに合体しなかった。そして，オーストリア学派経済学者は，マルクス主義者がかつてそうであったのと同じように，事実上自分たちが軽んじられているのに気付いた。

■自由主義を蘇らせる

　ハイエクとしては，自らの注目点を，中央計画という消える運命にある実験からずっと手強くより頑強な敵へと転換した。その敵とは，ハイエクにはジョン・メイナード・ケインズの間違った考えと思われるものをたくさん組み込んでいる，第二次大戦後に現われた混合経済である。

　ハイエクは，穏やかではない政治的小冊子『隷属への道』を書き，そのなかで資本主義経済を安定化させ規制するための政府介入が，全体主義の独裁体制がしたのと同じように，個人の自由と尊厳に対する脅威を表わしているという，どちらかといえば信じがたい主張をした。政府による投資の安定化・金融市場の規制・社会的セーフティネットの提供という，全体的にプラグマチックなケインズの計画は（首尾一貫していなかったけれども），ハイエクの目には集産主義への隠れ蓑として映った。人びとがひとたび政府は自分たちの現実的欲求に応じるために何事かをなしうるという誤った考えを抱くやいなや，彼らは，市場の自生的な秩序に悪影響を与えそれを破壊するだろう，そして結局は集産主義というリバイアサンの依存者に陥ってしまうだろう。

　これらの見解のなかで，ハイエクは，分業についての市場組織の自発性を誇張している。経済の歴史は，所有権の確立と強制の過程が現実にはいかに骨が折れ不確かなものであったかや，中央集権化された政治権力がどのような決定的役割を演じたかを明らかにしている。逆もまた真であるが，市場の発展は，その基礎にある分業・生産力の発展の反映である。生産性と政治機構という基礎的な推進力のない市場組織は，富を生み出さず，停滞をもたらす傾向がある。市場要因が生産上の好機についての私的情報を誘導し結合する力を持つことを認めることと，政府の官僚制から政治生活自身の法システ

ムまでの，情報の他の種類の社会的組織化すべてに不賛成を唱えることとは，それぞれまったく別のことである。

集権的な政治活動が積極的な経済力であることは，ハイエクの注意を引かなかったようである。政府は生産を組織し物質的富を創造することができる。そして，戦争や自然災害のような極度の非常事態においては，社会は集権的な救援活動に頼るのである。平穏なときでさえ，政府は，私企業に委ねることのできない財政上や再分配上の目的を達成することができる。資本主義の政治史は，私企業が政府に繰り返し規制を要請してきたことを示している。

スミスの誤謬がハイエクの知性においてとった極端で信じがたい姿にもかかわらず，彼の見解は，1970年代以来ますます政治経済学のイデオロギー的論争を方向づけた。ハイエク自身は，抜け目なくこれらの論争発展のためのお膳立てをし，実行可能な新自由主義的政治プログラムの綿密な仕上げと，それを普及させるためのモンペルラン協会やシカゴ大学経済学部を含む諸機関の育成とに多くのエネルギーを費やした。アメリカの政治経済学の論争は，ハイエクの自由主義的な構想を持つ諸見解であふれ，それらの見解は，熱狂的な資本主義支援者によって設立されたシンクタンクによって広められた。ハイエクは，大不況の失意の時代にケインズの手にかかって傷ついた理論的敗北からふたたび論争の場に現われ，資本主義社会のイデオロギー的に優位な立場を占めるところにまでよじ登った。

8　技術の予言者

ケインズとハイエクが20世紀資本主義の全身全霊をめぐって格闘していた頃，ジョセフ・アロイス・シュンペーターは，資本主義の新陳代謝と解剖学について自分自身の研究を行なっていた。シュンペーターは，オーストリアに生まれたが，気質的にはオーストリア学派経済学者ではなかった。彼は，第一次世界大戦の直後にオーストリアの大蔵大臣を務めたが，どちらかといえば不成功に終わり，スミスの誤謬の厳しい面を経験した。皮肉癖と隣り合わせの世俗的な現実主義でもって資本主義に取り組みながら，シュンペーターは，注目に値する修辞的・分析的才能を傾注して，新古典派経済学の均衡論の盲目的崇拝に対する矯正策として，限界主義的枠組みのなかにマルクスの技術変化の理論を導入した。

シュンペーターの見解では，ワルラスの均衡理論は，傑出した知的偉業であったが，しかし実際の経済がそもそもそれに近づこうとするかぎりでは，発展にとっての完全な失敗であった。ワルラスの均衡では，資本は期待を考慮しつつ一様な正常利潤率を手に入れる。このお膳立ては，嗜好と技術を所与とすれば，利用可能な経済余剰のすべてを絞り出すことに成功するとはいえ，発展という見地からは，それは，技術革新の生気を欠いており，それゆえ資本主義の内在的活力を表現するのに失敗しているのである。

新生産物・新技術・新しい生産組織形態の導入という内在的活力を体現している者こそが，革新的企業家であり，その畢生の事業は技術革新の導入によってまさにワルラス的均衡を引き裂くことである，とシュンペーターは信じている。リカードウとマルクスに従って，シュンペーターは，企業家の休むことなき活動への動機を，成功した革新者が手に入れる正常利潤率以上の超過利潤にあると規定している。この超過利潤は，繰り返し生じるが，資本主義的現実の永続的ではない特徴である。超過利潤は，パレートの限界的な同等性を乱すので，均衡とは調和しない。技術革新は，均衡と価格体系を破壊し，幾度となくそれらを台無しにする。

革新的企業家は，ヴェブレンの職人本能とマルクスの世界変革への衝動とを兼ね備えているので，共産主義の人民委員に劣らず革命的である（ソビエト共産主義の余波のなかでずっと明瞭に見られたように，人民委員は特殊な歴史的環境のもとで一種の企業家に進化することさえ可能である）。シュンペーターは企業家を，政治的人民委員よりも革命的な変革のはるかに興味をそそる主体と考えていたが，しかし，社会がいつまでもかれらの破壊的な活動を我慢するだろうかと疑ってもいた。

シュンペーターは，企業家的技術革新を「創造的破壊」と呼び，それを資本主義の現実の歴史的な進展における決定的な契機と見ていた。シュンペーターは，ケインズやハイエクの概念を強く反響させている諸要素とともに，この創造的破壊の過程を中心に据えて，資本主義の不安定性についての彼自身の説明を展開した。シュンペーターにとっては，銀行と金融一般の役割は，技術革新への資金供給である。信用の拡充が，革新的企業家の投資に基づくブームを引き起こすのである。結局，企業家的技術革新の破壊的な局面が優位を占めるようになると，革新的でない資本がその途中で破綻し，失業と金融的困難が生み出される。だが，期待を絶えず抱かせ絶えず挫くこの事態が，

生産性の増大や物質的生活水準の向上という金の卵を産むガチョウなのである。シュンペーターは，系統立って技術革新を生み出す生産様式としてのマルクスの資本主義論を経由して，分業の拡張によって達成しうる物質的富というスミスの誤謬の歴史的基盤に戻っている。技術革新と生産性の増進に抗しがたく心奪われている21世紀にとって，シュンペーターは予言者である。彼の考えが，経済成長についての急増している専門文献の主要な部分を生み出している。

　シュンペーターは，資本主義という社会制度の長期の存続可能性については悲観的である。潜在的に成功を収める技術革新に導く新しい着想が際限なく供給されることについては，彼は疑いをもっていない。しかし，（シュンペーターの生涯を通じて依然として思索の中心を占めた）西欧文明が，資本主義の神が人間の生け贄として要求する大量失業・富の不平等・経済不安定という形での苦難を耐えうるだろうか，と彼は強く疑っている。シュンペーターは，（適切に編集されていないとしても）壮大な着想を抱いて書いた『資本主義・社会主義・民主主義』のなかで，真正面からスミスの誤謬の問題に取り組んでいる。ケインズ（そしていくらかユーモアを込めて言えばマルクス）と同じように，資本主義は自らその歴史的使命を成し遂げるだろう，とシュンペーターは考えている。物質的な福祉水準が上昇し，高い生産力がだれにでも高い生活水準を提供可能になると，人びとはスミスの誤謬から顔をそむけ，市場の創造的な無秩序の代わりにある種の合理的な社会主義を組織しようとするだろう。要するに，シュンペーターは，ハイエクを震え上がらせたイデオロギーの潮流を見ていたが，しかし，彼はその潮流を，革新的な資本主義の圧殺に成功するであろう抗しがたい歴史的傾向と考えていた。

　また一方で，ヴェブレンはシュンペーターに一つか二つのことを教えることができたであろう。小売商店街は，集産主義に対する，免疫力ある資本主義の力強い反応である。シュンペーターの予言は，とくにそれがヴェブレンの社会心理学によって補足されるとき，21世紀資本主義の新陳代謝過程の解明におおいに役立つ。新技術の冒険的事業への光り輝く期待は，派手な消費の新しいフロンティアを作り出しつつ，資本主義が世界的な規模でもたらしている不平等・貧困・社会的分裂から人びとの注意を逸らすのにかなり貢献することができる。スミスの誤謬は，高度な技術と消費者の自己顕示癖との融合によって物質的な形を纏うのである。

第6章
大いなる幻影

　もしわれわれすべてにとってより良い未来への途を指し示す，なるほどと思わせる〔政治経済学の〕総合でもって，この種の本に結末をつけることができれば，それは喜ばしいことであろう。読者もまた，この時までに，私自身がこの重苦しい問題についてなにを考えているのかと，おそらくあれこれ思いめぐらせているかもしれない。しかし，政治経済学のもつれのなかを辿ってきた私自身の個人的な旅の後にも，〔政治経済学の〕総合という問題は私には疑わしいままであり，大きな係争点のどちらか一方に〔賛成の〕意見を述べる気になれそうもない。これまでの議論におけるすべての立場が，資本主義が創造してきた実社会の論理と限られた機能について教えるはずの重要な教訓を持っている。

　ディアドラ・マクロスキーが指摘したように，政治経済学は一種の修辞法であり，それは次には一種の説得となる。偉大な経済学者はすべて，特定の信条や態度に好都合なように諸問題を提示するという動機を持っている。この強い影響力ある修辞法に対する唯一の解毒剤は，なされている議論とそれらの限界を理解することであり，また資本主義的社会関係の複雑さとそれが生み出す道徳上の両義性を考察するための理に適った多くの方法を知ることである。帰するところ，道徳性は，システムや制度ではなく，個人の生活における具体的な選択の問題になるのである。読者がこの複雑な社会に立ち向

かうにあたり，もしこの本がいくつかの手立てや洞察力を提供しているとすれば，私は満足である。

1　鏡のなかを覗き込む

　政治経済学（とその現代の末裔である経済学）は，二つのタイプの問題について語っている。一つのレベルでは，政治経済学者は，市場資本主義の込み入った諸現象の背後に潜むその論理の説明を提供している。たとえば，価格とはなにか。なにがそれらを決定するのか。富はどこから生じるのか。技術変化や対外競争によって職を失った労働者には，どのようなことが生じるのか。貨幣とはなにか。銀行や金融システムはどのように作用するのか。なぜ資本主義システムは経済危機と好景気への傾向を持つか。そのシステムは，生み出した富をどのように分配するのか。貧困はなぜそんなに頑固に持続する現象なのか，等々。しかし，もう一つのレベルでは，政治経済学者は，われわれが資本主義社会についてどのように思うかという問題に取り組んでいる。たとえば，資本蓄積は良いことか悪いことか。市場はなにが生産されだれがそれを利用するのかを決定する上で，道徳的に満足できる方法なのか。われわれは，自分たちの努力に関する成功や失敗という市場の審判をどのように考えるべきなのか。われわれは，自分たちの抱負や個性をそのシステムの要求にどれほど進んで順応させるべきなのか，等々。このレベルでは，政治経済学は，われわれが自分自身を理解し判断するために鏡のなかの自分を覗き込む，という問題に取り組んでいるのである。

　経済学者たちは，これら二つのレベルの議論の絡み合いが問題を生み出すことを知っている。もし資本主義の作用についてのスミスの分析のある部分（たとえばセー法則）が損なわれているとすれば，それは，市場を通した私利の追求を社会の善行と見なす彼の楽観論にどれほどの異議を唱えることになるのか。経済効率という建前上の「科学的」概念への限界主義経済学者の執着は，どの程度まで市場資本主義の結果を正当化しようとする彼らの熱望を反映するものなのか。この状況に対する戸惑いが幾人かの経済学者に，経済分析の概ね有効な研究結果を含むと主張する「実証経済学」と，明らかに価値判断と達成目標を述べる「規範経済学」との分離を提案するように促した。経済問題についての「価値判断のない」科学的分析（中央銀行が銀行準

備の供給を制限すれば利子率になにが生ずるか）と，「政策分析」（金融政策は現時点で正しくはなにをすべきかや，それは価格の安定や高い雇用をどれだけ追求すべきか）との間の同種の区別は，同じ問題を述べている。

　私が最高峰の政治経済学の概観から引き出した一つの結論は，政治経済学の二つのレベルを分離するこの試みは役に立たないということである。資本主義とその社会の論理に対して偉大な経済学者たちによって公表されてきた態度は，資本主義の作用についての彼らの分析からもっともらしく分離されうるものではない。シュンペーターが経済学の「構想〔vision〕」と呼んだものは，価値判断を含むにちがいないが，それは，われわれがシステムとしての経済学とそのシステムの中で機能する諸個人の行動の規則性について考えることを求めている。すべての構想は両義的であるということは，同様に人間生活の本性の中に含まれていることである。この本で概括されたそれぞれの構想は，資本主義社会の肯定的側面と否定的側面をなんらかの首尾一貫した枠組みのなかで融和させようと格闘しているのである。

　この努力は，人間生活のなかで生じる悪いことを神の全知全能と和解させようと努めている宗教における神学の大問題に匹敵するものである。その核心において，神学は，悪の問題と，なぜ神は悪に対してなにもしないのかという問題に取り組んでいる。政治経済学は，資本主義ほど創造的で・実り豊かで・興味をそそる歴史的社会過程が，どういうわけでそんなに多くの頑固で不快な問題を引き起こすのか（そして，もしできるとすれば，われわれはこれらの問題についてなにができるのか）という問いと取っ組み合いをしているのである。

2　経済学者の両義性

　スミスは，人間社会を人間の性質（あるいは道徳観）の反映と考えている。そして，彼は，経済諸制度をこの一般的な考え方のなかに埋め込んでいる。われわれが，「取引し交易する」という人間の特徴的性向の反映として市場を創造するのである。18世紀の上流階級は偏見をもって，商業上の営みを疑いと嫌悪の目で見ていた。紳士にふさわしい生活は，その物質的な基盤を利潤ではなく地代に，その社会的影響力を企業家精神ではなく政治のなかに持っていた。スミスの経済神学は，しかし，商業と製造業の地位を高め，そ

れらを讃美している。それは明らかに，商業と製造業への従事が生み出す道徳的信念を是認している。そのことから，資本主義社会の物質的裕福さは，創意と精励の所産であるよりもむしろ，その道徳観の直接的な帰結であると考えるようになるのは，ほんの小さな一歩にすぎない。

　アダム・スミスは，分業・労働生産性・市場の大きさを結び付ける好循環の説明において，資本主義擁護論という積極的側面を前面に押し出す天賦の才を持っていた。この構想は，市場の敵対性のなかに潜んでいる物質的富の豊饒さという期待を抱かせる。そこまではそれで良い。しかし，スミスが続けて述べるように，この明るい構想は，条件付きであり，複雑に入り組んでいる。市場は，財産権，とくに強力な国家によってのみ守られうる自由な財産処分権に依存している。スミスは，古典的な自由主義的構想を表明しながら，資本蓄積の自発的活力を妨げないように，この国家は，強力であるがその権力においては，もしくは少なくともその権力行使においては限定的であることを望んだ。しかし，この強力な国家はつぎには（少なくとも島国であれば）海軍を必要とし，海軍の維持は自由放任や自発的蓄積という純粋な原理との数多くの妥協を必要とする。スミスはこの事態を自らの読者に対して，自分が叙述する社会作用の一つの側面（資本蓄積）を第一義的なものに，他の側面（強力な国家組織）は必要な譲歩に見えるように巧妙に描写している。しかし，歴史的には，イギリス国家とイギリス資本主義は共に成長していった。結局，スミスは，好循環それ自体を強調するのとほとんど同じほどに，潜在的に過度な資本蓄積をある方向に向け・適合させ・規制するために外的な政治制度の必要性を強調するのである。

　イギリスの工業化と都市化の初期段階に同時に起こった人間の退廃は，急速に拡大していた中産階級の間に強力な揺り戻しを誘発した。イギリスの現実主義的な急進派の人びとは（たいてい女性ではなかった），富の現実的生産者の苦難に対してなにかをなすことを決意し，解決を先延ばししようとせず，政治を転換した。マルサスは，気質的には保守派であり，イギリス労働者の苦難を，合理化とは言わないまでも，説明する仕方を探究した。彼の人口論は，労働者の過剰出産が貧困問題の原因にあると論じることによって，その犠牲者を咎めるという際立った例である。彼は，もっとも戦闘的な社会改革者たちにさえ，苦難の不可避性に甘じることを求めた。しかし，マルサスは，人口論的運命論と並んで，貧者に対する資本蓄積の圧力を軽減する具

体的措置に対しては賛成したのである。彼は土地持ちの中流上層階級の衰退については乗り気ではなかったが，それは，彼の見解では彼らが田舎の労働者に対して雇用と初歩的な社会的セーフティネットの両方を提供していたからである。それでもやはり，マルサスには，工業化と資本蓄積を現実に停止させようとか，著しく遅らせるべきだと示唆する主張は存在しないのである。

　リカードウ時代の政治においては，伝統的な地主貴族の出自でありそれを代表していたイギリスの支配層エリートは，新しい資本主義時代の歓迎しえないが避けられない事態に直面させられた。これらの圧力は，ナポレオン戦争という大激動のなかで差し迫った山場に達した。皇帝ナポレオンを打ち破った後，イギリスは，18世紀のシステムを産業資本主義に順応させるために必要であった，未完の政治案件という長く不快な議事日程に取り組んだ。すなわち，政治改革・教育改革・労働基準・貿易政策・金融政策という諸問題である。リカードウは，優れた腕前でもって彼の時代の政治家たちの不安につけ込んだ。彼らは，イギリス社会の近代化にまったく関心を持っていなかったが，産業資本主義に適応できなければ自分たちの権力と威信が危うくなると恐れていた。資本主義は，その存続を長引かせるためには技術変化の導入および自由貿易という強い薬を必要とする，脆弱で自己制約的な事象である，とリカードウは主張した。リカードウの構想において資本蓄積は，社会全体に対しては長期的に大したことをしないであろうが，彼の論考の背景においては，資本蓄積は，世界情勢のなかでイギリスの優勢に物質的基礎を提供するという必須の役割を占めている。この構想を作り上げる際に，リカードウは，階級に分割された社会とその敵対という光景を，だれもが想像できるほどにくっきりと描いているのである。

　マルクスは，資本主義の歴史の説明において資本主義に対する彼の両義性を表明している。一方で，資本主義は歴史的に制限されている。資本主義の悪いものはなんでも結局は，別の生産様式の出現によって超越されるであろう。他方で，資本主義は，文明化され真に人間的な社会主義と共産主義が可能となる点にまで生産諸力を発展させるという，積極的な歴史的使命をもっている。このように，資本主義について悪いことはなんでも，なにか良いこと，すなわち人間の発展可能性の開発の代償である。資本主義に対するこの二重の道徳的な態度は『共産党宣言』の主要な構造を形作っている。すなわち，(旧体制の封建的残渣の運命を定めるというその役割においては)資本

主義に対する祝福として，(階級搾取というその原罪に対しては) 資本主義に対する告発としてである。資本主義に対するマルクスのはっきりしない態度は，メンシェビキの議論として歴史的に表明された。すなわち，社会主義者は共産主義への最短のルートとしてロシア資本主義の発展を支援すべきである，というメンシェビキの議論がそれである。

同様に紛らわしい二重性は，マルクスの倫理性においても明白である。マルクスの読者はだれも，彼の著作が持つ旧約聖書的な道徳的情熱に匹敵する圧倒的な感覚から逃れることはできない。読者は，ブルジョアジーに対する彼の侮蔑を心に焼き付けられる。すなわち，ブルジョアジーの偽善性，労働者の搾取によって私腹を肥やす自己満足，富の追求において弱者に対してどんな犯罪をも厭わない無慈悲さ，彼らの文化のこのうえない空虚さが，それである。しかし，マルクスの唯物史観はまた，どの時代にも道徳論を支配階級の世界観として構成しており，それゆえ道徳性は，生産様式の変化とともに完全に変化することを免れないのである。奴隷を保有する社会において宗教によって是認される奴隷制は，資本主義的な自由労働市場の出現とともに，忌み嫌われるものになる。利子付きの貸付は，封建領主がヨーロッパを支配していた時には，高利貸しという大罪であったが，産業資本主義の出現とともに金融業という徳になる。たとえば放牧や薪・飼料集めのための入会地利用権などの諸権利もまた，資本主義が囲い込みを通して土地の私的所有に対する必要性を表明すると，完全な再定義を免れないのである。もしそうなら，資本主義についてのマルクスの道徳的非難は，どこに揺るぎない立脚点を見出しうるのか。

資本主義に対するマルクスの両義性は，さらに深く浸透しており，社会主義社会がどのようなものでありうるかという彼の認識そのものに悪影響を及ぼしている，と私は論じた。階級と搾取についての唯物史観という理論は，資本主義的社会関係を歴史的に過去の諸社会に投影し，それらの社会に資本主義の中心にある搾取を再発見することになっている。社会主義についてのマルクスの構想は今度は，資本主義の機能的な輪郭の要約になっている。社会主義社会は，搾取(社会の目標のために社会的生産物のある部分を利用すること)・蓄積(剰余の生産拡大への投資)・ルールに従った分配(たとえば，労働努力に従った分配)——これらすべてはすぐ分かるように資本主義の原理である——を含めて，資本主義の経済的機能のすべてを成し遂げなけれ

ばならない。資本主義社会の研究がその想像力を誘って，資本主義的な種類の思考法に取り憑かれてしまう情熱的な知性の持ち主は，マルクスが最初の人でも最後の人でもなかった。

　限界主義経済学（および新古典派経済学）は，ブルジョア資本主義の商業重視に対して強い嫌悪感を表明し，その批判的視点を社会工学に見出すことを期待している。資本主義は欠陥を持っているが，ひとたびわれわれが市場の内的論理を理解し，それを効果的に修繕することを学べば，資本主義は作り直されうる。極端な新古典派的姿勢は，意識的な国家介入を通して資本主義と市場の全面的な再構築を提案したオスカー・ランゲとアバ・ラーナーのような市場社会主義の提唱者から，資本主義が展開するどのような課題も政治介入に頼らずに機能させることを好むミルトン・フリードマンの政策懐疑論にまでおよんでいる。それゆえに，新古典派的な考え方からは，規制と規制緩和の政治は，経済諸部門の間での経済余剰の再分配を中心としている点で，実質的には同じものであることが分かるのである。その洗練された形では，新古典派経済学は，道徳性の問題を一種のプラグマチズムを通して巧みに処理している。すなわち，資本主義という制度は，われわれが過去から引き継いできた一制度であり，われわれはそれを最大限に活用すべきである，と。これは，それ自身いつも以前の制度的な形態から脱却している資本主義にとって心地よい見方である。十分な実践とともに，経済活動の究極的目標と資本主義的発展の歴史的動態という諸問題は——そして人びと・地域・文化への資本主義の影響という問題も——，見えなくなり，理解できなくなっている。新古典派経済学者にとっては，市場を通してであれ税や規制を通してであれ，経済余剰の再分配こそが，あるべきことのすべてであり，いかなる時もそうであろう。

　一見したところ，資本主義社会についておおいに両義的であるとヴェブレンを問い詰めるのは，難しいように思われる。彼は，資本主義を好きではないし，それをあまり重視していないからである。今までのところ資本主義は存続している。それで，ヴェブレンは自身を人間社会の風変わりな行ないについての超然とした科学的観察者と考えていたが，そのようなヴェブレンの気質は，動態的に進化する見世物としての資本主義に惹き付けられる。資本主義の軽薄な美的価値観は顕示的消費や金銭上の浪費を過度に含むとしても，資本主義はまた，ヴェブレンが重んじる職人本能にとっての媒体である。

ヴェブレンは，大多数の政治経済学者ほどには，資本主義の発展を批判し・変革し・喝采するのに関心を持たなかった。進化論者として彼は実際，自分が研究している過程に介入することを望まなかった。このことから，彼の社会学的批判における辛辣な口調にもかかわらず，ヴェブレンは結局，資本主義的発展の現実的経過をいわば受け身で容認することになるのである。

　資本主義に対するケインズの両義性は，新古典派的伝統を強く共有している。資本主義には，とりわけその無知蒙昧なビクトリア朝の装いにおいては，救いようもない欠陥があり，もし勝手気ままに放任されるならば，資本主義は間違った金融・財政政策によって20世紀には消滅するであろう，というのが彼の見解である。資本主義がその物質的便益を生み出し続けうるマクロ経済学的枠組みを矯正するためには，それは想像力豊かな自由裁量の天才的専門家（事実上ケインズ自身のような人びと）の介入を必要とするのである。ケインズの見解は，スミスの誤謬の修正された条件付きの種類のものであり，自由放任が不断の誘導なしに存続可能な発展経路を見出すことは起こりそうにもないと力説している。ケインズが，富裕で収益性ゼロの社会が2，3世代の間に到来する見込みがあると主張するとき，歴史的有限性の議論を使って資本主義の現実からいくつかの呪いを取り除いている。

　ハイエクが資本主義のイデオロギーと実践に確固とした忠誠心を持っていたことは疑いないけれども，結局は彼のビジョンもまた両義性の要素を持っていることが分かる。ハイエクにとってその問題は，実際に存在する資本主義がいつも，彼が過度に讃美する社会秩序の自生的出現という理想的な過程への不完全な接近であるということにある。言い換えれば，資本主義はどんな時も人類にとってその存在に関する約束を実現するほどには十分に資本主義的ではなかったのである。結果として，ハイエクの資本主義は，壊れやすく，集産主義という無知蒙昧な大軍によって永久に包囲されることになるのである。

　ハイエクはまた奇妙な仕方で歴史を思い起こさせている。彼自身の独創性に富む著作を生み出した1930年代と40年代の不景気な時代は，過去のより活気ある個人主義的資本主義社会からは衰退していたにちがいない（不幸な現在はより輝かしい過去の退化であるという解釈ほど，人間の考えのなかで定着しているものはない）。だが，事柄をより詳細に調べてみても，希釈されていない純粋な資本主義が現実に，いったい何時そしてどれだけの間，そ

の自生的な魔法を作動させていたのかを見つけるのは，非常に困難である．産業資本主義は，1930 年代より前の，目が眩むほど急速にその形を変えていったわずか百数十年の間生き永らえたにすぎない．この両義性は，修辞に巧みなハイエクの保守的経済学に，永続するまったく新しい不満の種を与えている．どの社会も市場と資本蓄積の作用を諸制度と妥協させるので，その制度的な妥協はハイエクを満足させないだろう．この「保守的」革命の本質は本当に，束縛されない経済的自生性という過去の黄金時代の再興なのか．それとも，市場の名においてすべての社会的絆を絶えず覆すという，止むことのない野心的な計画を隠しているのか．

　シュンペーターの両義性は，ヘーゲルによって称讃された否定的批判という昔からのヨーロッパ的伝統のなかにある．シュンペーターがたいそう熱中しているように思われる資本主義の唯一の側面は，新技術の絶え間ない探求・発見・展開である．シュンペーターにとっては，社会の分裂・地域共同体の喪失・失業・不平等という点に関して，この過程を維持する膨大な犠牲の承認は，ほとんど月並みな考えである．シュンペーターは，資本主義が社会の底辺にいると分かっている人びとに対してどれほど抑圧的であるかや，資本主義がまさにその敵である社会勢力への権利賦与を回避するのにどれほど無力であるかについて，理解しうる幅広い想像力豊かな洞察力を持っている．シュンペーターの構想は，さらに数十年の歴史的経験の重みで押しひしがれて，マルクスのそれよりもずっと暗い．

　マルクスの主題のもっとも強力なものを復活させる際に，シュンペーターは，スミスの誤謬の落し穴のいくつかを逃れている．マルクスもシュンペーターも両者とも，技術と科学の具体的で累積的な進歩と発見の結果として，人間の労働生産力に大幅な上昇が生じることを理解していた．過去 300 年の間に，これらの進歩は資本主義的蓄積という脈絡のなかで生じ，それらの進歩が社会に広がっていく仕方は，個人企業家と資本家による利潤の追求であった．しかし，技術革新と生産性改善の過程を，資本主義的社会関係および市場の敵対的法則と同一視するのは誤りである．これらを考慮しつつ，シュンペーターは，マルクスが先鞭を付けた道筋のまわりでさまよいながら，資本主義の支配にとっての歴史的限界は生産と社会生活の組織化の仕方にあるという考えに導かれている．シュンペーターは，民主的に統治された，おそらくは優しい，官僚的な生産組織の発展を見据えている．その生産組織

は，それ以上は明確にはならないけれども，マルクスの革命的社会主義という構想のより穏やかな見解である。

しかし，シュンペーターはスミスの誤謬の基礎にある仮定を完全には超越できなかった（それはマルクスでさえできなかったことである）。シュンペーターは，資本主義的企業家が存在せずに技術革新が生じる社会を確信をもって想像しえなかったが，それは，マルクスがある種の蓄積なしに文明社会を想像しえなかったのと同じである。

3　スミスの誤謬から逃れる

われわれは，スミスの誤謬の中にある架空の慰めを捨てることによってのみ，一般に受け入れられている経済的見解により不明瞭にされている，現在のグローバル化する世界についての厳しい真相を理解することができる。この再検討は，しかし，経済学者の思考方法のすべてが誤っているのではないという認識から始めなければならない。

現代の産業資本主義は，物質的富の創造という点では上首尾のシステムである。それは，安い労働力・天然資源・新技術の着想が底をつくというどんな現実的兆候も示してはいない。世界の大部分とそこに住む人びととは，西ヨーロッパ・北アメリカ・日本によって先鞭をつけられた道筋，すなわち，工業化・都市化・生産性の低い伝統的農業雇用から生産性の高い産業的・ポスト産業的生産への移行という道筋の跡を追う可能性が非常に高いだろう。産業資本主義は復元力に富み，適応力も高い。子どもの栄養摂取や基礎的医療の改善によって解き放たれた人口爆発は，人口転換の諸力によって制御されてきた。グローバル産業資本主義は，天然資源の使用とその環境への影響において深刻な問題に直面しているが，しかし，それらの衝撃を緩和し環境の大惨事を避けるために，規制と市場自身の論理をすでに結集し活用している。

スミスの誤謬は，しかし，この経過に関するわれわれの理解をいくつかの点で歪めている。誤謬のもっとも根本的な側面は，資本蓄積を，それにともなう技術変化や社会変革とともに，どういうわけか「人間本性」の表出に固有である自律的で自生的な過程と表現していることである。資本主義と政治経済学の歴史は，他方で，諸社会が資本主義の実行可能かつ継続可能な制度

を発展させるのがいかに困難であるかを，またこれらの制度がいかに壊れやすく偶発的なものであるかを，明確に示している。資本主義の成長について実行可能で安定的な制度の確立には，政治の主導力・伝統的制度の市場システムへの臨機応変で忍耐強く持続的な順応・幸運のかなりの力添えが，不可欠であることを，われわれは見てきた。資本主義の実行可能な制度は，政治的介入という活気のない圧力が市場から取り除かれるや否や，頼もしくもそれに代わって優勢になるような自生的に生じる社会的な事象では決してないのである。「人間本性」は，進歩的な資本主義を創造する可能性があるのとまったく同様に，停滞的で略奪的な権力階層制を展開する可能性があるように思われる。

　それゆえ，われわれは，貧困と不平等という問題を解決するために，資本主義それ自身の拡張だけに頼ることはできない。資本蓄積は，物質的富を増大させるだろうが，富を不公平に分配するだろう。実際，資本蓄積は，富と地域社会の現存する源を破壊することによって，富と生活様式の新しい源を作り出すのである。資本蓄積がそれ自身で続いていくとすれば，予測可能な将来は，われわれが，より高レベルの技術と物質的富を持ってはいるが人間関係のどんな質的な変化も生ぜずに，今より大規模に展開される分断され対立し貧困に苦しむ世界に住み続けるということだろう。

　スミスの誤謬の誇張された主張とは逆に，市場資本主義は，安定的なシステムでも自己調節的なシステムでもない。資本主義は，自身をとにかく機能させるために必須の諸制度を育成するという意識的な政治的努力を必要とするのとまったく同様に，私利の追求を混乱させずに続けさせるための政治的・規制的介入の継続を必要としている。この介入は，ケインズの経済学的ビジョンの大きなテーマであるが，すでにわれわれが見たように，それは言外の意味としてスミスから限界主義者まで政治経済学を貫いている。この規制の形と内容に関する議論は，質的に創造的なものから凡庸なものまで激しく揺れ動きうる。全体的に見ると，歴史的に最良の成果は，具体的な諸問題を処理するための中央銀行・社会保障・反トラスト局のような諸制度を構築するための，控えめで限定された努力から生じているように思われる。実際的な問題解決を目指すことよりも，イデオロギー的な着想によってより強く動機付けられたシステムの全面的で革命的な変化の追求は，全体的により悪い結果をもたらしている。グローバルな規模での資本蓄積は，既存の規制諸

制度の新しい状況への絶えざる適用とともに，総需要・競争・環境への影響に関する規制と監督という新しい諸制度の創造を必要としている。

われわれがスミスの誤謬を見限るとき，われわれはまた，自然法則に匹敵する明確な経済学的法則が存在するというとっぴな過大評価を捨てることができる。資本主義はたしかに，予見しうる仕方で人びとの生活と行動を明確に形づけ，経済データに測定可能な規則性を生じさせた。しかし，経済学者がこれらの統計的現象を普遍的原理にまで高めるということは，退屈なおとぎ話である。われわれがこの本で概観してきた偉大な思想家たちの発見は，市場資本主義の規則性が特定の制度的状況においてどのように人間行動に反映するのかを，非常に巧みに説明している。狩猟と採取の社会には利潤率の均等化は存在しないし，封建社会には費用削減的な技術革新の体系的追求は存在しない。分業の拡張こそが，新古典派経済学者が飽きもせずに思い起こさせるように，潜在的経済余剰を創り出し，それを実現するために市場交換の可能性を切り開くのである。これらの現象は，しかし，「人間本性」や人間生活それ自身の普遍的表現でも，それらの免れ得ない表現でもない。人類は，マルクスが主張するように，これらの制度を創り出したのであり，もし欲すればしかもそれらを十分に理解すれば，人類はそれら制度を変革することができるのである。

資本蓄積はそれ自身の論理を持っている——具体的な歴史的・社会的環境における利潤機会の発見と利用がそれである。その環境それ自身は，部分的には利潤を求める機会利用の結果として，たえず変化している。資本蓄積とともに暮らしているわれわれにとっては，その論理を理解することが，可能であるのみならずまさしく賢明なことである。われわれが資本蓄積を行なうのみならずそれを理解するということは，主として偉大な思想家と彼らの継承者の知的な仕事の成果である。だが，資本蓄積の論理を理解することは，個人としてであれ政治的主体としてであれ，われわれの道徳的判断を市場に譲り渡すことまでをも必要とするのではない。どんな利潤機会の利用も幅広い結果をともない，その結果には善いものも悪いものも存在する。おのおののケースで善いことと悪いことの道徳的妥当性を評価することから逃れることはできない。誤謬は，この評価過程を手っ取り早く簡単にする普遍的原理が存在すると考えることに潜むのである。たとえば，ある国は，最貧層の基本的生活水準を守るために，主要穀物・食用油等々の基本的生活必需品に補

助金を出すことによって，市場の法則を侵害している。これらの補助金は不効率である。すなわち，補助金は，経済余剰の実現と利潤率の均等化を妨げるからであり，資本蓄積をスローダウンさせるからである。補助金のこれらの副作用は重要であり，補助金という知恵やその妥当性について判断する際には考慮されなければならない。しかし，その副作用はそれだけでは，その問題に賛成か反対かを決するには十分ではないのである。

　資本主義は，富に対する支配力を与えるので，道徳的にもっともいかがわしい利潤機会の利用をさえ擁護する人びとに決して事欠かないだろう。スミスの誤謬の最悪の結果の一つは，複雑な状況について一方に偏った説明を是認するリスクを犯すことである。一方に偏るという誤謬が生じたときにそれを認識しそれに抵抗することが重要なのであって，それをイデオロギーとか神学とか単なるご都合主義とか呼ぶかどうかはどうでもよいのである。

4　スミスの呪いに向き合う

　20世紀におけるハイエクとケインズの巨匠対決において，われわれは，スミスの誤謬によって提出されたジレンマの核心に到達する。今日われわれは，物質的欲求を満たすためにますます商品の生産と交換に依存している。分業は，だれも自分自身の資源に頼っては生き延びることすらできない所にまで進展している。商品の論理が人間生活のますます多くの領域に浸透しているので，それの矛盾する諸結果はますます広がり，ますます避けがたくなっている。先進資本主義社会における医療の慢性的「危機」は，スミスの誤謬の縮図である。生と死という問題にますます高い値札が付くようになるとき，われわれは，自分の道徳的共感と連帯を，貨幣と商品の無慈悲な論理に傷つく他の人の苦しみとどのように調和させるのか。ハイエクの大変革をもたらす筋金入りの自由主義も，ケインズの便宜主義的なプラグマチズムも，これらのジレンマに最終的解決を提供しているようには思われない。

　スミスの誤謬の核心にある諸論点は，今後何十年もの間世界史を支配すべく運命付けられている。資本主義的経済発展の旋風は，計り知れない好機と同じくらい計り知れない社会的・道徳的な緊張を生み出しながら，さまざまな形で地球の隅々にまで広がっている。社会的分業を世界資本主義に連結するのに成功するか失敗するかが，その社会と個人の運命を決めるであろう。

政治経済学はこれらの問題を解決するための魔法の処方箋を持ち合わせていないけれども，グローバル化の時代に対して二つの教訓が政治経済学の歴史から引き出され得る，と私は考えている。

　第一に，道徳的・社会的な抗争は，資本主義的経済発展の本質的な部分である。資本主義的な事業を受け入れる諸社会は，古臭い社会的・政治的・宗教的な折衷物を不可避的に覆し，自分たちの伝統的な暮らし方を転換するだろう。グローバル資本主義を甘受することは単にこれらの諸変化を不可避なものとして受け入れる問題にすぎないという慢心は，浅はかであり自滅的である。これらの苦痛を伴う諸変化を経験する社会は，それらの諸問題の存在を認め，具体的に対処する必要がある。資本主義的発展が多くの人びとを伝統的貧困から引き揚げる力を持つという曖昧な教説は，それら社会のためになるものではない。その教説はせいぜい話し半分を語っているにすぎないからである。

　第二に，スミスの誤謬の歴史は明確に，発達した資本主義経済が現在の発展段階に到達するまでに採ってきた多様な現実の道筋を示している。資本主義的発展への唯一の道筋が存在するわけでも，不揃いな繁栄の到来を速めるための，あるいは随伴する社会的病弊を軽減するための魔法の処方箋が存在するわけでもない。資本主義が地球規模で機能しうる「世界秩序」を生み出すという疑わしい努力をしながら，発達した資本主義社会は，より貧しい社会に発展への途を拓くよりもむしろ，結局はしばしばその途を閉ざしてきた。資本主義的経済発展がどのような問題性を孕みうるか，またどれほど深い傷を生み出しうるかをひとたび認識すれば，われわれは，おのおのの社会がスミスの誤謬のジレンマを通り抜けながら自身の道筋を見出すように励ます思慮深いアドバイスができるだろう。どの社会も，市場の法則と思われているものと特有な仕方で折り合いを付けてきた。そして，それには正当な理由があるのである。結局，私がこの本が示していると願うように，資本主義の物質的富は，市場の法則への高潔な固執から魔法のように生じるのではなく，人間の創意工夫・勤勉・努力から生じるのである。

　これらの歴史的な挑戦に立ち向う際に，われわれは，偉大な政治経済学者たちが創造してきた知識の相当の集大成を知的遺産として持っている。この知識は，科学的であるのと同じほどに，特定の価値観を担っており，神学的であり，また未解決な両義性に満ちている。だが，それは知識である。政治

経済学についての批判的・懐疑的な解釈がわれわれに示すことは，現代社会の扱いにくい問題が，産業資本主義によって解き放たれた物質的豊かさの約束といかに深く結び付いているかということである。このように考えられた政治経済学は，これらの困難な諸問題に安易な（あるいは本当に確かな）解決策を提供しないだろう。しかしながら，政治経済学は，われわれが考える必要のある複雑な問題をくっきりと浮かび上がらせ，無批判的に容認されている単純化された主張のもやもやを一掃することができるのである。

読 書 案 内

　偉大な政治経済学者たちについての本書を読んで，彼らが言おうとしたことやその人生や人物についてもし好奇心が起きたのであれば（あるいは彼らの思想についての私の解釈の正確さに疑念が生じたのであれば），皆さんは，さらに彼らの著作や伝記そして政治経済学の著作を読みたくなることだろう。彼らが提起した問題のいくつかは専門的で難解な労作や批判書を世に出したが，著作の大部分は正規の経済学的あるいは数学的な訓練をなんら要さずに読めるものである。

　アダム・スミスは，たとえ全体を首尾一貫して理解するのは困難だとしても，読みやすい。『国富論』〔水田洋監訳，(1) - (4)，岩波文庫，2000 - 2001 年〕の標準的な版はエドウィン・キャナンによって編集されシカゴ大学出版から刊行されたものだが，それ以外にもたくさんの良い版がある。ブルース・マズリッシュはドーバー社による手頃な縮刷版を編集したが，それ以外にもローレンス・ディッキーズ（ハケット社）による注釈付きの縮刷版もある。スミスの著作についての後代の連綿と続く批判的研究は，スミスの誤謬の後代のバージョン，とくに限界主義や新古典派経済学の定式化をスミスに遡って読み取りたいと思っても，スミスがそれをわずかにでもほのめかしてさえいない，という点に大きな弱みがある。

　トーマス・マルサスの『人口論』〔永井義雄訳，中公文庫，1973 年〕は，有名であり，またしばしば版を重ねている。初版と後続の版を対照させたものは役に立つ。同書でマルサスが論じているように，フランス革命がひき起こしたイデオロギー的政治的論議という文脈のなかでマルサスを読むことに私はもっとも興味を見出すのだが，そのようなものとしてジョン・エイブリーの『進歩・貧困・人口――コンドルセ，ゴドウィン，マルサス再読』（テーラー＆フランシス社）がある。

　デイヴィド・リカードウの主著は『経済学および課税の原理』〔羽鳥卓也・吉澤芳樹訳，(上)(下)，岩波文庫，1987 年〕であり，上手に編集された手頃な版が多数利用できる。リカードウは力あふれる思想家であり著述家であるが，

彼の思考の抽象性と厳格さのために必ずしも読みやすいわけではない。

スミス，マルサス，リカードウの伝記は，短い伝記的評論の形をとる傾向がある。ロバート・ハイルブローナーの『世俗の思想家たち』〔八木甫ほか訳，ちくま学芸文庫，2001年〕は，紛れもなく出発点となるものである。カール・ポランニィの『大転換』〔吉沢英成ほか訳，東洋経済，1975年〕は，古典派政治経済学が発展してきた広範囲にわたる歴史的文脈についての優れた要約である。

カール・マルクスは何百万という言葉を書き記したが，書いたもののほんの一部分だけがなんとか出版向けに用意されたにすぎない。『共産党宣言』（入手可能な無数の版がある）〔大内兵衛・向坂逸郎訳，岩波文庫，1971年〕は，150年経ってもなお影響力と衝撃力を保っており，マルクスの基本的な立場が妥協することなく開陳されている。マルクス自身によって実際に出版されたのは第1巻だけなのだが，フリードリッヒ・エンゲルスによるマルクスの未刊のノートの編集版である『資本論』〔向坂逸郎訳，(1)-(9)，岩波文庫，1969-1970年〕の他の2巻を読むことは，マルクスへの接近としては理に適っているだろう（ベン・フォウクス訳のペンギン社版は英語圏読者の標準版になっている）。『資本論』第1巻のはじめの三つの章は，解釈し理解するのにひどく困難だという問題があるが，マルクスのビジョン全体を感じ取ろうとして，最初にそれらを飛ばして読んでいくのも悪い考えではない。『資本論』第1巻のはじめの3章のなかにある素材の大部分は，モーリス・ドッブによって見事に編集された『経済学批判』（インターナショナル社）〔武田隆夫訳，岩波文庫，1956年〕でより完全に説明されている。同書は，マルクスの原版で省略された重要な方法論上の序文も含んでいる。残念なことに，マルクスはこれら二つの著作の間で彼の専門用語の若干を変更した。『資本論』の背後には，マルクスが政治経済学についての彼自身の考えを明瞭にするために書いた膨大なノート，『経済学批判要綱』（ペンギン社）〔資本論草稿翻訳委員会訳，(1)(2)，大月書店，1981，1993年〕がある。もしあなたに時間と意欲があるならば，『経済学批判要綱』はマルクスの後の思想について非常に有益で有用な見通しを与えてくれるだろう。

私は，マルクスの伝記の推薦には気が進まない。たくさんの伝記があるが，それらはすべてマルクスの生涯についての同じような基本的輪郭を語っている。私がそれらの推薦に慎重なのは，マルクスは彼の生きている時代においてさえ支持者と反支持者の双方にとって強力な政治的イデオロギーのシンボ

ルになっており，伝記作者はマルクスとその著作の歴史的位置付けに際して，肯定的にせよ否定的にせよ偏見から免れるのに多大な困難を要してきたからである。マルクスの言葉（また考え方の一部）は，今では人種差別主義や性差別主義（そしてヨーロッパ中心主義）に見えるような彼の時代の憶見を反映しており，それは伝記に一触即発の解釈上の詮索をさらに付け加えるのである。エンゲルスやマルクスの娘のエリノアのような，マルクス周辺の人びとを通してマルクスに接近する方が，よりよいのかも知れない。スティーブン・マルクーゼ『エンゲルス，マンチェスター，労働者階級』（ノートン社）は，マルクスとエンゲルスの情熱的な政治経済学が立ち上がってきた社会変動について生き生きと描き出している。

　限界主義者と新古典派経済学の創始者たち（多くの者が数学者としての少なくとも一定の訓練を受けている）の書き方は明晰だが，しかし経済学の歴史への専門的な関心をもつ者は別として，彼らの著作を読み物として推薦するのは困難である。ジョン・ベイツ・クラークの『富の分配』（パシフィック大学出版）〔田中敏弘・本郷亮訳，〈近代経済学古典選集［第2期13］〉日本経済評論社，2007年〕は，新古典派のいくつかの著作と同様に，分析的論理と独断的イデオロギーの混ざり合った香りを運んでくる。この運動の背後の，同時代の他の社会的・政治的・科学的な知的展開との関わり合いは，興味深い物語である。フィリップ・ミロフスキーの論争的な書，『光より熱――社会の物理学としての経済学，自然の経済学としての物理学』（ケンブリッジ大学出版）は，これらの主題を輝かしい筆致で描き出している。

　ソースタイン・ヴェブレンを読む楽しみは，時を経ても減じることはない。彼の『有閑階級の理論』（ドーバー社）〔高哲男訳，ちくま学芸文庫，1998年〕は，私が数年前に行なった初年次セミナーで思いがけない成功をもたらした。ヴェブレンは一個の人物（いくぶん消化不良気味だが「客観的な」社会観察者としての彼自身）を発明し，その人物の堂々とした科学的な散文は，小気味よい精度をもって目標に命中するのである。私自身の他のお気に入りの著作は，『アメリカの高等教育――一つの覚え書き』（ケッシンジャー社）である。ヴェブレンの生涯にわたる経済学的社会学的研究の批判的エッセイ集である『現代文明における科学の位置および諸評論』（トランザクション社）は，後代の社会科学では疑われることのなくなった学説を，原点に立ち帰って一望するのに非常に貴重な資料である。ヴェブレンについては多くの伝記があるが，

ジョセフ・ドーフマンの『ヴェブレン——その人と時代』（ケリー社）〔八木甫訳，ホルト・サウンダース・ジャパン，1985年〕から始めるのがよかろう。同書は，アメリカ社会と大学とのヴェブレンの魅力的でトラブルに満ちた関係を追っている。

ジョン・メイナード・ケインズのもっとも影響力のある本，『雇用・利子および貨幣の一般理論』（ハーコート社）〔間宮陽介訳，（上）（下），岩波文庫，2008年〕は，多くの才気あふれしばしば引用される箇所があるにもかかわらず，読み進めていくのが難しい。ケインズは十分に一貫したビジョンを持っていたが，本を仕上げるために多くの助手たちとともに慌ただしいやり方で取り組んだために，同書は多くの専門的・論理的に曖昧なものを結果として抱えてしまっている。ケインズの世界観に接近するには彼のエッセイを通しての方が容易である。とくに『説得論集』（ノートン社）〔宮崎義一訳，〈ケインズ全集9〉東洋経済新報社，1981年〕がそうである。ケインズの生涯は，伝記作家にとっては驚くべき出会いを提供してくれる。ドナルド・モグリッジの『ケインズ』（テイラー＆フランシス社）〔塩野谷祐一訳，東洋経済新報社，1979年〕とロバート・スキデルスキーの3巻本『ジョン・メイナード・ケインズ』（ペンギン社）〔宮崎義一監訳，（Ⅰ）（Ⅱ），東洋経済新報社，1987，1992年〕は，人を夢中にさせる著述である。

フリードリッヒ・フォン・ハイエクの著作は，広く入手可能である。私は，彼の思想は『個人主義と経済秩序』（シカゴ大学出版）〔嘉治元郎・嘉治佐代訳，〈ハイエク全集Ⅰ-3〉春秋社，1990年〕のような評論にもっともよく表われていると思う。批判的で革命的でさえあるハイエクの思考の論脈は，過度の修辞的な飾り文のないこれらの著述において明晰に辿ることができる。

ジョセフ・シュンペーターの著作に近づく最良のものは，多分，『資本主義・社会主義・民主主義』（ハーパーコリンズ社）〔中山伊知郎・東畑精一訳，東洋経済新報社，1995年〕である。この大部の作品は，馴染みのある考えを繰り返しちりばめた洞察的で輝かしい諸文節を持ちながらも，残念なことにムラがありまた編集にもムラがある。シュンペーター自身は，『経済分析の歴史』（オックスフォード大学出版）〔東畑精一・福岡正夫訳，（上）（中）（下），岩波書店，2005-2006年〕を書いた。同書は，幅広い読解と深い学識を示すものであるが，科学としての経済学の発展についての特異な解釈を提供してくれている。

付　　録

人口論的均衡

（48-49頁および51-53頁参照）

　マルサスは彼の議論をグラフで（その数学的な性質にもかかわらず方程式でさえも）示さなかったが，そのように示した方がわれわれにとってはより明瞭になるだろう。

　図1では，横軸に「実質賃金」——基本的には一人の労働者が食卓に載せることができる食糧の量——が，とってある。縦軸には出生率と死亡率（1000人当たりの出産数と死亡数）がとってある。人口と食糧供給についてマルサスが提出した法則は，出生数曲線と死亡数曲線，すなわち出生率が標準生活水準と結び付くことを示す出生数曲線と，死亡率が標準生活水準と結び付くことを示す死亡数曲線によって要約的に示すことができる。

　グラフ中の出生数曲線は，より高い実質賃金がおよぼすより早い結婚や出産前の母親のより良い栄養状態への影響を反映して，徐々に上昇するカーブを描いている。死亡数曲線は，高い数値から始まり，実質賃金の均衡水準のあたりから急速に低下している。この形状は，ある水準の実質賃金に幼児死亡数がきわめて敏感に反応するというマルサスの考えを表わそうとしている。この生存費ぎりぎりの実質賃金は，純粋に生物学的に決定されるのではなくて，文化的・社会的にも決定される。それは，ある社会と時代において正常な生殖が衰退し始める標準生活水準を表わしている。

　出生数曲線と死亡数曲線の交点は，人口が静止的である場合に死亡が出産数にちょうど等しくなる均衡点である。この均衡点は，所与の土地を利用する人口に対する収穫逓減というマルサスの仮定においては安定的である。死亡率が出産率以下に低下するときに生じる人口増加は，食糧価格をひき上げ実質賃金をひき下げる傾向があるだろうからである（より長期間には，増加する人口もまた労働の供給を増加させ，それは賃金率をひき下げる傾向を持

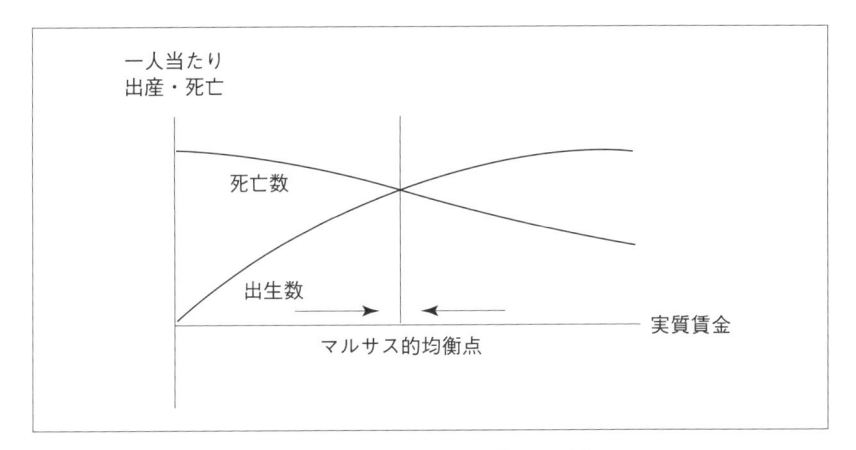

図1 人口についてのマルサス・モデル

人口についてのマルサス・モデルは,縦軸上の出生率と死亡率を,横軸上の実質賃金によって測られた生活水準に結び付けるものである。出生数曲線は,出生数が生活水準とともにゆっくりと上昇していくことを示している。死亡数曲線は,死亡数,とりわけ幼児死亡数が実質賃金が上昇するにつれて急速に下がっていくことを示している。二つの曲線の交点は自然賃金率を与え,そこで人口が安定する。この均衡点は,もし有限な土地資源によって雇用に対する収穫逓減が存在するならば,安定する。というのは,実質賃金の上昇は人口を増加させ,人口増加は実質賃金を低下させるからである。

つだろう)。これと対称的に,実質賃金が均衡水準以下に低下するときに生じる幼児死亡数の上昇は,食糧供給へのプレッシャーを緩和し,食糧価格をひき下げ,実質賃金を上昇させるだろう。

　もしわれわれがより大きな規模でマルサス・モデルを表現する図を描くならば,人口転換の理論的な意味を図2に見ることができる。この図は,マルサス・モデルにおいてもう一つの均衡点が存在する可能性を示している。第一の均衡点は,高い死亡率と出生率をともなう低い実質賃金である。これは,マルサスが記した均衡点である。もし賃金が収穫逓減によって人口を増加させつつ低下するならば,マルサス的均衡点は安定する。しかし,低い出生率に合致する低い死亡率をともなう高い実質賃金でのもう一つの均衡点があり得る。このスミス的均衡点は,もし分業の効果によって賃金が人口増加とともに増加するならば,安定する。世界のなかで多くの経済的に発展した諸国は,この後者の均衡点に近い特徴を示している。

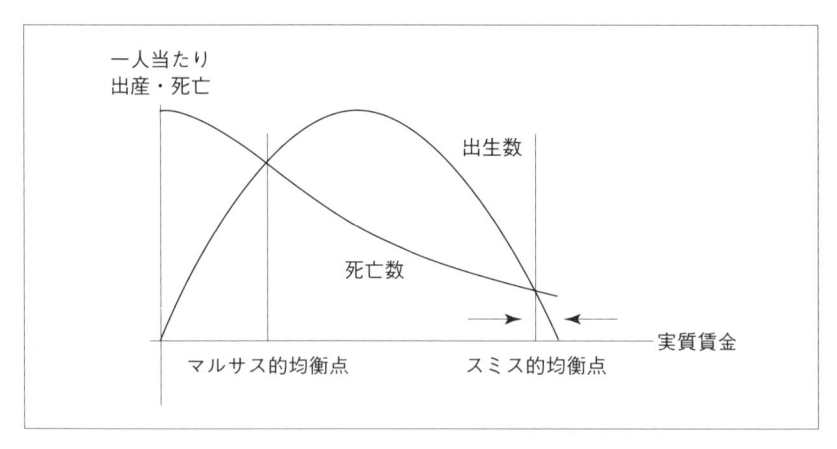

図2 工業社会での人口転換

工業的な経済社会で経験された人口転換は，マルサス・モデルを拡張して，実質賃金につれて最初上昇し次いで低下する出生数曲線に認めることができる。そこには，二つの均衡点がある。一つは，高死亡率・高出生率をともなう低い実質賃金での均衡点で，マルサス的均衡点であり，もう一つは低死亡率・低出生率をともなう高い実質賃金での均衡点で，スミス的均衡点である。スミス的均衡点は，もし分業による人口に対する収穫逓増が存在するならば安定する。

貨幣と価格の理論

● リカードウの物価についての貨幣数量説

(59-60頁参照)

　物価指数で測られる商品の金価格 P と物量の指標で測られる一国の年内に販売される商品の量 Q は，一年間の総流通価値 PQ を決定する。この流通を成し遂げるために必要な金貨幣のストック G は，金の各片が一年間の商取引に関与する回数，すなわち貨幣の流通速度 V に依存する。貨幣経済においては，これら二つの価値は等しくなければならない。現代の経済学ではこの関係は，交換方程式と呼ばれ，以下のように定式化される。

$$P = \frac{GV}{Q}$$

　リカードウの物価についての貨幣数量説においては，経済の場で流通する

金量 G・流通商品量 Q・貨幣の流通速度 V を基礎にして,交換方程式が諸商品の金価格 P を決定する。もし,流通速度と流通商品量が不変で金量が増加するならば,諸商品の金価格は上昇する。20世紀のマネタリストは,リカードウの物価についての貨幣数量説を取り入れて,インフレやデフレは一国の貨幣量のみに依存し,貨幣量の増大をコントロールすることによって常に管理することができると論じた。

● マルクスの貨幣数量的な価格理論
(90-91頁参照)

　マルクスは,金の価値についての彼の分析とは完全に違った原理を基礎に,一経済の商品流通に必要な金の量を分析している。物価指数 P で測られる商品の金価格と,物量の指標 Q で測られる一年間に流通する商品の量とが,一年間の全流通 PQ を決定する。この流通を成し遂げるために必要な金貨幣のストック G は,金の各片が一年間の商取引に関与する回数,すなわち貨幣の流通速度 V に依存している。マルクスの言葉での説明は,交換方程式を再現しているが,その形は次のものである。

$$G = \frac{PQ}{V}$$

　諸商品を流通させるのに必要な金のストックは,全流通 PQ に正比例し,貨幣の流通速度 V に反比例する。マルクスの理論では,交換方程式は,諸商品の金価格 P と,流通した商品の量 Q と,貨幣の流通速度 V とを基礎にして,一経済で流通する金の量を決定する。それゆえ,交換方程式についてのマルクスの解釈は,リカードウの解釈の正反対である。マルクスにとっては,諸商品の金価格の変化が,流通する金貨幣の量を決定する要因なのであって,逆ではないのである。

リカードウの地代論と蓄積論

(62-69頁参照)
　一国の農業経済全体を一望するために,図3では,一人の労働者によって耕作される標準的な地所のそれぞれが,肥沃度の順序で横軸上に並んで配

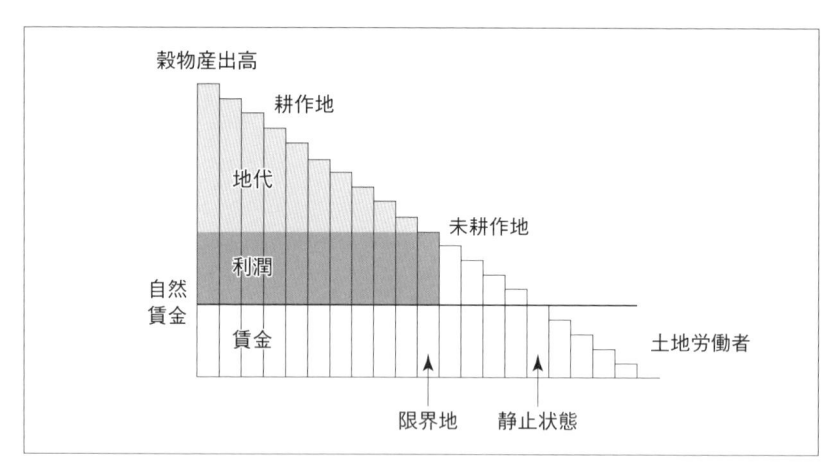

図3 リカードウの分配論と蓄積論

横軸は、肥沃度の順に並べられた耕作地を表わす。土地一単位の幅は労働者一人が1年に耕作できる量であり、だから横軸は農業人口と総人口をもまた表わすのである。縦軸は、土地の肥沃度を表わす。土地は、肥沃な順に耕作され、限界地の産出高は利潤と賃金に分割される。より肥沃な土地が地代を規制するのである。その経済の総地代は、限界地の産出高より上にある三角形の面積である。総利潤は、自然賃金より上にある長方形である。静止状態は、人口が大きくて耕作されている限界耕作地がちょうど自然賃金を支払うのにぎりぎりのところまで生産してしまうときに生じる。

列されている。横軸上のどの点も、個々の小地所を表わしている。各地所は一人の労働者と資本の固定的な「内包量」〔dose〕を使用できるので、原点から横軸上の点までの距離は、ある水準以上の肥沃度の土地に使用される農業労働者数と農業に使用される資本を表わしている。

リカードウの抽象的なモデルでは、工業労働者は農業労働者（および工業労働者自身）が必要とする衣服・道具・家具等々を生産するために雇用されるのだから、工業部門の大きさは農業の雇用量によって決定される。こうして、技術と消費およびさまざまな部門の労働生産性が一定ならば、雇用される農業労働力の大きさと全人口との間には一対一の対応関係が存在することになる。この仮定の下では、横軸はまた、その国の総人口を測定し得ることにもなる。

図3の縦軸は、各地所の穀物産出高を表わしている。労働の限界生産物曲線は、より肥沃でない土地が耕作地に組み入れられていくにつれて耕作限

界地での労働者一人当たりの産出高が低下していくことを示している。それはたくさんの非常に薄い長方形から構成されており，各長方形が一つの地所を表わしている。限界生産物曲線の下降線は，使用可能な肥沃地が制限されている結果として生じる労働および資本の収穫逓減を反映している。

その国の総穀物産出高は，全耕作地所の産出高の合計なのだから，実際に耕作される最劣等地（「限界地」）までの限界生産物曲線の面積によって測定される。

この図例が，労働者は次第に悪くなる土地で耕作しなければならないために労働者一人当たりの産出高は総人口が増加するにつれて減少する，ということを示していることに注意しよう。図例は，雇用の収穫逓減を表示しているのである。

図3においては，各耕作地所の地代水準は，その地所の穀物産出高と限界地の穀物産出高の差額であるだろう。総地代は，限界地よりも左の限界生産物曲線によって形成される三角形の面積である。

● リカードウの蓄積論

穀物で表わされたその社会の総利潤は，図3では自然賃金より上の長方形で表わされ，土地の外延的限界によって画されている。もしこれらの利潤がすべて蓄積されるならば，次年度にはより大きな労働需要があり，図の右方に外延的限界を移動することによって人口と農業労働力が増加するだろう。これが，リカードウの考える資本蓄積動態である。

図に少し取り組んでみれば，資本蓄積の効果が人口・食糧産出高・農業労働力を増加させること，総地代を増加させること，しかし限界地での剰余が収穫逓減の結果として減少するので利潤率を低落させること，が明らかだろう。利潤の総量は，資本蓄積の初期段階では利潤率が低減するよりも速く資本量が上昇するために増加するかも知れないが，最終的には利潤量も同様に低減するに違いない。もし労働と資本の限界生産物——すなわち，地所の肥沃度を表わす長方形——が不変のままに留まるのであれば，利潤率と利潤量はゼロに近づくに違いない。

利潤率は結局においてゼロへと低下し，蓄積は終息するだろう。リカードウはこの状況を「静止状態」と呼んだ。図が示すように，静止状態では限界耕地は実質賃金を支払うだけの穀物を生産するのである。

有限な土地で収穫逓減に向かう資本主義経済が静止状態に到達する理由は，図3から明らかである．すなわち，最終的に人口があまりにも大きくなって，限界地はまさに自然賃金を支払うだけの肥沃度であり，剰余生産物はまったく生まずそれゆえ利潤も生まないからである．もちろん，自然賃金より上部の三角形で表わされる非常に大きな穀物の総剰余が存在するが，しかし静止状態においては，その剰余はすべて地代のかたちをとるのであって，リカードウの仮定に従えば，地代は消費されてしまい蓄積されないのである．

商品価値の分解

（100 - 101 頁参照）
　労働価値説の見地からは，資本家が原材料と他の非労働投入に支出する貨幣は，彼が生産した商品を売るとき，その価値を変えずに単に資本家に戻ってくる．その結果として，マルクスは，資本支出の非労働成分を「不変資本」（より良い用語は「非増大資本」であった）と呼び，数学的変数 c で表わしている．他方で，資本家が賃金として投資する貨幣は，数学的変数 s で表わされる剰余価値をともなって資本家に戻ってくる．マルクスは，資本支出の賃金成分を「可変資本」（より説明的な用語は「増大資本」であった）と呼び，文字 v で表わしている．$c + v$ は，商品のコスト全体を表わしている．商品の販売価格は剰余価値を含み，それゆえ，平均的商品の全価値は，$c + v + s$ である．付加価値は，$v + s$ だけであり，一定期間にわたって商品生産に支出された生きている労働を表わしている．
　これらの成分のいくつかの比率が，資本主義的生産についてのマルクスの分析のなかで重要な役割を演じている．コストについてのマークアップ q は，全コストに対する剰余価値の比率である．

$$q = \frac{s}{c+v}$$

資本家は，自分の資本投資がどれほど速く増大しているかに関心があり，それは，利潤率 r，すなわち，資本家が常に投資している資本ストック K に対する剰余価値 s の比率である．

$$r = \frac{s}{K}$$

コスト全体は，一定期間にわたる生産過程への資本フローを測る。$c + v$ の コスト・フローに対する資本ストック K の比率は，資本の回転期間 T と呼ばれる。

$$T = \frac{K}{c+v}$$

回転期間を考慮すれば，利潤率は，次のように書くことができる。

$$r = \frac{s}{K} = \frac{s}{c+v} \frac{c+v}{K} = \frac{q}{T}$$

回転期間を明確に考慮すると，分析は複雑になるので，マルクスとマルクス的伝統のなかで研究している経済学者は，例を挙げる場合には，$T = 1$，すなわち資本全体が各生産期間に一度だけ回転すると仮定する傾向がある。この場合には，利潤率はマークアップにぴったり等しい。

　資本家は，剰余価値の社会的源泉が労働の支出だけであるということを知らないので，自分の利潤が資本投資の結果であると考える。この理解は，資本間の競争が異なった経済部門の利潤率を均等化する傾向によって強化され，その傾向は，利潤が労働からではなく，資本から生じるように思わせることになる。社会的見地からは，決定的な比率は可変資本フローに対する剰余価値の比率である，とマルクスは主張する。というのは，それは，労働者の再生産と資本家によって領有される剰余価値との，生きている労働時間の分割を表現するからである。彼はこれを，剰余価値率あるいは搾取率 $e = s/v$ と呼んでいる。しかしながら，マークアップと利潤率はまた，可変コストによって表わされるコスト全体の割合にも依存する。マルクスはこの割合を不変資本と可変資本の比率 c/v で表わし，資本の有機的構成と呼んでいる。

　それゆえ，もしわれわれが労働価値説の見地から利潤の源泉を正しく理解したいと思えば，マークアップは以下のように分解されなければならない。

$$q = \frac{s}{c+v} = \frac{s/v}{(c/v)+1}$$

利潤率は，マルクスの表記法では，次の表現によって与えられる。

$$r = \frac{q}{T} = \frac{s}{K} = \frac{\dfrac{s}{v}}{\left(\dfrac{c}{v}+1\right)T}$$

労 働 日

(101 - 103 頁参照)

　社会的労働日についてのマルクスの比喩（図4）は，社会の労働時間全体を単一の大きな労働日として表現する。労働価値説は，この労働日が，労働が商品に追加する価値に比例することを仮定している。マルクスはここでは暗黙に，すべての生産物が市場を通して交換され，商品形態をとると仮定している。

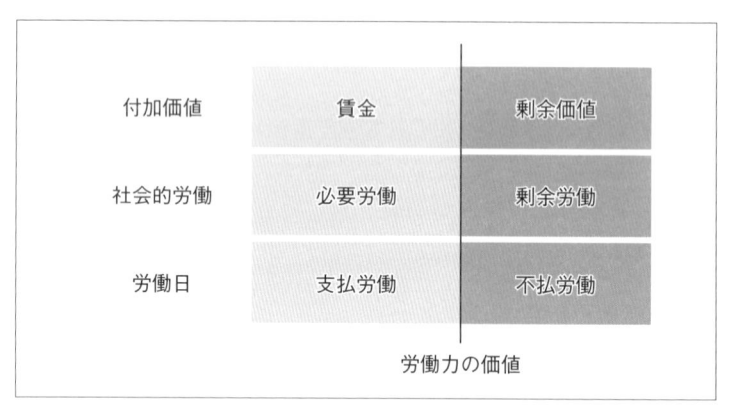

付加価値	賃金	剰余価値
社会的労働	必要労働	剰余労働
労働日	支払労働	不払労働
		労働力の価値

図4　マルクスの社会的労働日

　　労働価値説によれば，労働力の価値が付加価値を賃金と剰余価値に分割する。そして，その分割は，必要労働と剰余労働とへの社会的労働の分割，および支払労働と不払労働とへの労働日の分割に一致している。

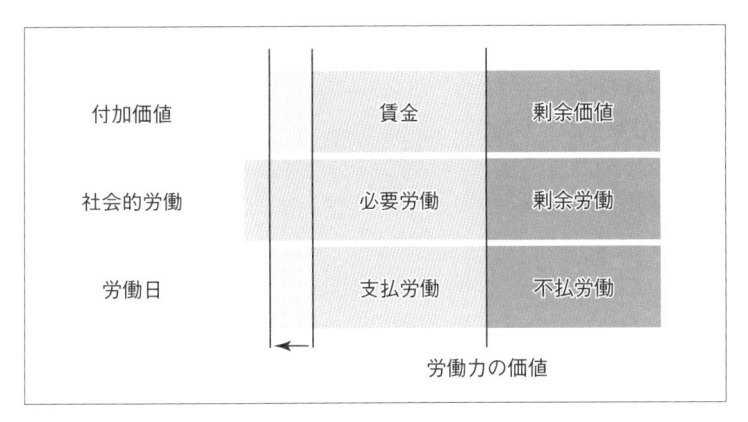

```
┌─────────────────────────────────────────────────┐
│                    │        │                   │
│  付加価値          │  賃金  │   剰余価値        │
│                    │        │                   │
│                    │        │                   │
│  社会的労働        │ 必要労働│   剰余労働        │
│                    │        │                   │
│                    │        │                   │
│  労働日            │ 支払労働│   不払労働        │
│                    │   ←    │                   │
│                         労働力の価値            │
└─────────────────────────────────────────────────┘
```

図5　広義の社会的労働日と商品生産の拡張

社会的労働日全体は，賃金労働システムの外側に拡張される必要労働時間を含んでいる。商品システムの外側で遂行される社会的必要労働の，賃金労働への転換は，賃金労働日を拡張する。これは商品生産フロンティアをシフトさせ，社会的賃金労働時間を増大させる。

　そのような労働日のイメージは，賃金労働時間の配分，すなわち商品としての労働力販売の結果として社会でなされた労働の配分を表現している。現実には，しかし，社会的労働時間は，家事や子どもの世話のような，非賃金労働時間を含んでいる。それゆえ，社会的労働時間の全体は，付加価値すなわち賃金労働時間よりも大きく，社会を再生産するために必要な労働時間は，賃金労働者の支払われた労働時間よりも大きい。図5は，商品フロンティアの運動を通した，非賃金必要労働時間の賃金必要労働時間への転換を示している。

● 絶対的剰余価値と相対的剰余価値
　マルクスは，労働者の再生産に必要な労働時間を含む労働日の拡張を，絶対的剰余価値と呼んでいる。絶対的剰余価値は，図6で例示されている。
　マルクスは，技術変化を通した労働者の再生産に必要な労働時間の減少を相対的剰余価値と呼んでいる。相対的剰余価値は，図7で例示されている。

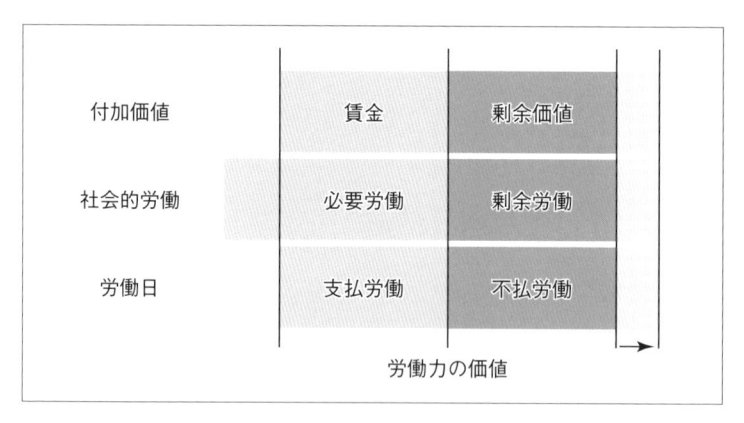

図6 絶対的剰余価値

絶対的剰余価値は，労働力の価値を増大させることなしに，労働日を拡張する結果として生じる。

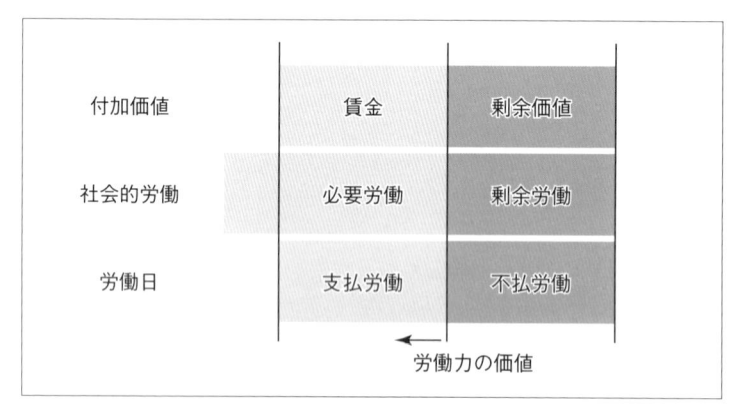

図7 相対的剰余価値

相対的剰余価値は，労働日を拡張することなしに，労働力の価値を減少させる結果として生じる。

訳者あとがき

　本書は，Duncan K. Foley, *Adam's Fallacy : A Guide to Economic Theology*, The Belknap Press of Harvard University Press, Cambridge, Massachusetts / London, England, 2006 の全訳である。ダンカン・K. フォーリー氏は，現在，ニューヨークのニュースクール大学（New School University）の The New School for Social Research の経済学教授（Leo Model Professor of Economics）であり，精力的な研究と大学院教育に従事している。

　フォーリー氏には，次の5冊の著書がある。

1. *Understanding Capital: Marx's Economic Theory*, Harvard University Press, 1986
2. *Money, Accumulation and Crisis*, Harwood Academic Publishers GmbH, 1986
3. *Growth and Distribution*, with T.R.Michl, Harvard University Press, 1999
4. *Unholy Trinity: Labor, capital, and land in the new economy*, Routledge, 2003
5. *Adam's Fallacy : A Guide to Economic Theology*, 2006（本訳書）

　1と2は，竹田茂夫・原伸子訳『資本論を理解する』（法政大学出版局，1990年）として，3は，佐藤良一・笠松学監訳『成長と分配』（日本経済評論社，2002年）として，日本語訳が出ている。その他に，編著書が数点ある（最近の氏の業績の一部は，The New School for Social Research のページから教授の個人的なホームページに入り，ダウンロードすることができる）。

　フォーリー氏の研究経歴については，Philip Arestis and Malcolm Sawyer ed., *A Biographical Dictionary of Dissenting Economists*, Second Edition, Edward Elgar の 179 - 186 頁において，氏自身が述べているので，詳しくはそれを参照してほしい。正統派経済学を学び高度な数学に精通しそれらを駆使した論文を執筆し続けているフォーリー氏が，ある意味で入門的であり啓

蒙的でもある本書を書くにいたったのには，アメリカの経済学者としては特異な氏の個人的な研究上の経歴が関わっている。

　経済学研究に関して氏の経歴を同上書によりながら簡単に紹介すると，フォーリー氏はスワースモア・カレッジでメジャーとして数学を専攻し，マイナーとして経済学を学んだのち，イェール大学大学院で経済学の研究を続け，そこで Ph. D を取得している。氏は自らの研究課題を，貨幣とマクロ経済の安定性に関わる経済理論としているが，ケインズ経済学や新古典派一般均衡理論を基礎としてその研究課題を追究されていた氏は，1960年代のスタンフォード大学経済学部の教員時代に，ベトナム戦争に反対する政治的動乱のなかで，スタンフォード大学の大学院生が組織した非公式のセミナーにおいて，マルクスやマルクス主義の著作を，さらにはスミス，リカードウ，スラッファの著作を読む機会をもった。これを契機として，氏は自らの経済学研究の幅を大きく拡げることになった。また，氏のマルクスへの関心は，マルクスが「経済学について首尾一貫した代替理論を提供しているかどうか，そして，そのアプローチが私を捉えてきた貨幣とマクロ経済学的安定という問題に取り組みうるかどうか」(183頁)を検討することにあったが，その研究を通してフォーリー氏は，「資本の循環というマルクスの概念は，経済システム総体の概念としてワルラスの均衡に替わりうるものである」(184頁)という考えに到達した，という。もっとも，氏の研究態度は，本書にも見られるように，マルクス『資本論』の主張やマルクス主義をそのままに受容しているわけではない。そのことは，資本蓄積に伴う労働者の生活水準に関するマルクスの説明に疑問を呈していることなどからも，明らかである。

　氏は，コロンビア大学バーナード・カレッジに移ったあとも，資本循環モデルの見地から理論的研究を進めると同時に，本書の序文で述べられているように，幅広い見地から経済学の研究を進めた。そして，「政治経済学の理論的基礎」という学部科目を担当するなかで用意された講義案が，本書へと繋がっているのである。

　『アダム・スミスの誤謬』という書名や「経済神学への手引き」という副題に関しては，それらは，経済学に対する根本的な問題提起であり，議論を喚起し，賛否両論を起こすテーマであるだろう。それらについては訳者が言葉足らずの解説をするよりも，本書の序文やスミスの章の冒頭・末尾や最終章で著者自身が詳しく主張しているので，著者自身の含蓄ある主張を参照す

るのが望ましい。氏の経済学の立場に触れておけば，次のようなものである と思われる。近代資本主義社会がもつ生産力の発展や富創造力などの善きこ とや，それにもかかわらず現存し続ける貧困・失業・人間的連帯の破壊など の悪しきことを解明しようとして，多くの経済学者が格闘してきた。経済学 の歴史は，資本主義社会の体系的な理解に格闘した人類の知的営為である。 経済学者たちのその格闘は，市場における私利の追求が富の創造という社会 的な善きことをもたらすというアダム・スミスのいわゆる神の見えざる手を 軸に展開されてきたが，その成果である経済諸学説は，一つのものが完全に 正しく，それによって他の諸学説を誤りと断じうるものではない。フォー リー氏は，新古典派経済学に対しては批判的であり，古典派やマルクスやケ インズの経済学に親近感をもっているが，氏の主張によれば，本書で扱われ ている経済学説はすべて，科学性と神学性という両義性をもっている。どの 経済学説も単独で，現在社会の錯綜した経済問題に確かで信頼しうる解決策 を提供するものではない。しかし，現代社会が抱える複雑な諸問題に対して， 「スミスの誤謬」に惑わされることなく立ち向かうには，人類の知的営為の 所産としての政治経済学が不可欠である，こう氏は主張されるのである。

　本訳書の成立の経緯については，訳者の一人（亀﨑）が，本務校の広島修 道大学から在外研修の機会をえて，フォーリー氏を受け入れ教授として The New School for Social Research で研修したさいに，ニューヨークの書店で何 度か本書に触れる機会があったこと，および本書にはいくつかの書評や著者 インタビューが出ていることを知ったことによる。それらを契機として，広 島経済学研究会における，二十数年のあいだ研究仲間である佐藤滋正氏（尾 道大学）と中川栄治氏（広島経済大学）に日本語版の協力を打診したところ， 快諾をえたことで話が進み出した。

　訳出の担当は次のようになっている。中川栄治（第 1 章），佐藤滋正（第 2 章，第 4 章，読書案内），亀﨑澄夫（第 3 章，第 5 章，第 6 章）。謝辞と序 文は共同で訳出し，付録は佐藤と亀﨑が訳出した。訳出の過程で当初は月 1 回ほどのペースで各自の訳稿を持ち寄り，検討を重ね，その後はメールに よって訳出の改善に努めた。訳出にあたっては相当の注意を払ったつもりで あるが，訳者の未熟さのゆえに不十分な点や思わぬ誤りを残しているかもし れない。読者からのご批判をいただければ幸いである。

　出版に関しては，ナカニシヤ出版の編集部に大変お世話になった。編集部

からは丁寧な出版社校閲やアドバイスを賜った。記して，厚くお礼を申し上げたい。

2011 年 1 月 15 日

訳者を代表して
亀﨑 澄 夫

人名索引

ア 行

アリストテレス（Aristotle） 143
ヴェブレン（Veblen, Thorstein） *v*, 133, 147-149, 177, 178, 185, 186, 196-197
ウルストンクラフト（Wollstonecraft, Mary） 44
ウルフ（Woolf, Virginia） 152
エイブリー（Avery, John） 194
エンゲルス（Engels, Friedrich） 76, 83-86, 129, 195, 196

カ 行

カーライル（Carlyle, Thomas） 117
クラーク（Clark, John Bates） *iv*, 133, 138-140, 196
グラント（Grant, Duncan） 152
ケインズ（Keynes, John Maynard） *iv*, 39, 151-178, 186, 189, 191, 197
ケインズ（Keynes, John Neville） 152
ゴドウィン（Godwin, William） 44, 45, 48, 51, 97, 194

サ 行

サミュエルソン（Samuelson, Paul） 139, 158
ジェヴォンズ（Jevons, William Stanley） *iv*, 133, 134-137
シェリー（Shelley, Mary） 44
シュンペーター（Schumpeter, Joseph） *v*, 151, 176-178, 181, 187-188, 197
スキデルスキー（Skidelsky Robert） 197
スティグラー（Stigler, George） 61
ストレイチー（Strachey, Lytton） 152
スミス（Smith, Adam） *iv*, 3-41, 42-43, 53, 56-57, 60, 61, 65-67, 69, 79, 88, 96, 98, 104-105, 107, 116, 132, 144-145, 151, 181-182, 194, 195, 199-200
スラッファ（Sraffa, Piero） 171
ソロー（Solow, Robert） 139

タ・ナ 行

ダーウィン（Darwin, Charles） 48
チャーチル（Churchill, Winston） 153
ディケンズ（Dickens, Charles） 49
ディズレーリ（Disraeli, Benjamin） 117
ドーフマン（Dorfman, Joseph） 197
ナイト（Knight, Frank） 162

ハ 行

ハイエク（Hayek, Friedrich von） *v*, 130, 151, 169-171, 173-178, 186, 187, 191, 197
ハイルブローナー（Heilbroner, Robert） *iv*, 195
パレート（Pareto, Vilfredo） 133, 141, 177
バローネ（Barone, Enrico） 172
フィッシャー（Fisher, Irving） 133
プルードン（Proudhon, Pierre-Joseph） 128
ヘーゲル（Hegel, Georg Wilhelm Friedrich） 75, 78, 81, 86, 133, 187
ベル（Bell, Vanessa） 152
フォード（Ford, Henry） 9
フリードマン（Friedman, Milton） 185
ポランニィ（Polanyi Karl） 195

マ 行

マクロスキー（McCloskey. Deirdre） 179
マーシャル（Marshall, Alfred） 133
マルクス（Marx, Eleanor） 196
マルクス（Marx, Karl） *iv*, 5, 18, 43, 51, 56, 67, 75-125, 127-130, 130, 133, 152, 168, 169, 176-178, 183-185, 187, 188, 195, 196, 201, 204-207
マルクス（Marx, Jenny von Westphalen） 77
マルクーゼ（Marcus Steven） 196
マルサス（Malthus, Thomas） *iv*, 42-56, 63, 66, 67, 70-73, 79, 99, 116, 121, 169, 182, 183, 194, 198-200
ミロフスキー（Mirowski Philip） 196
メンガー（Menger, Carl） *iv*, 133, 137-138

213

モグリッジ（Moggridge Donald） 197

ラ・ワ 行

ラッサール（Lasalle, Ferdinand） 128
ラーナー（Lerner, Abba） 172, 185
ランゲ（Lange, Oskar） 172, 185

リカードウ（Ricardo, David） iv, 18, 24, 25, 27, 42-43, 48, 55-73, 79, 86, 91, 92, 98, 99, 105, 116, 121-123, 131-133, 145, 155, 156, 168, 177, 183, 194, 195, 200-204
ロビンソン（Robinson, Joan） 139, 140
ワルラス（Walras, Léon） 133, 143-144, 177

事 項 索 引

（事項索引は基本的に語句索引となっているが，原著の索引に従い，一部の項目については内容索引となっている．内容索引はハイフンを使って示している場合が多い．）

ア 行

アニマル・スピリッツ 165-167
『アメリカの高等教育』 196
『イギリスにおける労働者階級の状態』 76
一般均衡論 140-141, 143
イデオロギー vii, 50, 78, 84, 109, 123-128, 140, 194-196
移民 108
医療 89, 188, 191
陰鬱な科学 47
インフレーション 154, 165, 170, 201, 241
引力作用 18-20
 市場価格の自然価格をめぐる―― 14-15, 18-20
『ヴェブレン――その人と時代』 197
演繹法 131
『エンゲルス，マンチェスター，労働者階級』 196
オーストリア学派 169-172, 175, 176

カ 行

改革主義者 118
階級対立 82, 146
階級闘争 85, 102, 118, 120, 121, 146
外国貿易 69-70
外部性 144, 145, 157
価格
 ――と価値 93-94
 市場――と自然―― 14-15, 18-19
 自然―― 14-15, 18-19
 名目――と実質―― 12-14
『価格と生産』 170
価格理論（価格論） 12-15, 90, 140-144, 146, 200-201
革命的社会主義 113, 115, 119
革命的独裁 113, 114
確率論 162
家計 141-142, 155, 157, 160, 164
囲い込み 100, 108, 184
過剰人口 42
過剰生産 117
価値加算説 15, 18, 26, 39, 56
価値と分配の理論 43
価値理論（価値論） 12-20, 26-27, 86, 131-132
合併と買収 10, 107
金貸資本家 97
貨幣 14, 37-39, 59-60, 87, 93-98, 100, 105, 106, 155, 170, 180, 191, 200
 ――商品 90
 ――の品位低下 14
 ――の流通速度 37, 59, 90-91, 156, 200-201
 ヴェールとしての―― 60, 156
 価値の尺度としての―― 90
 金―― 90, 91, 201
 ケインズにおける――と期待 162-167
 支払手段としての―― 90
 流通手段としての―― 90

流動資本としての―― 28
貨幣供給　39
貨幣数量的な価格論　90, 201
貨幣論(貨幣の理論)　200-201
　　スミスの――　37-39
　　マルクスの――　89-91, 201
　　リカードウの――　59-60, 200-201
可変費用(変動費)　9
為替手形　38
環境　54, 69, 71, 144, 130, 167-169, 188, 190
　　――規制　36
関税　34, 157
　　報復――　35
完全雇用　136, 158, 167
完璧主義　44, 51, 97, 169
飢餓　54, 74
機械　7, 72-73
機会費用　58
企業　141-142, 155, 157, 159, 160, 162, 164, 165, 176
　　――組織　151
企業家　164, 165, 173, 177, 187, 188
　　――精神　181
技術　69-70, 71, 72-73, 78, 81, 82, 84, 85, 93, 110, 114, 121, 139
技術革新　126, 177, 178, 187, 188, 190
技術進歩　7, 71, 73, 104, 115
技術変化　7, 82, 84, 104, 105, 107, 129, 207
　　――と利潤率の低落　105-109
　　労働節約的――　74, 122
希少性　56, 135, 137, 146
規制　171, 175, 176, 188-190
　　――緩和　183
期待　146-147, 162, 167, 177, 178
　　資本家の――　163
　　短期――　164-165
　　長期――　165-166
帰納法　131
規範経済学　180
キャッシュ・アカウント　38
急進主義(派)　77, 182
救貧所　49
救貧法　49-50, 56
窮乏化　116, 122
供給　137
　　――と需要　15

共産主義　83-84, 113, 124-126
『共産党宣言』　76, 83, 129, 183, 195
競争　18-20, 60-61, 104, 107, 148, 160, 173, 190
　　――と利潤率均等化　22-23, 101, 205
　　外国との――　36
　　完全――　165
競争均衡　22-23
金(量)　13-14, 59, 89-91, 200, 201
金価格　59-60, 90, 91, 201
均衡　48, 141, 155, 166, 177
　　短期――　164, 165
銀行　38, 97, 177, 180
　　アメリカにおける――業　10
均衡価格　137, 143-144, 165, 172
　　――体系　172
均衡理論　165, 177
金準備　31-32, 91
金銭的衝動(本能)　148, 149
金本位制　37, 154
金融システム　11
金融政策　55, 158, 165, 166, 169, 183
金利生活者の安楽死　168, 169
『経済学および課税の原理』　56, 72, 194
『経済学・哲学草稿』　76
『経済学批判』　195
『経済学批判要綱』　76, 195
経済思想史　v
経済政策　59, 144, 145
経済成長　51, 69, 167
経済発展の好循環　10-11
『経済分析の歴史』　197
経済法則　138, 171, 172
経済余剰　141-142, 172-174, 177, 185, 190, 191
『ケインズ』　197
『ケインズ説得論集』　197
結婚平均年齢　46
限界効用　134-136, 145, 146, 159
限界主義(者)　131, 134-140, 144-147, 148, 159, 161, 176
限界主義経済学(者)　131, 136, 150, 156, 157, 180, 185
限界生産性理論　138
限界生産物　70, 138-140
　　資本の――　70, 139, 168, 203

事項索引　215

労働の—— 64, 159, 202
限界負効用 159
顕示的消費 147-149, 185
原始的蓄積 109-110
『現代文明における科学の位置および諸評論』 196
ケンブリッジ資本論争 139
交換 87-92, 97, 101, 155, 171, 173, 190, 191
交換価値 87-93, 98, 132
交換方程式 59, 91, 200, 201
耕境 64, 66, 68
公的年金 52
高次財 137
公正価格 143
効用 135, 144-145
高利貸し 184
功利主義 131, 142, 145
効率(性) 131, 142, 144-145, 150, 180
合理的期待 147, 158, 161
国際通貨基金 153
国内総生産 6, 93
『国富論』 3, 4, 18, 26, 27, 39-41, 116, 194
国民国家 171
国民純資産 31-33, 144
国民所得 120, 170
　——の最大化 33
穀物 56, 63-64
穀物法 70
穀物モデル 63, 201-203
『個人主義と経済秩序』 197
ゴータ綱領 77, 111, 113, 115
『ゴータ綱領批判』 77
国家 77, 84, 85, 90, 125, 142, 144, 170, 173, 182
　——と市場 36-37
　スミスの——観 31-33
国家安全保障 35
固定資本 25
　——用資産 27-28
固定費用 9
古典派政治経済学 77, 86, 116, 120, 131, 132, 146
　——者 86
　——と新古典派経済学 133
雇用 72-73, 103, 108, 126, 155, 157-159, 164, 165

偽装された—— 161
『雇用・利子および貨幣の一般理論』 153, 155, 159, 168, 197
混合経済 175

サ 行

財産権(所有権) 36, 37, 50, 73, 76, 84, 109, 144, 175, 182
最終度合い 135
再生産 83, 101, 102, 107, 207
財政政策 158, 166, 169
再分配 93, 119, 185, 176
　所得の—— 169
先物市場 166, 167
搾取率 84, 101, 115-118, 122, 205
時間 134, 146-147, 156, 163
資源 54, 66, 69, 81, 109, 130, 135, 136, 145, 154, 155, 157, 158, 172
　——制約 110
　——の枯渇 169
資源配分 134-135, 145, 149
自己調整 22, 189
　スミスにおける——的銀行制度 37-39
資産市場 162, 163
市場 87-89, 95, 96, 101, 130, 131, 140, 142, 143, 144, 146, 154-158, 162-164, 171-175, 180-182, 185, 190, 192
　——と国家 36-37
　——の失敗 170
　——の広さ 9-10
市場価格 14-15, 18-19, 136, 147, 164, 173
慈善 73-74
自然価格 14-15, 18-19, 56, 136
自然賃金 18, 63-64, 66, 199, 202
自然法則 133
失業 11-12, 36, 73, 107, 136-137, 154, 156, 162, 170, 177, 178, 187
　非自発的—— 159-161
実質価格 12-14
実質賃金 48-49, 104, 115-117, 120, 121, 138, 156, 159-161, 198-200
　——と労働力商品の価値 120-122
　——の上昇 120-122
実証経済学 180
GDPデフレーター 6

私的所有	87, 96, 111, 169, 184		121, 159, 198-199, 203
私的費用	144	収穫逓増	9-10, 30, 65, 200
地主と資本家	64-68	集産主義	169, 170, 178
支配労働	13, 57-58	修辞法	179
死亡数曲線	52, 199	自由主義	170, 171, 175-176
資本	63-65, 139-140	新――	176
――の回転期間	205	重商主義	31, 144
――の循環	86, 87, 97, 105	集中・合併	107
――の有機的構成	205	自由貿易	34-35, 55-56, 58-60, 145, 157, 183
――の量	142	自由放任（レッセ・フェール）	22, 33-36, 39, 41, 42, 56, 60, 145, 155, 157, 158, 164, 169, 170
不変――と可変――	100, 101, 204, 205		
資本家と地主	65-68	スミスの――説	33-37
資本家と労働者	30-31	熟練	57, 64, 92
『資本主義・社会主義・民主主義』	178, 197	出生数曲線	200
		需要	132, 137
資本主義的生産様式	78, 85, 117, 128	純生産物	72, 94
資本蓄積	62, 67-68, 105, 107, 114, 116, 120, 124, 129, 168, 180, 182, 187-191, 201-204	準地代	139-140
		使用価値	87-89, 91, 92, 110, 132
		消費者	144, 145
スミスの――論	27-31	商品価値の構成（分解）	100, 204-206
『資本論』	76, 86, 87, 93-95, 97, 99, 109, 120, 195	商品交換の循環	87, 156
		商品システムの論理	74
社会学	131, 149	商品の物神性	94-96
社会工学	123	情報	145, 173-176
社会主義	75, 84, 85, 118, 124, 128, 130, 155, 168, 178, 184, 188	剰余価値	87, 97-103, 105-107, 110, 111, 114-116, 123, 125, 204-208
――革命	119, 123, 130	――率	101, 103, 105, 115, 122, 123, 205
――思想	126-127	――率の上昇	105, 117-119
――と剰余生産物	122	絶対的――	102, 103, 105, 207, 208
――の実現可能性の議論	171-176	相対的――	103-107, 207, 208
市場――	173, 185	『剰余価値学説史』	76
資本主義から――への転換	84-86, 110-115	剰余生産物	65, 66, 68, 80-82, 84, 85, 100, 106, 111, 115, 118, 123, 204
マルクスの――論	110-115	――の社会化	114
社会的厚生	144-146	職人本能	151, 177, 185
社会的収益率	157	食糧供給	46, 54
社会的正義	50, 130	女性	52, 77, 89, 103, 108, 182
社会的費用	144	所得分配	120, 130, 138, 145, 168, 173
社会福祉立法	169	『ジョン・メイナード・ケインズ』	197
社会保障	189	私利（利己心）	3, 40, 142
社会民主主義	78, 125, 126	――の追求	3, 40, 96, 180, 189
借地農業者	63	神学	75, 78, 83, 181, 191, 192
『ジャーナル・オブ・ポリティカルエコノミー』	147	経済――	40, 191
		進化論的経済学	150
収穫逓減	48, 53, 64, 69-71, 105, 106, 116,		

事項索引　217

進化論的生物学　133, 149
神経科学　174
人口　20, 43, 51, 55, 62, 63-64, 78, 80, 81, 116, 129
人口増大　47, 51, 64, 146
人口転換　51-53, 188, 199-200
人口の制限　46
『人口論』　43-45, 53, 194
人口論的均衡　48-49, 52-53, 116, 198-200
新古典派経済学　56, 66, 67, 131, 143-146, 150, 156, 162, 176, 185, 190
──者　151, 166, 185
新古典派総合　158
新古典派理論　162
　企業の──　164-165
　投資の──　166
真正手形主義　38, 41
人的資本　28
『進歩・貧困・人口──コンドルセ, ゴドウィン, マルサス再読』　194
信用　38, 39
数理的な経済学　133
数理物理学　133
スターリニスト　124
スミス
　──と貯蓄　28-31
　生産的労働および不生産的労働に関する──の考え　28-29
　特定部門への補助金に関する──の考え　34
　賃金に関する──の所説　20-21
スミス的均衡点　199-200
スミスの誤謬（アダム・スミスの誤謬）　v-vii, 4-5, 12, 30-31, 39-41, 73-74, 96, 104, 132-134, 138, 142, 143, 148, 151, 152, 158, 170-173, 176-178, 186-192, 194
生産手段　16, 81, 91, 93, 97, 99, 102, 106, 111, 114
　──の資本への転化　109-110
生産様式　82, 106, 109, 111, 116, 122, 127, 129, 178
　──の転換　83-86
生産(諸)力　81, 82, 84, 85, 95, 106, 110-111, 113, 118, 129
政治経済学　44, 56, 76-78, 91, 98, 110, 151, 157, 173, 179-181, 188, 192, 193, 199-200

静止状態　62, 68-69, 71, 168, 203-204
生存費実質賃金　20
生態学的な破局　54
成長の限界　55
正のフィードバック　10, 11
政府(国家)介入　33-34, 35-37, 142, 145, 157, 158, 171, 175, 185, 189
世界銀行　153
積極的制限　47
セー法則　11-12, 34, 43, 60, 136-137, 166, 180
　ケインズの──批判　155-158
競り人　143-144
ゼロの価格　136
全体主義　44, 175
選択の自由　133
総供給　163
　──価格　164
総需要　163-166, 168, 169
　──価格　164
　──と雇用　164-165
　──と剰余価値率の上昇　117-119
　──の管理　190
　──の危機　120
　不十分な──　156-158
創造的破壊　177
創発的属性　23
総流通価値　59, 90, 200
疎外　88, 94, 95
租税　142
ソビエト連邦　126, 155, 170, 172
損益計算書(所得計算書)　17, 93

タ　行

第一次世界大戦　151, 152, 154, 165, 174, 176
貸借対照表
　国民──　31-33
　個人の──と国民の──　27-28
『大転換』　195
第二次世界大戦　108, 124, 126, 151, 153, 154, 167, 169
代表的経済主体　136
蓄積の私益と公益　29-31
地代　12, 17, 56, 62, 64-66, 105, 137, 138, 165, 168, 181

残余としての—— 25-26
自然—— 18
地代論(地代理論) 64-66, 201-203
スミスの—— 25-26, 26-27, 39-40
中央銀行 39, 154, 155, 158, 160, 161, 166, 171, 180, 189
中央計画 169-172, 175
超過利潤 73, 104, 177
長期平均価格 147
貯蓄 52, 62, 67-68, 145, 155, 165, 166
スミスにおける徳性としての—— 29-30
賃金(率) 13, 17, 61, 93, 99-103, 107, 113, 115-117, 119-122, 137-140, 159, 161, 168, 204, 206-208
——格差 24-25
——に関するスミスの所説 20-21
——の均等化 24, 26
貨幣—— 153, 160
偽装された—— 97
最低—— 156
自然—— 18, 198-200
『賃金・価格および利潤』 116
賃金基金 64, 72
賃金交渉 21
賃金財 72, 104
賃金シェア 120-122
賃労働 98, 100, 102, 108, 113, 121, 128
『賃労働と資本』 116
通商産業省(日本) 8
デフレーション 154, 160, 201
転形問題 93-94
伝統的な農業社会 52, 108, 109
天然資源 66, 71, 140, 168, 188
等価物 90, 92, 99, 100
投下労働(体化労働) 13
投下労働価値説(体化労働価値説) 58, 60-61
投資 155, 157, 160, 165-167, 169, 175, 177
——された資本 21
——の社会化 163
——の正の外部性 30
——の配分 162-164
過剰——と過小—— 170
道徳 74, 133, 142, 149, 150, 152, 184
道徳観 181, 182

道徳性 76, 151, 179, 184, 185
独占 132, 145
——規制 36
土台と上部構造 82-83
土地 63, 105, 108, 109, 116, 137, 155
——使用の規制 36
『富の分配』 196
奴隷制 81, 82, 84, 86, 99, 127
奴隷貿易 74

ナ　行

ナポレオン戦争 183
南北戦争 99
二重の意味で自由な労働 99-100
『入門経済思想史・世俗の思想家たち』 iv, 195
人間本性 188, 189
ネオ・リカーディアン 56
農奴 80-84, 127, 128
農奴制 83, 84, 86, 99, 127, 128

ハ　行

賠償金 153, 154
パレート最適 141, 146
パレート配分 141-144, 172
販売収入 17, 87, 93
比較優位 56, 58, 59, 60
『光より熱——社会の物理学としての経済学, 自然の経済学としての物理学』 196
微積分学 135
避妊 46, 50
費用 87, 98, 104, 144
商品の—— 100, 104
投入物の—— 17
費用価格理論 132
費用最少化 139
平等 50, 86, 111-113
日和見主義 119
貧困 49, 56, 73-74, 95, 178, 180, 182, 189, 192
フェミニズム 77, 103
付加価値 17-18, 93, 94, 101, 102, 107, 110, 115, 117, 121, 204, 206-208
不況 165, 166, 169-171, 176
不均衡 159

事項索引　219

複雑なシステム　23, 167, 174
福祉　49, 56, 178
不生産的労働(国王・軍人，弁護士・裁判官)　29
物価指数　6, 200
物価上昇　6
物価についての貨幣数量説　39, 59-60, 200-201
物質主義　79, 96
物質的富　176, 178, 182, 188, 189, 192
物々交換　60, 155
負のフィードバック　19, 22
不平等　112-114, 118, 169, 178, 187, 189
不変の価値尺度　62, 94
プラグマチズム　185, 191
フランス革命　43, 75, 82, 83, 99, 113, 194
ブルジョア革命　128
プロレタリア革命　76, 77, 115, 117, 123, 125, 126
分業(論)　5-12, 53, 65, 78, 81, 88, 89, 95-97, 104, 105, 107, 116, 117, 129, 130, 140, 142, 170, 172-175, 178, 182, 190, 191, 199
　　——と市場の広さ　9-10, 30
　　工程的——と社会的——　8-9
分配　66, 88, 111-115, 117, 118, 142, 145, 146, 167, 169, 184
　　資産の——　83, 109
　　剰余価値の——　98, 116
　　富の——　83, 180, 189
平価切り下げ　14
平均利潤率　21-25, 34, 104, 139
『平和の経済的帰結』　153
貿易　58, 69-70, 154, 157, 158, 183
封建制(社会)　84, 85, 127, 128, 190
　　——から資本主義への転換　80-86, 127-129
ボルシェビキ　78, 124

マ 行

マークアップ　204, 205
マネタリスト　39, 59, 158, 201
マルクス主義　100, 120, 126, 127
　　——者　78, 109
　　近代化の主体としての——　124-125
　　産業化された資本主義世界における——　125-126

「修正主義」——　125
　　20世紀における——の役割　123-125
マルサス的均衡点　199-200
見えざる手　31-37
ミクロ経済学的基礎　165
水とダイヤモンドのパラドクス　132
緑の革命　109
矛盾　80, 83, 84, 88, 112, 117-119, 123, 125, 127, 129, 130
メンシェビキ　124, 184
モンペルラン協会　176

ヤ 行

唯物史観　76, 78-80, 83, 85, 86, 97, 100, 109, 129, 184
『有閑階級の理論』　196
ユダヤ法　143
幼児死亡数(率)　50, 199
要素価格　137-138
幼稚産業　36
余暇　137, 168
予算制約　146
予防的制限　46

ラ 行

リカードウ経済学　131
利潤　12, 17, 67-69, 97-101, 105, 110, 121, 162, 164, 165, 181, 187, 190, 203-205
　　——期待　162, 163
　　——に関するスミスの所説　21-25
　　偽装された賃金としての——　97
　　粗——　87, 93
　　リスクに対する補償としての——　98
利潤率　21-25, 34, 60-61, 66-70, 101, 105-107, 139-140, 168, 177, 203-206
　　——格差　24-25
　　——と利子率　23
　　——の均等化　22-23, 24, 190, 205
　　——の低落(低下)　23-24, 116, 122, 123
　　——の低落と歴史統計　106
　　自然——　18
　　スミスと——低下　23-24
　　平均——　22-23
利子率　23, 160, 165, 166, 168, 170, 181
リスク　25, 162
立法的干渉　142

利幅　21
流動資本　25
　──用資産　27
流動性　161
　──制約　157, 160, 164, 167
　──選好　165
留保価格　141, 143, 172
『隷属への道』　175
労役所　49
労働　57-58, 81, 137
　単純──と複雑──　91-93
　抽象的──と具体的──　91, 92
労働価値説　86, 97-101, 132, 204-206
　マルクスの──　91-94
　リカードウの──　56-62
労働貨幣　112, 119
労働供給　137-138
労働供給曲線　159
労働組合　21, 102, 121, 125, 156
労働経済学者　138
労働時間
　──の貨幣的表現　93, 99, 101
　支払──と不払──　102, 206-208
　社会的──（社会的労働日）　101, 111, 206-208
　剰余──　82, 86, 100, 101
　非賃金──　108, 206-207
　必要──　82, 101-103
労働市場　83, 103, 108, 156, 159, 161, 184
労働者階級　102-104, 118-120
労働者の技能　6
労働需要曲線　159
労働生産性　6, 40, 44, 53, 72-73, 103, 106, 107, 114-117, 120-123, 129
労働の限界負効用　159
労働日　101-103, 206-208
労働予備軍　107-109, 116, 121, 122, 129
労働力　86, 87, 93, 97-100, 103, 155, 188
　──需要　107, 108
　──商品　100, 102
　──の価値　99, 100, 103-105, 120, 122, 206-208
　──率　108, 162

ワ　行

「わが孫たちの経済的可能性」　168
割当量　34

事項索引　221

■訳者紹介

亀﨑澄夫（かめざき・すみお）
　1948 年生まれ。東北大学大学院経済学研究科博士課程単位取得退学。経済理論専攻。博士（経済学）。広島修道大学教授。『資本回転論』（昭和堂，1996 年），『資本主義原理像の再構築』〔共著〕（御茶の水書房，2004 年），『資本主義の原理』〔共著〕（昭和堂，2000 年），他。
　〔担当〕謝辞，序文，第 3 章，第 5 章，第 6 章，付録，訳者あとがき

佐藤滋正（さとう・しげまさ）
　1947 年生まれ。名古屋大学大学院経済学研究科博士課程単位取得退学。経済学史専攻。尾道大学教授。『リカードウ価格論の研究』（八千代出版，2006 年），『「土地」と「地代」の経済学的研究』（時潮社，1998 年），『市民の社会経済学』〔共著〕（八千代出版，2007 年），他。
　〔担当〕謝辞，序文，第 2 章，第 4 章，読書案内，付録

中川栄治（なかがわ・えいじ）
　1946 年生まれ。神戸商科大学（現兵庫県立大学）大学院経済学研究科博士課程単位取得退学。経済学史専攻。広島経済大学教授。『「アダム・スミス価値尺度論」欧米文献の分析』（上）（晃洋書房，2010 年），『「アダム・スミスの価値尺度論」に関する海外における諸研究』（上・下）（広島経済大学地域経済研究所，1995 年），「R. オドーネルの「スミス価値尺度論」解釈」（Ⅰ・Ⅱ・Ⅲ・Ⅳ）（『広島経済大学経済研究論集』第 23 巻第 4 号，第 24 巻第 1-3 号，2001 年），他。
　〔担当〕謝辞，序文，第 1 章

アダム・スミスの誤謬
────経済神学への手引き────

2011年9月7日　初版第1刷発行

訳　者	亀　崎　澄　夫
	佐　藤　滋　正
	中　川　栄　治
発行者	中　西　健　夫

発行所　株式会社　ナカニシヤ出版

〒606-8161 京都市左京区一乗寺木ノ本町15
TEL (075)723-0111
FAX (075)723-0095
http://www.nakanishiya.co.jp/

© Sumio KAMEZAKI 2011（代表）　　印刷／製本・サンエムカラー
＊乱丁本・落丁本はお取り替え致します。
ISBN 978-4-7795-0519-5　Printed in Japan

◆本書のコピー、スキャン、デジタル化等の無断複製は著作権法上での例外を除き禁じられています。本書を代行業者等の第三者に依頼してスキャンやデジタル化することはたとえ個人や家庭内での利用であっても著作権法上認められておりません。

経済学の知恵 [増補版]
— 現代を生きる経済思想 —
山﨑好裕

スミス、マルクス、ケインズからロールズ、ハーバーマス、センまで26人の巨人たちの生涯と思想から、現代思想を捉える思考力と独自の視点を鍛える経済学入門。 二六二五円

自由と保護 【増補改訂版】
— イギリス通商政策論史 —
服部正治

経済学の母国であり、経済の盛衰を経験したイギリスにおいて論じられた、自由貿易と保護主義を巡る通商政策論の歴史を通し、現代の世界経済への展望を探る。 三一五〇円

社会の学問の革新
— 自然法思想から社会科学へ —
田中秀夫

社会科学はなぜ作り出されたのか。スコットランド啓蒙を中心とした社会思想を巡って、自然法思想から社会科学への転換の過程を追い、社会の学問の原像に迫る。 三七八〇円

共同体の経済学
松尾秀雄

人間本性に基づいた市場と共同体の調和的な経済学の可能性を考察。人間行動を分析する学問としての経済理論の開拓を目指した、著者の長年の思索を纏めた一冊。 二七三〇円

マーシャル経済学研究
岩下伸朗

マーシャル経済学を「経済生物学」として捉え直し、その進化論的な特質とそれに基づく経済社会の将来展望を丹念に辿った、新しいマーシャル理解を拓く力作。 五〇四〇円

表示は二〇一一年九月現在の税込価格です。